A HISTORY OF THE MODERN AGE

·迈尔斯教授讲世界历史·

世界近代史

[美]菲利普·范·内斯·迈尔斯◎著　　王国锋◎译

天地出版社 | TIANDI PRESS

图书在版编目（CIP）数据

世界近代史 /（美）菲利普·范·内斯·迈尔斯著；王国锋译．— 成都：天地出版社，2019.1
ISBN 978-7-5455-4117-5

Ⅰ．①世… Ⅱ．①菲… ②王… Ⅲ．①世界史—近代史 Ⅳ．①K14

中国版本图书馆 CIP 数据核字（2018）第 192433 号

世界近代史
SHIJIE JINDAISHI

出 品 人　杨　政
著　　者　[美] 菲利普·范·内斯·迈尔斯
译　　者　王国锋
责任编辑　杨永龙　欧阳秀娟
封面设计　柏拉图设计
内文排版　新视点
责任印制　葛红梅

出版发行　天地出版社
（成都市槐树街2号　邮政编码：610014）
网　　址　http://www.tiandiph.com
http://www.天地出版社.com
电子邮箱　tiandicbs@vip.163.com
经　　销　新华文轩出版传媒股份有限公司

印　　刷　嘉业印刷（天津）有限公司
版　　次　2019年1月第1版
印　　次　2019年1月第1次印刷
成品尺寸　170mm×240mm　1/16
印　　张　21
字　　数　375千
定　　价　60.00元
书　　号　ISBN 978-7-5455-4117-5

咨询电话：（028）87734639（总编室）
购书热线：（010）67693207（市场部）

前言

本书为《中世纪史》的姊妹篇。在本书的准备过程中得到了很多朋友的帮助，在此特别表示感谢。康奈尔大学的波尔教授对16世纪章节的校样进行了反复阅读，并提出了很多有价值的建议。加州大学的斯蒂芬斯教授对全书大部分校样进行了阅读并在很多方面给出了有益的意见，对此深表感谢。而康涅狄格州卫斯理大学历史系的达彻教授也在阅读和修改校样的过程中给予了热情的学术指导。

在创作的过程中，我还得到了许多朋友的帮助以及允许查阅相关的书籍资料，在此一并致以深深的敬意，其中包括辛辛那提公共图书馆的霍奇斯馆长和巴恩维尔助理馆长，芝加哥公共图书馆的希尔德馆长，哥伦布市俄亥俄州立图书馆加尔布雷斯馆长，以及波士顿公共图书馆的诸位工作人员。

最后，我要对我的好友、辛辛那提劳埃德图书馆馆长霍顿为我的创作所提供的宝贵意见和帮助致以无尽的谢意。

菲利普·范·内斯·迈尔斯
于俄亥俄州学院山

目录

第一阶段　宗教改革时代

（从1492年美洲大陆的发现到1648年《威斯特伐利亚和约》的签订）

第二阶段　政治大革命时代

（从1648年《威斯特伐利亚和约》签订到1919年《凡尔赛条约》签订）

第一部分　君主专制时代：政治大革命序曲（1648—1789）

01

第一阶段

宗教改革时代

从 1492 年美洲大陆的发现到 1648 年《威斯特伐利亚和约》的签订

第一章　地理大发现与近代殖民的开始

1.中世纪向近代的过渡

1492年哥伦布发现美洲新大陆经常被用来作为中世纪结束与近代社会开始的标志，其对新大陆开发有着如此重大意义，我们应该根据其功绩而给予这个热那亚人以荣誉。然而我们必须牢记：人类历史上没有哪一单个事件或条件可以真正标志着旧秩序的终结和新秩序的开始。新世界的发现并没有开创新时代，而是新时代发现了新世界。哥伦布的创举是商业进取精神与科学好奇心的自然结果。自十字军东征后几个世纪以来，正是这样的进取精神和好奇心，一直不断扩展着欧洲大陆商业活动的规模并拓宽了欧洲人的视野。而哥伦布海上航行之旅只不过是15世纪末与16世纪初欧洲人几次伟大航海征程中比较幸运的一次而已。

这个时期出现了重要的思想、政治和宗教运动，这些运动昭示着人类文明即将——或已经——进入了一个新的发展阶段。

在思想领域，正如我们所了解的那样，这个时期见证了文艺复兴，到处涌现了非同寻常的思想、喧嚣和进取精神。[①] 这场思想运动足以标志着我们所谓新时代

---

① 文艺复兴在科学领域的真正代表人物是尼古拉·哥白尼。当哥伦布和其他人都在探索地球上的未知海域和开拓新的文明世界时，哥白尼却执着于探索宇宙并发现了宇宙的真正体系。哥白尼的理论体系在1507年已经完善并成熟，但由于担心被攻击为异端邪说，他在36年后（1543）才发表了阐述自己观点的伟大著作。然而，需要注意的是，哥白尼的理论对16世纪的思想界几乎没有任何影响。他的理论被认为违背了天主教和新教所奉行的《圣经》教义，因此在其出版后的100多年时间里几乎被完全否定。甚至在伽利略（1564—1642）发明了望远镜后，神学家们对哥白尼真理学说的传播仍然予以阻挠，从而使得其理论直到18世纪才取得完全的胜利。参见怀特，《科学与神学的斗争》，第1卷，第3章。

的开始，人类历史上任何伟大纪元的开端和结束，无论是基督教蓬勃发展时期，还是宗教改革时期，抑或是政治大革命时期，都不是由外在世界的事件所决定，而是由人类精神层面的思想运动来决定。

在政治领域，欧洲多个国家长期以来的中央集权倾向将一些小的封建建制集中起来形成君主制的、强大的、独立的民族国家，这样的趋势在这个时期达到了顶峰。民族国家发端了。这场政治运动在欧洲历史上有着无比重大的意义，而运动本身也往往被看作是两个伟大时代的分界线。

在宗教领域，到处充斥着不安、愤懑和抱怨，而这往往又是重大宗教运动的先兆。这样的宗教运动注定会把16世纪写入人类宗教历史记录之中而令人难忘。这场宗教运动也构成了人类历史的某种分水岭。

与这些运动紧密相连的是三项伟大的发明，和当代的重大发明一样，这些发明也是一个新时代的标志，并且有力地推动了思想和社会领域的变革。文艺复兴和宗教改革都受到了印刷术的极大促进和推动；君王同贵族阶级的斗争在物质上得到了火药的助推，火药的出现使得曾经昂贵的盔甲和坚固的城堡变得不堪一击，同时真正有战斗力的军队取代了封建贵族的军队，这些常规的战斗部队成为了皇权的支撑与保障；而指南针的发明使得当时的伟大航海壮举成为可能①，其可靠的方向指引为这些航海家带来了出海远航的勇气并踏上了之前从未涉足的海域。

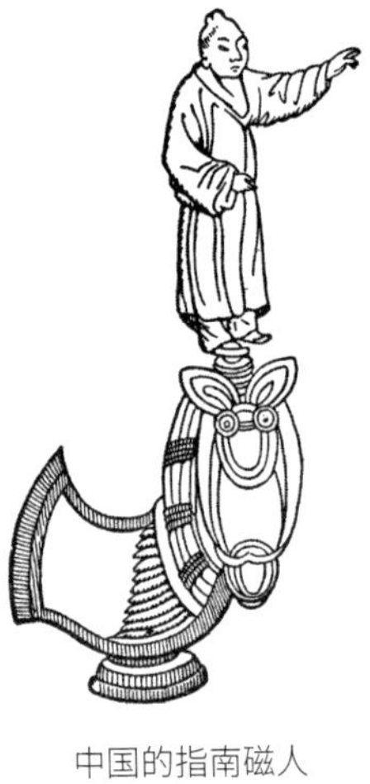

中国的指南磁人

中国早期航海家使用的指南针雏形。枢轴之上安放小木人，伸出的手臂里边装了条形磁铁。

2.航海探索；海洋恐惧

为了体会当时地理大发现的航海家和探索者的丰功伟绩，我们需要牢记中世纪人们对地球未知区域一直拥有的恐惧。当时人们头脑里惯有的想法就是这些人类从未涉足的地方到处都是各种妖魔鬼怪和能喷火的黑龙并且一直笼罩在浓雾和

① 人们对发现磁针的特性应该给予怎样的评价，一直存有争议。指南针最初是由中国人在8世纪开始应用的。在13世纪中叶之前，关于欧洲航海者使用指南针，并没有可靠的记载。很可能是十字军在东征期间在东方掌握了指南针的相关知识。

黑暗之中。而海上布满可怕的漩涡和湍急的洋流，浅水区则是广袤的沼泽之地。当时一个迷信的说法认为大西洋就是地狱的入口处，日落时太阳发出的红色光芒即为明证。而在赤道以南，人们相信那里是无法通过的火焰带。这样的想法根深蒂固地存在于人们的思想深处，直到航海家真正探索到赤道地区之后才逐渐打破了这样的思想。

3.葡萄牙人的海上探索与“航海者”亨利王子

中世纪末期海上探索发现之旅有着众多的刺激因素，而其中主要原因之一就是要找到一条连通欧洲与印度的新的海上贸易之路。通过水路到达印度的首批尝试者是那些沿着非洲大陆西海岸不断探索的水手们。葡萄牙在大西洋海域有利的地理位置使得它成为海上探索的先驱。整个15世纪期间，葡萄牙水手年复一年慢慢地向神秘的热带海域不断推进，并到达了非洲西海岸地区。而引领这些海上探索之旅的灵魂人物则是有“航海者”之称的亨利王子（1394—1460）。

1442年，葡萄牙航海者来到了几内亚湾，并在这里发现了非洲黑人的家园。这成为非洲奴隶贸易的开端，并注定形成了和美洲相关的几百年的历史。奴隶贸易甚至得到了当时最博爱的人士的肯定，原因就是，人们相信这些奴隶在自己主人的调教下会为失去的自由获得补偿。

最终在1486年，航海家巴尔托洛梅乌·迪亚士（Bartholomew Dias）成功抵达非洲大陆的最南端，就此通过水路到达印度的构想成为现实，后来这里被命名为“好望角”。但与此同时，非洲大陆能够延伸到如此远的区域的发现也令葡萄牙人感到有些失望。即使能够通过水路达到印度，但其过程却是如此的漫长和危险。这样的看法刺激着人们开始去努力找寻一条到达印度的更为便捷的路线。

4.哥伦布探索向西到达印度的路线的过程中发现新大陆（1492）

克里斯托弗·哥伦布（Christopher Columbus）出生于热那亚，当时他提出了一个大胆的计划，就是向西航行到达这个东方地区。当时很多真正的有识之士都已经接受地球是一个球体的思想。但是，这些人虽然朦胧地认可地球是圆形的观点，内心里仍然认为地球上可以居住的地方还是平的，而剩余的地方则由广阔的海洋所覆盖。

克里斯托弗·哥伦布

尽管学者们对地球的形状为球形以及陆地和海洋的表面都是弧形的，都能达成一致的认识，但是对陆地和海洋在地球表面所占的比例还存在着分歧。比较普遍的看法是：地球表面海洋所占的面积更大。然而，一些人却认为地球表面3/4的地方，甚至更多是由陆地组成，中间只有狭窄的海洋将西海岸的欧洲大陆和东海岸的亚洲大陆分开。哥伦布也赞同第二个观点，并对地球的面积存在错误的认识，认为地球要比实际的面积小很多。因此，他确信向西航行三四千英里就可以到达印度。正是这些错误的想法，支撑着他的梦想并最终引导着他发现了新大陆（the New World）。

哥伦布为航行所做的努力在最开始时遭受了反复的拒绝和挫折，最后终于得到了卡斯蒂利亚王国伊莎贝拉女王的认可；只有三艘小船组成的舰队开启其航程，并最终发现或者更应该叫作重新发现了新大陆。

哥伦布带领船队装载着从新大陆带回来的动物、蔬菜和几个当地人——这对欧洲人而言是一个全新的种族——返回西班牙，这在各阶层中间都引起了极大的震动。所有人都对哥伦布的航海之旅充满无限的好奇。这样的冒险精神在西班牙苏醒，并促进了随后卡斯蒂利亚王国冒险家们的纷纷效仿，从而书写了西班牙历史上最令人震撼的篇章。

哥伦布总共四次航行到达新大陆，但是直到去世，他仍然不知道自己发现的是一个崭新大陆的事实。他一直以为自己发现的只是印度的一部分，直到现在，南北美洲之间的群岛仍被称作“西印度群岛”（West Indies），而当地的居民则被称为“印第安人”（Indians）。直到16世纪中叶，人们才普遍接受，这个被比大西洋还要广阔的海洋与亚洲大陆分开的区域，原来是一片新的大陆。

哥伦布为西班牙和全世界做出了无与伦比的贡献，但活着的时候并没有得到应得的荣誉。当时的人们对他充满了嫉妒，在第三次航行的过程中，哥伦布戴着镣铐被遣送回家。即使本应以他的名字命名的新大陆，也被佛罗伦萨的航海家亚美利哥·韦斯普奇夺走了命名权，后者因写下了第一份广为流传的关于新大陆的记载而获此殊荣。

5.瓦斯科·达·伽马的航行（1497—1498）；葡萄牙人建立东方殖民帝国

我们已经了解，葡萄牙航海家已于1486年在探索通往印度海上路线的航行中到达了非洲的最南端。不久，在哥伦布进行首次海上航行的6年之后，葡萄牙海军上将瓦斯科·达·伽马（Vasco da Gama）绕过好望角，穿越印度洋，最终在印度的马拉巴尔（Malabar）海岸登陆。

通往印度的连续海上路线的发现为世界贸易航线和交通带来了巨大变化。里斯本港（Lisbon）成为东方贸易的补给站。威尼斯商人的贸易遭到了毁灭性打击。亚历山大港上的仓库都空置起来。经红海到印度具有悠久历史的路线曾是远东和地中海地区的交通干线，这时变得无人问津，直到苏伊士运河修建之后才重新开通。

葡萄牙人的据点遍布非洲、亚洲海岸，以及太平洋群岛中的摩鹿加群岛（Moluccas）和其他岛屿。葡萄牙人修建了堡垒和工厂，并在这里逐步建立了强大的商业帝国。葡萄牙人的冒险精神和野心给了他们强大的动力，并谱写了葡萄牙历史上最为辉煌壮丽的篇章。

6.教皇分割线（Papal Line of Demarcation）

哥伦布和达·伽马的航行都是勇敢非凡而又举世瞩目的，但与葡萄牙人斐迪南·麦哲伦（Ferdinand Magellan）更为冒险的环球之旅相比则相形见绌了。为了使读者更好地理解麦哲伦的探险之旅，我们有必要对教皇分割线稍加解释。

哥伦布航行成功归来后，教皇亚历山大六世为了调解西班牙和葡萄牙之间的争端，颁布一道诏令，在亚速尔群岛以西300海里从北极到南极经大西洋划了一条分界线（后来又调整为向西810海里）①，并将分割线以西不属于基督教王公所有的土地划归西班牙所有，分隔线以东由葡萄牙航海家发现的异教徒土地及臣民归葡萄牙所有②。根据协议和教皇的诏令——这是以当时的理论为基础的，即海洋可以像陆地一样被任何强国所支配，并对其进行绝对控制③——葡萄牙人不得航行到西班牙所属的海域及不得到西班牙的领地进行贸易，反之，西班牙人也不得擅自进入葡萄牙所属水域与陆地。

这样，西班牙人就被达·伽马开通的经由好望角到达印度群岛的航线拒之门外，从而不能分得一杯令人垂涎的香料贸易的羹，除非西班牙人能够通过哥伦布发现的新大陆的一些新的入口进入这些香料产区。

---

① 这种变化的结果之一就是将南美洲突出的部分（巴西）向东划到分界线以东，从而使其成为葡萄牙而非西班牙的领地。

② 教皇对异教徒土地的所有权的主张得到了《圣经》经文的支持："你求我，我就将列国赐你为基业，将地极赐你为田产。"（《诗篇》，第2章，第8条）。西班牙和葡萄牙都认可教皇的主张，而天主教的君主们认为只要不与他们的利益相冲突，他们都认可。在路德反对天主教之后，新教国家的统治者们对此则根本不予理睬。

③ 雨果·格劳秀斯（Hugo Grotius，1583—1645），荷兰著名法学家，在《海上自由论》中反驳这一理论，并表示海洋应该属于所有人，这一法理最后成为国际公法的一部分。

7.麦哲伦环球航行（1519—1522）

当麦哲伦在委任哥伦布的伊莎贝拉女王的外孙——年轻的查理五世皇帝（Emperor Charles V）面前，提出他通过向西航行而到达摩鹿加群岛或“香料群岛”（Spice Islands）——他认为那位于西班牙水域[①]——的计划时，当时的局势大致如此。查理五世很赞同麦哲伦的航行计划，将一支由五艘小船组成的舰队置于麦哲伦的指挥之下。

麦哲伦率领舰队向西南方向横渡大西洋，希望在哥伦布发现的新大陆的南方找到一个新的突破口。在南美洲的最南端，麦哲伦发现了后来以他的名字命名的一条狭长的海峡。经过这条海峡，勇敢的麦哲伦命令自己的舰队继续前进，并在西方发现了一片广袤的海域。这片海域平静安宁，与波涛汹涌的大西洋完全不同，麦哲伦将它命名为“太平洋”。

到达这片新海域的来自旧大陆的航海者们的探险经历了严峻的考验，他们也表现出了无比的勇敢和坚毅。最终，1521年3月16日，麦哲伦到达了今天的菲律宾群岛，并将这些群岛命名为“菲律宾”，以此纪念查理五世的儿子及西班牙王位的继承人腓力二世。

在发现菲律宾群岛之后的第二年，舰队中仅存的破烂不堪的舰船“维多利亚号”搭载着200多名水手中幸存下来的18人驶入了西班牙塞维利亚港。世界航海史上第一次实现了环球航行的壮举。最为惊险的航海纪录终于成功完成。德雷珀对此评价道：“这是人类历史上最艰辛的创举，没有任何其他成就可以超越甚至媲美麦哲伦的环球航行。与之相比，哥伦布的航行都黯然失色。”

同样令人印象深刻的是，麦哲伦的环球航行完全激发了那个时代的想象力。作家理查德·伊顿（Richard Eden，约生于1521年）如此评价麦哲伦的航行：“毫无疑问，它是如此奇特和令人惊叹，这样的壮举从未有过，未来似乎也不会再次发生。西班牙人的航行超越了伊阿宋和阿尔戈英雄们到达科尔基斯地区及之前所有的成就。”当时的另一位西班牙人宣布：“自从我们的始祖诺亚航行以来，航海史上再也没有听说过如此令世界瞩目的壮举。”

麦哲伦环球航行的壮举在思想界的影响超越了其对商业和政治领域造成的震撼。它变革了中世纪理论和思想的整个体系，让过去狭隘的地理观点靠边站，对地

---

① 很难确定东南亚岛屿的分界线应该如何划分。

球形状和面积的争论就此永远终结。对于地球“下边”的另一边是否有人类存在的学术界的两极论画上了句号。当时人们对行星上是否有人居住的认识和今天别无二致。

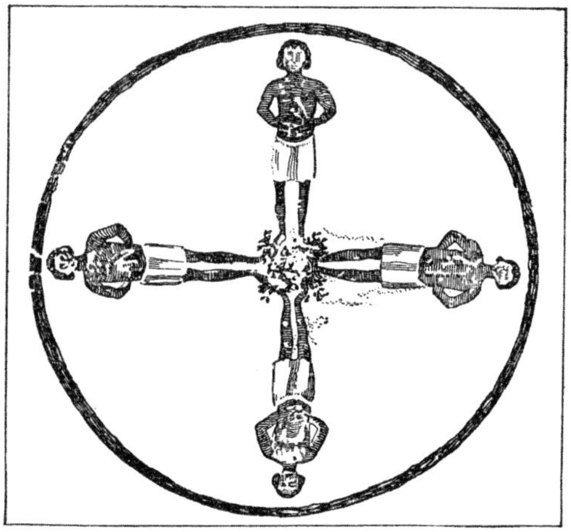

对跖点的嘲弄

（来自科斯马斯《基督教诸国风土记》，依照比兹利《近代地理发端》中的资料）

科斯马斯生活于公元6世纪。在《基督教诸国风土记》中，他嘲笑了地球是圆形的思想，认为地球两端的人头朝下站立的说法是荒唐的。科斯马斯对地球对跖点存在人类的质疑和嘲弄的观点在整个中世纪都有捍卫者。

8.航海和地理发现进入新时代

一些地理学家认为人类文明经历了三个阶段——河川时期（Potamic or River Stage）、内海时期（Thalassic or Inland Sea Stage）和海洋时期（Oceanic Stage）。以古埃及和古巴比伦为起点的人类文明，其发展阶段和时期很好地界定或标记了文明发展的三个大的时期。

河川时期的文明主要局限于河谷，如尼罗河流域、底格里斯河流域和幼发拉底河流域。这个时期的主要城市如古埃及的孟斐斯和底比斯，美索不达米亚的尼尼微和巴比伦等都诞生于这些大河两岸。河流是这个时期的贸易通道。这时的船只较小，而航海技术还几乎不被人所知。

内海时期，地中海是文明的主要舞台。这个时期是由第一批技术成熟的航海者腓尼基人开启的。贸易和人口从河岸转移到地中海附近，提尔、西顿、迦太基、以弗所、米利都、拜占庭、科林斯、雅典和罗马等城市在内海时期你方唱罢我登场，演绎着各自的风流。这个时期的大部分事件都是以地中海为中心，因此，这里也被称为古代世界的主舞台。

海洋时期由我们前文所谈到的航海和地理发现所开启。在这个时期，海洋已经不再是国家之间的壁垒，反而成为了世界交流和贸易的天然航道①。

9.五大早期殖民帝国

海洋时期早期的一个最为重要的事件就是，大西洋海岸五个欧洲国家的扩张，即葡萄牙、西班牙、法国、荷兰和英格兰在东西两个半球发展殖民地和附属国，从而都成为强大的帝国。欧洲扩张成为更大的欧洲，其在现代历史上的地位，如同古代史上古希腊和古罗马扩张成为更大的希腊和罗马。

殖民帝国之间的相互嫉妒和利益冲突，成为自16世纪宗教战争以来近现代世界大规模战争的主要动因。因此，尽管探究欧洲历史发展的进程是我们的主要任务，但是我们也应当提醒读者注意这些欧洲帝国在欧洲大陆之外的利益争夺。接下来，我们就谈一谈西班牙的一系列征服行动和其在新大陆的殖民扩张。

10.墨西哥征服（1519—1521）

西班牙人探索和征服的历史记载是由哥伦布的航海开启，这比历史上任何其他篇章更像一部传奇。这些历史记载讲述了：这些探险者为了青春不老泉猎遍陌生的土地而逐渐老去；为搜寻黄金国而经年走遍阴森森的茂密森林；探索旧大陆人从来未曾想象过的高山大洋；走遍世人根本无从知晓的河川海洋；几十名富有冒险精神的武士征服古老国度而积累了富可敌国的金银财宝②。

也许这个勇敢浪漫的时期里最为壮丽的探索之旅就是西班牙骑士发起的征服墨西哥的壮举。强大而又富有的“帝国”在西方大陆的传说不断在西班牙殖民者中间传播，在发现新大陆之后，西班牙殖民者很快就在墨西哥海湾定居下来。这些传

---

① 海洋时代被认为包括两个阶段——大西洋时期和太平洋时期。而后者则刚刚开始。参见本书第二十四章“欧洲在整个19世纪和20世纪初的扩张”。

② 胡安·庞塞·德莱昂1512年开始他的探索之旅；瓦斯科·德·巴尔博亚1513年发现太平洋；埃尔南多·德·索托在寻找富足的印第安王国时于1541年发现了密西西比河；同一年，弗朗西斯科·德·奥雷亚纳沿着安第斯山东坡到达纳波河，顺流而下来到亚马逊，随后漂流而下入海。

奇故事点燃了西班牙殖民者的冒险精神和想象力，以埃尔南·科尔特斯（Hernando Cortes）为首的五六百名步兵和16名骑兵的远征军向墨西哥进发，企图让这个荒蛮之国彻底“皈依”。这次征战大获成功，西班牙人成为墨西哥大部分国土的主人。

西班牙征服者们摧毁的并不是当代西班牙编年史作家口中的“帝国”，而是一个由三个印第安部落组成的类似于北美洲易洛魁族联盟（Iroquois Confederacy）的联邦①。其中阿兹特克人（Aztecs）的部落是联邦的首领，因此得名阿兹特克联邦。而联邦首领或酋长名叫蒙特祖玛（Montezuma）。

美洲大陆被发现时，阿兹特克人发展到了所谓的“野蛮时代的中期”，而这相当于地中海各种族在公元前2000年达到和经历的文化阶段。他们采用的是图形文字系统，宗教是太阳崇拜。阿兹特克人是食人族，祭祀时就拿俘虏作为祭品。他们除了狗之外，对马、牛或其他有用的驯养动物都一无所知②。粮食作物中，他们培育玉米，但不种植小麦、燕麦或大麦。他们土地公有，群居在大到足够容纳10到100个家庭的房子里。西班牙作家们都将这些大型的房屋称为“宫殿”和“公共大厦”。毫无疑问，这些建筑与今天美国西南部的普韦布洛印第安人的建造理念完全相同。

11.秘鲁征服（1532—1536）

征服墨西哥的印第安人不久后，对秘鲁印第安人的征服也开始了。秘鲁印第安人的文明程度要高于墨西哥印第安人。秘鲁文明中有几个要素都被拿来与古老的亚述文明相比较。不仅帝国的大城市里到处都有辉煌的庙宇和宫殿，整个国家到处都可以见到雄伟的公用设施，如公路、桥梁和沟渠。印加的政府，皇室或统治阶层，施行的是一种温和的父权专制。

关于印加帝国的巨大财富，宫殿里随处可见黄金物品——据称是纯金的——热情洋溢的传说，通过达连地峡传到西班牙人的耳朵里。不久之后，一支不足200人的远征军被组织起来，去征服这个国家。其领导者就是残忍无知、铁石心肠的冒险

① 普利斯科特对墨西哥国家的描述，尤其是对其政治机构的描述，完全是误人子弟。参见书末的参考文献。

② 据推测，美洲土著居民的文明之所以落后，一部分原因就是其有用家养动物的缺乏。参见费斯克，《美洲的发现》，第1卷，第27页。新大陆动物群与旧大陆的相比，它们在驯化的物种方面极其匮乏。除美洲鸵、羊驼和火鸡外，新大陆对动物的驯化就几乎没有什么贡献，而动物的驯化构成了现代工业基础的很大的一部分。

家弗朗西斯科·皮萨罗（Francisco Pizarro）。

由于叛徒的出卖，印加国王阿塔瓦尔帕（Atahualpa）被皮萨罗俘虏。阿塔瓦尔帕提出用填满他能够摸到顶的用于囚禁他的囚室的黄金器皿作为释放自己的赎金。皮萨罗接受了这个条件，整个印加帝国的宫殿和庙宇里的金器都被洗掠一空，那个囚室塞满了珍贵的文物。据估计，这些金银财宝的价值超过了1500万美金。当这笔巨大的财富落入西班牙人手中之后，西班牙人却背信弃义地处死了国王（1533）。随着阿塔瓦尔帕的死去，印加王朝的统治也永远地瓦解了。

12.西班牙在新世界殖民的开始

直到哥伦布发现西半球的100多年后，英国人才在现在的美国范围内建立了自己的唯一一个永久居住点，但是在西班牙探索和征服的新世界土地上，开始涌现出大量的找寻财富和功名的西班牙冒险家和殖民者。在西印度群岛、墨西哥、中美洲，沿着安第斯山脉朝向太平洋的一面高原地带，那些曾经组成印加王国中心地带的陡峭的、宜人的高原土地，作为矿业、农业和商贸中心的城市如雨后春笋般崛起。像墨西哥城、基多和库斯科等，这些新城市不过是被征服土著城镇的翻新和重建。

就这样，一个更强大的西班牙帝国在新世界崛起了。在16世纪结束前，西班牙在新世界建立的这些领地组成其强大帝国的一部分，而那里的金银矿则成为西班牙王室的主要财源。正是因为来自这些新领地的财富，使得西班牙在发现美洲大陆的随后百年欧洲事务中起到了举足轻重的作用。①

① 在掠夺了印第安人的金银财富之后，西班牙人又通过奴役印第安人进一步积累自己的财富。这种在鞭子抽打下的奴役，其苦难程度甚至超过了埃及监工对奴隶的迫害。几百年间，仅在墨西哥和秘鲁的金矿和西印度群岛的糖厂，就有几百万印第安人丧生。超过半数的秘鲁人口被这里的金矿吞噬了生命。一位作家说，“在50年的时间里，西班牙人压迫和奴役当地人民；强迫他们做劳工，而对此他们根本无法承受；西班牙人对当地土著居民大肆屠杀，几乎没有受到任何反抗。有统计说，在此期间有4000万土著居民丧生：最保守的数字也达到了1000万；恐怕前边的数字更接近真实情况。可以肯定的是，西印度群岛曾经拥有600万人口，此时几乎已经灭绝；而仅仅在海地，人口在15年里就从100万减少到6万，而在50年后，这个数字又降低到了只有200人”（佩恩，《欧洲殖民地》，第89、90页）。黑奴作为替代劳动力又被引进。这就是新大陆非洲奴隶贸易的开端。奴隶贸易的开始得到了素有“印第安人使徒”之称的仁慈主教拉斯·卡萨斯（1474—1566）的批准。然而，卡萨斯在其去世前认识到了黑人奴隶和印第安奴隶制度的邪恶，并对自己当初的决定感到后悔。参见费斯克，《美洲的发现》，第2卷，第454—458页。

第二章　宗教改革运动的开始

13.背景介绍

当人类进入近代的时候，欧洲人正处于一场伟大的宗教革命的前夜。宗教改革运动是一次双向革命。它是一场反抗教皇权力的起义，造成自中世纪以来一直统一在教皇治下的宗教帝国中半数欧洲国家与教皇分离开来。这场脱离运动取得了成功，因此也可以称之为一场革命——新教革命（Protestant Revolution）。

但是这场运动绝非仅仅是反抗教会权威的革命。它的发生，很大程度上是因为当时宗教中存在的某些邪恶和滥用职权的行为，并引发了对西方宗教和道德思想的伟大革新。因此，称其为改革——宗教改革（Reformation），也是恰当的。

应该特别注意的是，这场运动是个双重的运动。只有当人们从这个观点的两面去考虑的时候，它的复杂性才能被巧妙地观察和恰当地解释。本章我们将探讨一下宗教改单运动在德国发生的原因及开始，随后的章节里我们将谈谈其在北欧主要国家所造成的影响和声势。

14.宗教改革发生的原因

首先我们必须要了解是什么使得一些北欧国家对教会和宗教权力产生不满并试图从古老的基督教会中脱离出来。

首先是文艺复兴（Renaissance）。这场伟大的思想觉醒标志着中世纪的结束，近代社会的开始。新的人文思想的倡导者和旧的神学思想的守卫者之间的对立，为这场宗教大分裂铺平了道路。

第二个原因是当时的教会存在着最为严重的丑闻和各种滥用职权。对宗教领袖到教会成员展开彻底的变革，成为所有接受新思想洗礼的有识之士的共识。唯一的分歧就在于这场革新到底以一种什么形式进行，从教会内部还是从外部，是通过改革还是革命来进行。

第三个原因就是当时各国君主对教皇权力的嫉妒和教皇统治与各国爱国主义思潮的激烈碰撞。中世纪某些教皇提出的权力至高无上的思想已经无法维持，然而在很大的范围内，比如宗教职位的提名和任命、对牧师和教会财产征税、婚丧嫁娶等，都由作为宗教卫护者的教皇一手把持。因此，很多国家根本没有独立可言。很多我们现在认为属于国家主权的事务，当时实际上都由以罗马为中心的教会世界帝国所掌控。

这种局面可以和当代联邦制进行比较。在联邦国家里，每个人都要对两个权威效忠，一个是州政府，另一个是联邦政府。而在中世纪，每个人也都效忠于两个权威，一个是自己国家的君主，另一个是罗马教皇。正如美国内战之前很多美国人很难决定自己首先要对自己所在的州还是对联邦政府履行义务。在新教革命之前，每个人也是很难确定到底是对自己的国王还是对教皇效忠。对僧侣和其他教会人员来说，他们更倾向于效忠教皇（Papal See），因为他们认为自己是教皇的教民而不是自己所在国家君主的臣民。

但是教皇至高无上的地位与政府经济利益的冲突造成了很多的摩擦和麻烦。作为教会首领，教皇的巨大收入都来自其治下的国家。欧洲很大一部分土地资产都掌握在教会手里，而这笔巨大资产的收益中相当一大部分是以教会职员的圣职年俸和捐赠的形式收入罗马国库的。另外，由于教皇的贪欲，更多额外的税负在欧洲国家征缴。在一些国家，人民直接和间接给教皇的捐赠甚至超过了政府的赋税。令人不齿的是，这笔财富并不总是用来开展宗教活动，而是落在了像亚历山大六世（Alexander VI）这样的只想满足个人野心和提高教会政治权力的教皇手中。

这样的情况在欧洲几个国家的民族感情觉醒的时候达到了顶峰。这些不断强大的政府希望行使自己管理国家和扩大税收维持常备军及开展公共活动的权力。这样，各国君主的不满和愤恨就不可避免地产生了。毫无疑问，北欧的这些国家更想脱离罗马教皇的统治，而不是渴望宗教自由或者思想变革。

接下来，我们就看看这场革命爆发的标志性事件与形势。

15.人文主义者伊拉斯谟和罗伊希林

人文主义思想和宗教改革运动的关系可以通过北欧国家人文主义者的思想精神等实例得到最好的诠释。

来自鹿特丹的德西德里乌斯·伊拉斯谟（Desiderius Erasmus，1467？—1536）是北欧人文主义思想运动的领导者，而南欧的领导者是彼特拉克（Petrarch）。伊拉斯谟著名的讽刺诗《愚人颂》（*Praise of Folly*，1509）直指社会各阶层的弊病，尤其是鞭挞了“披着神圣外衣的非圣人”的罪恶。不久之后（1516），伊拉斯谟出版了他的从希腊文《新约》翻译而来的拉丁文《新约》。这些作品为北欧人民的宗教改革运动提供了思想和精神基础，并发挥了突出的作用。

伊拉斯谟

作为旧经院哲学的卫道者的神学家们和新人文主义倡导者之间的矛盾冲突不可避免。这是进入近代以来，神学与科学长期斗争的第一阶段。双方交锋主要集中在关于学者探索自由和神学理论权威的局限性。这场纷争的焦点人物是著名的人文主义者约翰·罗伊希林（John Reuchlin，1455—1522）。15世纪末，罗伊希林为了学习希腊文，翻越阿尔卑斯山来到了意大利，拜在大师的门下。

双方的敌对情绪不断激化。憎恨犹太人的神学家们提议把犹太人的书籍没收焚毁，理由是这些作品对基督教缺乏友善。罗伊希林是当时最优秀的希伯来语学者，当局问他对神学家们的提议有何看法时，他表示反对，并借此机会表达了很多犹太文学作品对基督教徒大有裨益，值得一读的观点。罗伊希林为此遭到了教权主义者的猛烈抨击。德国大学和巴黎大学里的很多神学家对罗伊希林的观点予以谴责，而以伊拉斯谟为首的人文主义者却给罗伊希林写信表示赞许和鼓励。罗伊希林将其中部分书信结集出版，名为《明士书简集》（*Letters of Illustrious Men*）。

书简集的出版给罗伊希林的朋友带来很大的触动，其中著名的人文主义者骑士诗人乌尔里希·冯·胡腾（Ulrich von Hutten，1488— 1523）联合其他友人创作了《蒙昧者书简集》（*Letters of Obscure Men*）。这部书中的信件都是虚构的，挑选“最上等的恶劣拉丁文”集结而成，里边包括了各种荒唐之事，对那些反对罗伊希林的神学家们进行了无情的嘲讽和挖苦。而对人文主义者来说，这部书简集恰如莫尔（More）写给伊拉斯谟的信中说的那样“绝对的有趣”。

16.人文主义运动向宗教改革运动的转变

人文主义者对神学家们的抨击主要不是出于宗教感情或道德愤怒的刺激，而是由于对求知求学的热爱和对新学反对者的无知和腐朽的谴责。双方的争论现在进入了更为激烈的阶段。它呈现出宗教辩论的特征，成为一种良知，并裹挟着政治事件，最终发展成为双方之间公开的论战。

对于这些在德国展开的事件的简单叙述完美体现了当时情况的特殊，最重要的是，一个具有坚定信念和狂热激情的伟人的出现，给这场历史运动带来了新的趋势。

17.赎罪券；炼狱

由于这场辩论主题以教皇赎罪券的新形式出现，这里有必要对与这场伟大革命的开端关涉甚大的名词——赎罪券（Indulgences）——进行解释。

赎罪，按照路德时代德国神学家们的理解与定义，指的是对那些基于原罪，其过错被原谅后仍留在人身上的罪恶免于现世的惩罚①。它是对虔诚、慈善和怜悯行为的嘉奖，其行为往往包括对穷困者施舍钱和物，从而促进全社会的善行，只在某些特定的条件下生效，其中最主要的是对原罪的供认不讳和真诚忏悔。

由于反对赎罪券主要因其对炼狱灵魂的应用及与之相关的滥用，所以，这里也有必要对“炼狱”（Purgatory）加以解释。

根据天主教教义，来世包括三个地方——地狱（Hell）、炼狱和天堂（Heaven）。这种思想就包含在中世纪伟大的诗人但丁的《神曲》（*Divine Comedy*）之中。炼狱指的是处于天堂和地狱之间的地方或状态，在这里，灵魂注定历经磨难而得到净化，进而获得永生。这种惩罚的中间地带具有重大历史意义，因为根据天主教教义，灵魂在这个净化之所能够得到帮助，而死者活着的友人以他的名义进行祷告和善举都能让死者灵魂因赎罪而让这种磨难期缩短。因此，但丁在净化山上遇到神灵告诉他由于其朋友们的祷告使得他经历的磨难期得以缩短。中世纪的教堂里很多都对捐助者的灵魂安息进行弥撒。但是，不仅现世朋友的祷告可以将灵魂从炼狱中释放，而且因为友人的善举和施舍而进行赎罪也可以让这些灵魂从苦难中解脱。

在宗教改革运动之前，赎罪券经常被教皇们以各种目的发放。在十字军东征时

---

① 与路德同时代的神学家约翰·冯·帕尔茨（Johann von Paltz）对“赎罪券”给出了下述权威定义：“赎罪券是对忏悔者实际罪恶暂时惩罚的一种豁免，这些罪恶并没有得到圣礼仪式的正式免除——教会的高级教士出于理性考虑并以理性方式对已经受到惩罚的罪恶的暂时豁免。”“暂时的”惩罚意味着教会让被救赎者以苦行赎罪以及炼狱暂时性的惩罚，以区别于地狱的永久性惩罚。

期，大赦[①]（Plenary Indulgence）经常被授予所有戴上十字架的人。授予赎罪券经常作为修建和维护教堂、修道院、桥梁和为了促进其他地方公共事业募集资金的一种方式。修建罗马圣彼得教堂的大部分资金就是如此得来的。

18.台彻尔及他对赎罪券的宣传

利奥十世（Leo X）1513年当选为教皇后，发现教会的财库几乎空空如也，他急需资金来开展自己的各项工作，其中之一就是修建圣彼得教堂，而他能利用的权宜之计就是兜售赎罪券。他将在大部分德意志地区发放赎罪券的权力授予美因茨的大主教阿尔伯特（Archbishop Albert of Mainz），而阿尔伯特任用了来自多米尼加的修道士约翰·台彻尔（John Tetzel）为其代理人。

大主教在选用自己的代理人上是不幸的。台彻尔执行大主教委托的方式却引起了巨大的丑闻。他和下属在规劝人们遵从赎罪条件——其中一个条件是捐钱——时所使用的语言有失得体且夸大其词。

结果就是，关于赎罪券效果的错误观点开始在无知而又盲信的人群中传播开来，许多人受到了台彻尔及其手下宣传的误导，以至于认为只要他们为罗马圣彼得教堂的修建捐款，就可以免于所有原罪的惩罚，而根本不用考虑其他条件，比如悔过和弥补罪恶的目的等。因此，正义之士发动起来，反对狂热的修道士的做法。这些抗议活动如同长期积累的暴风雨的低语，很快就席卷从波罗的海到地中海的整个欧洲。

19.马丁·路德和他的罗马朝圣之旅

站在反对和谴责台彻尔兜售赎罪券这种方式最前列的就是奥古斯丁教会修道士同时也是维滕贝格大学神学教师的马丁·路德（Martin Luther）。这位伟大的宗教改革者1483年出生于德意志的萨克森。路德出身卑微，父亲是一名穷苦的矿工。父亲为他规划了一条从事法律职业的道路，但是他却断然转身离开俗世进入了修道院。

马丁·路德

① 大赦指对忏悔者在得到豁免时，对其所有暂时性的惩罚予以全部的赦免。

在台彻尔出现在德意志之前，路德已经由于其学识和虔诚而声名远扬。在此之前几年，路德为了教会利益已经进行了罗马的朝圣之旅（1511）。他当时对罗马和教皇的虔诚不容亵渎。在他的眼中，罗马就像耶路撒冷一样神圣，而罗马教皇在他心目中就是上帝在人间的代表。他对炼狱毫无怀疑之心，他甚至对自己父母还在世间感到遗憾，否则他就可以在神圣的罗马古城为父母的灵魂祈祷并使其脱离所受的折磨。

但是路德在罗马所见到的一切却给了他的虔诚当头一棒。他曾设想罗马所有人都“沐浴在这里神圣的氛围之中，对上帝永远的敬重与虔诚”。然而，他看到的却是奢华和怀疑，对于神圣的宗教教义毫无敬意，生活荒淫无度。所有这一切都给心情沉重的路德留下了深刻印象。已经播下的种子，注定要收获。

20.《九十五条论纲》

路德罗马之行6年后，台彻尔开始在维滕贝格大学进行他的赎罪券宣传。我们前文已经讲过宣传的形式简直是丑陋不堪，但是当地的民众却趋之若鹜。路德为此大为沮丧。他无法让任何权威对这样的丑闻进行干预，便决心自己亲自处理。于是他起草了关于抗议赎罪券的《九十五条论纲》（*Ninety-five Theses*），并把这些论纲钉在维滕贝格教堂的大门之上。这在当时是学者们的常见做法，将自己对所有外来思想的不同意见形成自己的主张并张贴出来。

通过出版，《九十五条论纲》传播开来。所有阶层，尤其在德意志地区，都渴望对这些论纲进行阅读和评价。台彻尔针对这些论纲也提出了自己的反驳论纲。神学家们也加入了论战，空气中弥漫着双方辩论的味道。刚开始时，教皇利奥十世本打算对整个事件轻描淡写地处理，宣布这“只是修道士之间的争辩而已”，但是最后，教皇感觉到了压力，决定对路德采取措施。教皇颁布诏令，禁止路德在各个场合发言。

21.路德《致德意志基督教贵族公开书》（1520年7月）

路德听说了教皇很快就会针对他颁布诏令，他对德意志贵族阶级发表了著名的《致德意志基督教贵族公开书》（*Address to the Christian Nobility of the German Nation*）来迎接诏令的到来，这篇演讲被称作“宗教改革宣言”。这毫无疑问是这个时代最具历史意义的论纲和反驳、诏令与禁令、宣言和呼吁。实际上，它就是德意志民族向罗马教皇发出的独立宣言。

路德主张，王公、贵族和市民都应该停止对教皇支付圣职者首年捐[①]（Annates），或者首年捐全部被废除；“所有任命都不应由罗马教皇确定”；除了涂圣油和加冕，教皇没有任何高于神圣罗马帝国皇帝的权力；俗教士（不受出家戒律约束的教士）有结婚或不婚的自由[②]。

22.路德焚烧教皇诏令（1520年12月10日）

最终，罗马的诏令（Papal Bull）传到了路德手中。诏令从路德的《九十五条论纲》中选取了41条并冠以“异端”或“诽谤”的罪名，禁止所有人阅读他的著作，并命令将他的书籍烧毁；如果他本人在60天内无法改正自己的错误，他和他的支持者都将被“因异端邪说而遭受惩罚”。

路德做出了令人震惊的决定。他决心焚烧教皇的诏令。在维滕贝格大学校门外燃起熊熊大火，面对聚集的医生、学生和市民，路德将诏令连同罗马教皇的教令还有反对者的书籍统统抛入烈火之中。这一大胆的举动引起了狂风暴雨，其声势“响彻天宇，通达八方”。路德写信给自己的一个朋友说，自己相信这场风暴绝不会平息，直至审判日的到来。

23.沃木斯议会（1521）

局面发展到了不可控制的地步，整个德国都在抗议，教皇的权威受到了威胁。教皇的禁令已经不起任何作用，教皇利奥现在寻求刚刚登上皇位的查理五世的帮助来终止路德异端邪说的传播。教皇希望能够把路德送到罗马进行审判，而路德的友人却劝说查理不要听从教皇的要求，而是允许路德在德意志陈词。因此，路德收到皇帝的诏令，要求他前往沃木斯参加由王公、贵族和德国牧师组成的会议，仔细研究国家事务，尤其是关于当前巨大宗教争议的事务。

---

① 圣职者首年捐指教职人员将任职第一年的全部或部分收入交给教皇以确认自己的任职。这是罗马教廷比较重要的收入来源。各国君主自然对这些收入心怀妒忌，因为大量的资金从国库流入到了罗马教廷。因此圣职者首年捐成为欧洲各国政府和罗马教皇之间无休止的争议和分歧。在英国，禁止向教皇缴纳首年捐就成为英国政府同教皇分离所采取的早期手段之一（第62条）。

② 路德当时并没有打算让教士放弃他们的独身誓言。不过，路德的观念逐渐发生了改变，他开始认为教士们的独身主义违反了《圣经》的教义。1525年，思想更加成熟的路德同曾经的修女凯塞玲·波拉结婚。路德违背教士独身誓言的做法受到了敌人猛烈地攻击。

路德的沃木斯之行是一种胜利和进步。所有德意志人的视线都投向了路德，民众聚集在他经过的街道两旁，这表明了整个德意志的心脏都被搅动了。当路德来到沃木斯的时候，其所到之处都聚集着大量的他的同情者和支持者。①

当路德第一次出现在庄严的议会上时，他看上去有些局促，但是他很快恢复了镇静。他的著作就摆在身前，在被问到是否愿意撤回自己所写的东西时，他要求给自己一天的时间来思考如何回答。第二天，路德再次被带到议会，他给出了自己的回答："撤回这些论纲将会给罗马暴君新的力量和勇气。我不能，也不会收回自己写过的任何东西，除非能够证明我写的一切违反了《圣经》或绝对的理性，因为违背良知的事情既不安全也不正确。"他的结束语更是令人印象深刻："我义无反顾；我站在这里，上帝与我同在。"

尽管一些人希望把路德投入烈火中烧死，然而皇帝发给他的让他能够来到议会的安全通行证保护了他。路德虽然得以安全地离开，但是帝国的禁令也随之而来。

24.路德在瓦尔特堡（1521—1522）

庆幸的是，路德有很多有权势的朋友，他自己母邦的领主萨克森选帝侯智者腓特烈（Frederick the Wise）就是其中之一。由于担心路德的安全，选帝侯命令一队骑士戴着面具在路德离开沃木斯议会后就开始护送他一直到达瓦尔特堡（Wartburg）。路德在瓦尔特堡隐居了一年的时间，只有几个朋友知道这个秘密。

在这一年的时间里，路德忙于撰写宣传册和翻译《圣经》。当时德国的改革者经常用《圣经》经文来挑战反对者，"《圣经》里可以得到证明"，"《圣经》里就是这样写的"，改革者时不时搬出这样的话语来反驳不同意见的人。因此，有必要使圣经能够让所有人都能读懂。② 正如路德所言，让那些古代先知说德文。这是一项艰巨的任务，但是路德做到了，直到今天整个德国仍然为此骄傲。

路德给了德意志德文版的《圣经》，他对德语的贡献堪比但丁凭借《神曲》对意大利语的贡献。凭借翻译《圣经》，路德最终从各种德意志方言中创造了统一的德语。

---

① 当路德快要到达沃木斯的时候，有传言说城内正密谋以叛国罪控告他。路德的朋友们听到这样的传言后大惊失色，他们试图说服路德不要冒险前行。也就是在这个时候，路德发表了自己著名的宣言："纵使前路鬼魅当道，我仍会继续前行。"

② 在此之前已经有多人将《圣经》翻译成德文，但是这些版本发行量十分有限。

25.农民起义（1524—1525）

一年多的时间刚刚过去，路德就再次陷入了麻烦。一些激进的改革者在布道时言辞过于激烈和暴力，路德不得不离开瓦尔特堡。他突然出现在维滕贝格，给当时骚动不安的德意志带来暂时的克制。

但过了两三年，麻烦却再次出现，而且更加复杂和严重。德意志士瓦本（Suabia）和法兰哥尼亚（Franconia）的农民被封建领主的疯狂压迫所激怒，再加上宗教狂热的刺激以及宣道者卡尔施塔特（Carlstadt）和闵采尔（Münzer）的鼓动，他们发动反抗贵族、教士等一切权威的起义。① 城堡和修道院被抢掠和焚烧，并发生了可怕的骚乱。起义最终被镇压，但是10万人付出了生命的代价，德国南部大部分地方遭受重创。很多人指责改革者，认为他们的布道才是这次狂热的农民起义的根本原因。②

26.教会财产世俗化

尽管出现了这么多的曲折，改革还是取得了迅猛的进步。对于世俗的王侯来说，路德认为教会应该受到限制，他们的财产应该被罚没充公并应用到教堂、学校和慈善机构的维护方面，这样的主张完全赢得了王公们的青睐和支持。③

王公们很快采取了行动，并走得更远。在路德发表对德意志贵族的演讲和对隐修誓言的抨击，并指出这样的誓词有违真正的基督教教义的数年之后，所有转变为新教的德意志邦国的教会财产都被没收。

在瑞典，路德的信条很早就获得了立足之地，几乎所有老教会的财产都通过国家议会法案收缴到国王古斯塔斯·瓦萨（Gustavus Vasa）手中（1524）。这笔财富极大地提高了瑞典君主制的权力和威望。

而在英格兰，国王亨利八世（Henry VIII）镇压了修道院，并把修道院的大部分财富用于世俗的用途。

---

① 农民们的要求体现在了一份名为《十二条款》的文件之中。参见《翻译与转载》（宾夕法尼亚大学），第2卷，第6条。

② 农民起义被镇压大约十年之后，宗教狂热诞生了所谓的“新天国”或明斯特重洗派王国，是一种神权政体，首领是莱顿的约翰（1510？—1536）。这场运动出现了令人震惊的宗教狂热。与农民起义一样，它们带来的结果只是让真正的改革派丢脸。

③ 政府接收教会财产的做法叫作“世俗化”。

然而，在这一时期，教会财产世俗化的经典案例则是条顿骑士团提供的。在新教徒起义的初期，这些修道士骑士统治着二三百万人。当改革运动遍及整个德意志的时候，骑士团大团长①（Grand Master of the Order）成为了新教徒，并把原来兄弟会的领地变成名为“普鲁士公国”（Duchy of Prussia）的世系君主国（1525）。骑士们可以结婚并变成贵族。从而在原来的天主教土地上诞生了重要的世俗国家。

27.改革者被称作新教徒

革命的迅猛发展惊醒了古老教会的支持者。1529年，教会再次集会（第二次斯拜尔帝国议会，Second Diet of Spires）商讨对策。议会中天主教占据多数席位，他们通过了法案，剥夺新教王公和城市决定自己的领地信奉何种宗教的权力，并且在议会授权之前禁止宣讲新教教义。

德意志的6位王公和许多帝国城市联合发布对帝国议会法案的正式抗议，不承认在宗教和良知方面的多数约束少数的观点。因为这样的抗议，这些改革者从这时起就开始被称为新教徒（抗议者，Protestants）。

28.天主教反击及其原因和动力

在路德1546年去世前②，宗教改革运动在除西班牙和意大利外的大部分西方基督教国家都获得了强有力的立足点；即使在西班牙和意大利，新教的传播也取得一些进展。但是几大因素的联合起作用抑制了新教的发展，使得天主教会得以收复大片失地。这些主要因素包括新教徒之间缺乏共识、天主教采取反改革措施、宗教裁判所的兴盛、耶稣会的兴起、西班牙对天主教的狂热支持。

29.新教徒的分裂

在反抗罗马教皇的开始阶段，新教徒就分为三个相互敌对的教派——路德派（Lutherans）、茨温利派（Zwinglians）和加尔文派（Calvinists）。

路德派教义主要在德意志北部盛行，在丹麦、挪威和瑞典也被广泛接受，也曾

---

① 阿尔伯特（1490—1568），霍亨索伦家族一个分支的首领。

② 路德死后，德意志境内宗教改革运动的领导权落入了菲利普·梅兰希顿的手中，他是路德曾经的朋友和同事。梅兰希顿的做法与路德恰恰相反。他经常对路德的轻率和狂热做法表示反对，并不断通过在天主教和新教之间相互妥协来推行自己的想法。

传播到尼德兰，但很快就被加尔文派取代。在所有新教教派中，路德派对罗马天主教教义变更得最少。

茨温利派主要是乌尔里希·茨温利（Huldreich Zwingli，1484—1531）的追随者，他们和路德派主要在有关圣餐礼和教会组织上的观点不同。他们的教义主要在德属瑞士流行，并由此传播到德意志南部。

约翰·加尔文

加尔文派是约翰·加尔文（John Calvin，1509—1564）的追随者。加尔文出生于法国，由于受到迫害，离开法国来到日内瓦避难[①]，并将这里作为该派运动的中心。我们应该了解加尔文派传播的地域之广以及在十六七世纪的影响之大，法国的胡格诺派（Huguenots）、苏格兰的圣约派（Covenanters，盟约派）、荷兰的尼德兰人（Netherlanders）（大部分）、英国的清教徒（Puritans）和清教徒前辈移民都属于加尔文派。[②]

这些新教教派最后分化成诸多的宗派，每个宗派都固守着不被其他宗派认可的教义的某些次要点或坚持某些礼拜仪式，然而所有宗派都信奉宗教改革运动的核心教义——“因信称义”（Justification by Faith Alone）。

现在，这些教派之间的斗争十分激烈。思想解放的改革者现在有机会去哀叹基督教早期困扰使徒保罗的同样的状况。一个说我是路德派，一个说我是加尔文派，另一个说我是茨温利派。甚至路德自己都称茨温利为异端，而加尔文派则不愿和路德派有任何瓜葛。

这些宗派之间的斗争和分歧给改革运动带了相当灾难性的影响。面对团结一致而又虎视眈眈的敌人，这些纷争大大削弱了新教的实力。他们的不和与纷争给了天

---

① 在加尔文的影响下，日内瓦成为了一个神权政体的国家，它的宗教改革者成了新教教皇。这个小城邦的法规让人想起了后期的清教徒英联邦。加尔文主义在世界各地都是如此。它是对古希伯来人神权政治的一种复兴。加尔文被称作“《旧约》的先知”。他的作品《基督教原理》被看作是加尔文主义神学思想的完美展示。

② 所有这些教派都是政治自由史中响当当的名字。加尔文主义对人民自由的积极影响毫无疑问要归功于加尔文主义的民主宪法而不是其教义——尽管个人良知最终裁定的信条在削弱教皇至高无上的权力的同时也削弱了国王的神权。每个教堂都形成了各自的民主形式，而教会民主自然也就强化了政治民主。

主教强大有力的证据来反对整个改革运动。

30.天主教反改革；特伦托会议（1545—1563）；卡罗·巴罗梅奥

天主教会过去的邪恶和丑闻大大削弱了它的权威性以及对人们敬畏和良知的掌控。而对这些邪恶的纠正和丑闻的消除又使它重新恢复了失去的影响力和权威性。

这种改革早在新教运动兴起之前就已经在罗马天主教中开始，而它在很大程度上由值得纪念的特伦托会议展开。特伦托会议是自公元325年尼西亚会议以来最重要的宗教集会，会议上讨论了改革者提出的所有观点。会议宣布天主教的经外传说在权威性上等同于《圣经》；它再次强调了教皇权力神授的观点；谴责路德派提出的因信称义的教义。它让一切都变得那么清晰，甚至连徒步旅行者都不会对教义产生误解。它还要求所有的牧师和主教的生活都应该是基督教的纯洁和美德的典范。

会议的这些举措极大推动了对新教运动的抵制。对滥用职权这个引起教会大分裂行为的纠正也为成千上万"迷途羔羊"回归天主教会铺平了道路，并摆脱了过去教会传统信仰和权威松散化的危险。

特伦托会议精神在意大利改革者卡罗·巴罗梅奥（Carlo Borromeo，1538—1584）身上得到了最好的体现，会议的改革精神在他那里得以实体化。巴罗梅奥成为米兰的大主教，他把12个世纪前罗马帝国衰退时期的圣·安布罗斯作为自己的偶像，并且也获得了圣徒的地位。巴罗梅奥革新并恢复了已经四分五裂的教会，改革了牧师们涣散放荡的生活方式，重新在教会中恢复了严明的教规，建立了一批教会学校和大学。正是因为他的辛勤工作和言传身教使得米兰城和周边地区诞生了新的精神生活，过去对罗马教会的普遍敬重重新被唤起，新教在意大利前进的步伐被遏制，而对罗马教皇的膜拜由摇摆不定再次虔诚坚定起来，很多被新教"异端邪说"带走的教徒重新皈依到天主教门下。

31.宗教裁判所

经过重新净化自身和清晰定义自己教义信仰，罗马天主教要求所有信徒从今以后绝对的服从。宗教裁判所开展了新的活动，异端邪说受到严酷地镇压。在所有拉丁国家，宗教裁判所裁判的决定都得到了世俗王公的支持，而在这些地方之外，当时的王公并不认可这样的宗教裁判，尽管荷兰和德国的一些地方在一定时期内也建立了这样的宗教裁判所。对顽固的异端分子，死亡——烧死和剥夺财产是最常用的惩罚方式。毫无疑问，宗教裁判所对在南部欧洲遏制宗教改革运动起了重大的作用，尤其是帮助意大利和西班牙保持了对古老教会的忠诚。

在此，关于宗教裁判所的迫害，我们不应忘记，在16世纪，拒绝服从既定的信仰会被大多数新教徒及天主教看作是反社会的行为，并因此受到惩罚。在日内瓦，我们发现加尔文不遗余力地对塞尔维特（Servetus）进行审判并将其烧死，因为他发表了一些加尔文派认为属于异端邪说的思想；在罗马，我们看到布鲁诺（Giordano Bruno）因为不信仰天主教的教义而被烧死在火刑柱上；在英格兰，我们看到英国国教教徒（Anglican Protestants）不仅对天主教教徒，而且对所有拒绝遵从英国国教的新教徒，发动了最为残忍、激烈而又持续的迫害。

32.耶稣会；伊格纳修·罗耀拉；圣方济各·沙勿略

耶稣会（Society of the Jesuits）是另一个强大的重建教皇权威的附属机构。其创始人为西班牙人伊格纳修·罗耀拉。伊格纳修是西班牙宗教狂热的化身。他的目的是成立一个宗教团体，团体的成员无比忠诚且精力充沛，足以应对改革者的热情。1540年，教皇颁布诏令建立耶稣会。

伊格纳修·罗耀拉

在成为牧师之前，伊格纳修是一名士兵，因此他赋予耶稣会以军事色彩。实际上，耶稣会的军事特征非常明显，以至于被称作是“为宗教目的而成立的军事机构”。我们在研究耶稣会士的性格及其行动时，应特别牢记军事原则在其中所占的主导地位。耶稣会的每个成员都被要求像士兵顺从上级的意志，并被教育自我牺牲和绝对服从是他们的基本美德。

耶稣会对社会的影响主要体现在教育上。他们的目的是在世界各地建立学校和大学，就像征服一个国家首先要派驻军队一样。伊格纳修生前成立了100多所教会大学和神学院；在他死后150年的时间里，耶稣会建立了超过700所神学院。

新教曾经纪律严明、时刻警觉并毫不妥协，现在却分裂成相互敌对的派系，耶稣会在对新教的反击上做了大量的工作，麦考莱（Macaulay）曾经宣称：“耶稣会的历史就是天主教反击新教的历史。”正是因为他们在匈牙利、波兰、波希米亚和德意志南部直接或间接的影响，曾经被新教侵袭并或多或少地远离旧信仰的地区再次回归罗马天主教的怀抱，比在教皇的统治下更为紧密地团结在一起。到16世纪末，天主教收复失地的工作已大体完成。在这些曾经的天主教国家重新恢复天主教构成了欧洲宗教史最为重要的事件之一。

耶稣会的努力不仅促成了天主教在欧洲的恢复，而且把天主教的教义和权威传播到了世界各地。在异教徒的土地上建立的所有神学院中最杰出的代表人物就是圣方济各·沙勿略（Saintly Francis Xavier，1506—1552），人称“印度使徒”。沙勿略在印度、日本和远东其他地区的活动取得了令人惊叹的效果。

33.西班牙对天主教的狂热支持

正如英格兰成为新教的捍卫者和堡垒一样，西班牙也成为天主教在欧洲的坚固堡垒。西班牙的君主们将自己看作是天主教正统信仰的守护者，不仅在自己的领土上尽其所能地根除新教的影响，并且还将这样的举措推广到其他地区。他们重建天主教的统一的努力，让他们成为天主教收复失地的最重要的工具。

34.百年宗教战争

特伦托会议通过的法案使得天主教和新教之间的矛盾不可调和。双方的争论在16世纪中叶上升到武力层面，随后爆发了百年宗教战争。在此期间，双方谁都不想退让半步。新教为了生存而竭力死战；而天主教会为了消弭分裂力量，让脱离而去的国家重新回到教会帝国的怀抱，修复基督教世界受损的统一，也是全力以赴。

在接下来的章节里，我们会粗略地追寻敌对的教义在主要欧洲国家的命运变迁。而作为本章的结束，我们简要地谈一下宗教改革运动所造成的影响。

35.宗教改革运动的政治影响：脱离罗马及其意义

新教革命作为一场革命，广而言之，其后果就是德意志北部、丹麦、挪威、瑞典、英格兰、苏格兰，以及瑞士和尼德兰的部分地区，脱离了罗马天主教——基本上都是日耳曼种族或语言占主导地位的国家。而主要的拉丁国家，即法国、西班牙、意大利，连同德意志南部、波兰、波希米亚、匈牙利和爱尔兰等，还是信奉古老的天主教，即使在某个时期曾经有过动摇，但最终还是返回到天主教阵营中来。①

---

① 由于宗教改革运动得到了德意志民族的普遍拥护，而天主教则受到了拉丁民族的广泛支持，因此有时候新教也被称作德意志基督教，而天主教则被称为拉丁基督教。

脱离天主教在政治上的影响，在历史学家泽博姆（Seebohm）的阐述中可见一斑："曾经教皇作为宗教帝国的首领所拥有的政治权力被各国君主夺走。牧师和修道士们作为教皇的信徒被看作外来分子——因为他们是教皇教会帝国的臣民。凡是反抗教皇统治的地方，向教皇效忠的思想都被废除，而君主们则取得了绝对的统治权。有关婚姻和遗嘱的事宜主要还是由教会管辖，但是宗教法庭已经成为国家法庭而不再向教皇负责，所有这些事务都已由各国君主掌控。"

总之，教政分离意味着国家已经完全从罗马教皇的统治中脱离出来，并取得了完全的独立。这时的国家政府已经在宗教和政治事务上实现以自我为中心自我管理的政体，这在中世纪时期是从来没有过的。

36.宗教改革运动的宗教和道德影响

从宗教和道德的角度来看，北欧国家脱离教皇统治意味着这些国家从向教会效忠转向《圣经》。教皇法令和教会决定不再被看作是神授和具有约束力的；而《圣经》则被看作是神圣的并拥有无上的权威。从理论上来讲，每个人都可以对宗教信仰和宗教活动拥有自己的解释。

宗教改革运动的另一个重要影响是，让这个世界走向了宗教宽容。改革者虽然坚称自己有权对宗教事务做出自己的判断，但在实际上，他们却不容许别人拥有这样的权力。当他们拥有了这种权力之后，他们又前后矛盾地成为了疯狂的迫害者。他们认可天主教教义中的异端思想应该受到惩罚，只不过他们对异端有着不同的定义。在整个16世纪，宗教的不容异己的原则，用历史学家林加德（Lingard）的话来说，是"基督教世界国家公法的一部分"。不过，宗教事务的自我判断思想从逻辑必要性上给宗教宽容带来了有利的影响；因为你无法授予个人宗教事务权力的同时又对其宗教结论给予惩罚。因此，近代科学的发展、世界思想总体的进步、国家之间联系的紧密等，都在过去3个世纪里给宗教宽容带来了有益的影响，16世纪的宗教改革运动必须要在宗教宽容史上给予一个突出的地位。

第三章　西班牙的崛起；西班牙与天主教的关系

第一节　神圣罗马帝国皇帝查理五世的统治（1519—1556）

37.导言

公元1500年，在尼德兰的根特市，一位王子诞生了，他注定要对16世纪的历史产生重大影响。他就是查理，奥地利大公美男子腓力（Philip the Handsome）和西班牙斐迪南二世与伊莎贝拉女王的女儿胡安娜（Joanna）的儿子，后来著名的查理五世皇帝。

查理幸运地成为四大王室的继承人——奥地利、勃艮第、卡斯蒂利亚和阿拉贡——这些王室由于政治联姻而结合在一起[①]。在查理19岁之前，由于先辈的去世，四个王朝的王冠都落到了他一个人的头上。

尽管有这么多的世袭的王位等着他，年轻的查理最先得到的却是通过德意志选帝侯选举产生的圣罗马帝国的皇冠。选举完成后，他成为查理五世皇帝，而在此之前，他只有卡洛斯一世的头衔。

---

① 卡斯蒂利亚和阿拉贡由于阿拉贡的斐迪南和卡斯蒂利亚的伊莎贝拉的联姻而结合在一起；奥地利和勃艮第则由于奥地利的马克斯米利安和最后一位勃艮第公爵勇敢者查理的女儿及继承人玛丽的联姻而结合在一起；这两个世系随后又被斐迪南和伊莎贝拉的女儿乔安娜和马克斯米利安与玛丽的儿子腓力的联姻而结合在一起。

38.权力平衡被西班牙打破

在中世纪即将结束之际，法国国王查理八世对意大利进行了一次著名的入侵，这让其他国家都警觉起来，唯恐法国在欧洲事务中获得过度的影响力。为了防止出现这样的局面，欧洲其他国家组成一个联盟，把法国挡在其合适的疆界内。这就是欧洲著名的"大陆均势政策"[①]（Balance of Power among the European States）。

查理五世皇帝

从那时起，直到现在，"维持这种均势"一直是欧洲各国外交的基础。政治家们都尽力确保没有国家可以获有过多的权力或影响力来威胁到其他国家的独立。尽管如此，仍然不断有某个欧洲国家的过度崛起来打破这种均衡的局面。为了阻止对这种均势的破坏或者为了恢复已经受到影响的均衡，各国之间结盟、签约和战争组成了近代欧洲政治史的主要部分。

16世纪西班牙的强大引起了邻国的恐惧并很大程度上决定了这些国家的政策和军事行动。下边我们来谈谈查理五世及其儿子腓力二世（Philip II）统治西班牙时期的主要政治事件。

39.查理五世与宗教改革运动

与他在政治领域的举措同等重要，查理五世和路德的宗教改革运动的关系构成了他生活和工作的重要部分。对罗马的天主教会来说，年轻的皇帝把自己摆到了天主教派领袖的位置上，是非常幸运的。在他统治期间，不仅举全国之力来排除改革异端，而且还把这一政策传给了自己的后继者。

查理支持旧宗教反对新教，在思想和政策上都有这样的倾向。尽管对教皇充满怀疑和嫉妒，但是查理强烈地让自己系于天主教会及其信条，并坚信作为基督教的君主，他的首要任务就是根除领地内的异端。作为神圣罗马帝国的皇帝，查理也是

① 然而，这一法则并没有得到各国官方的普遍认可，直到1668年英国、荷兰和瑞典三国阻止路易十四成为低地国家的主人的同盟形成（在威廉·坦普尔爵士的仲裁下），才被正式接受。

按照这样的思路治国理政的。他深信当时的一个流行的观点，没有国家能够容忍两种教义的共存，政治统一需要宗教上的统一；他不仅将这一信条应用到西班牙和其他世袭的领地上，而且把自己所有的领土作为一个整体，我们可以看到，他在德意志和其他国家都一样地压制宗教改革思想。

40.查理的两大劲敌

如果查理一开始就把全部的精力放在压制宗教改革运动上，改革的思想将很难在他的领地内立足。但是对改革者来说，幸运的是查理在自己统治的前半期并没有多少精力来考虑宗教的问题，因为当时期两个强大的君主，法国的弗朗索瓦一世（Francis I，1515—1547）和土耳其的苏莱曼大帝（Solyman the Magnificent，1520—1566），不断地攻击查理的领地。一次又一次，当查理想要对德意志的新教王公采取严厉措施的时候，这两位君主的单独行动或是同时行动总是给他带来威胁，迫使他不得不推迟自己对异端的征伐。

41.查理和弗朗索瓦之间的较量和战争（1521—1544）

弗朗索瓦成为查理在帝国权威竞争中的主要对手。当德意志选帝侯将权力授予西班牙君主查理的时候，弗朗索瓦非常失望。在其统治的余下时间里，由于查理的领地几乎包围了法兰西王国，弗朗索瓦一直对查理心存嫉妒并不断地发动战争。① 意大利成为了两位君主的主要战场，因为西班牙和法国都想拿下亚平宁半岛来作为自己的领地。②

---

① 在与查理交战前，弗朗索瓦想方设法去寻找一个盟友。英国的年轻国王亨利八世似乎成为最好的选择。弗朗索瓦因此而邀请亨利到法国会晤，这场会晤被看作是对抗查理的结盟。两国国王都带着自己豪华的随从队伍在加来附近会晤（1520）。因为两位国王的随从都是盛装出席，奢侈空前，所以这场会晤历史上称作“金缕地”。一位同时代作家说道：“很多会晤人员恨不能将自己的工场、森林和草地都背在背上。”但是会晤并没有取得任何成果，反而是查理最终赢得了亨利的支持。

② 战争表

第一次战争（以签订《马德里条约》而结束）	1521—1526
第二次战争 主要事件是洗劫了罗马（以签订《夫人和约》而结束）	1527—1529
第三次战争（以签订《尼斯停战协定》而结束）	1536—1538
第四次战争（以签订《克列比和约》而结束）	1542—1544

金缕地

42.弗朗索瓦和查理之间战争的影响

弗朗索瓦和查理之间战争的直接和间接影响涉及广泛而又意义深远。

首先，新教获得了充足的时间在德意志北部和其他国家巩固自己的实力并最终使得后来的所有破坏行动都无能为力。

其次，战争阻止了欧洲天主教国家的联合，在此期间，很多国家遭到了奥斯曼帝国的攻击而损失惨重。匈牙利战火纷飞，罗德岛沦陷，而地中海几乎成为土耳其人的内海。

最后，这些战争的主战场为意大利，使得意大利遭受可怕的打击，摧残了文艺复兴所有美好的前景；但是，与此同时，战争风云也越过阿尔卑斯山为法国和其他北欧国家播下了文学艺术的种子。法国的文艺复兴就起于这时的意大利战争。

43.弗朗索瓦对瓦勒度派的迫害（1545）

弗朗索瓦和查理之间的停战使双方都腾出精力来处理国内的宗教异端问题。两个国家都有大量的工作要做，因为在双方交战期间，改革派的教义在各个阶层都得到了迅速传播。

弗朗索瓦对异端教徒的最严厉的打击落到了瓦勒度派[①]（Waldenses）头上。

① 因教派创始人彼得·瓦勒度得名，瓦勒度一直活到了12世纪末。

瓦勒度派信徒是皮埃蒙特和普罗旺斯高山地区很多小村庄里的简朴而又平和的居民。这些人在中世纪后期却被当成了异端教徒，同新教改革者一起遭到了迫害。成千上万的人被斩首，更多的人被烧死在火刑柱上。后来，更多的迫害降临到他们头上，最后，那些不幸的残存者在深山里找到了避难之所，得以将自己的宗教信仰一直流传到了现在。

44.查理与德意志新教王公之间的战争

查理开始把注意力转向德意志的宗教改革者。出于自己宗教信仰的激励，更是因为担心德意志新教——新教王公和自由城市已经联合成为施马尔卡尔登同盟（Schmalkaldic League）——的发展会危及自己的权威，查理决定镇压所有的改革运动。

因此，在路德去世的1546年，查理在德意志天主教徒的援助下，对新教联盟发起了进攻。刚开始，进攻取得了成功，但最终，这场战争被证明是查理统治时期最为耻辱和灾难性的战争。他的军队遭受严重的失败，最终他不得不放弃让自己的德意志臣民都在宗教上达到统一的行动。

45.《奥格斯堡宗教和约》（1555）

1555年，在奥格斯堡召开会议，讨论德意志宗教分离的问题，会议最终达成一致：所有的王公都可以选择罗马天主教和《奥格斯堡信纲》[①]（*Augsburg Confession*），并且有权把自己的宗教变成自己臣民的宗教[②]。但是，需要注意的是，这里的宗教自由只是对王公和政府而言的；人民个人并没有选择的自由，每个臣民必须遵从自己王公的选择，信仰王公的宗教信条。

但是这份和约制定了一个重要的例外情况。天主教坚持主张教会的王公——主教和修道院长——在选择成为新教教徒之后需向天主教教会上交其职位和收入。而这一重要条款作为“教产保留”最终成为了《奥格斯堡宗教和约》（*Religious Peace of Augsburg*）的一部分。

《奥格斯堡宗教和约》，由于双方对其条款的误解和违反，为后来可怕的三十

① 《奥格斯堡信纲》是路德追随者的信条。《奥古斯堡宗教和约》没有关于茨温利派和加尔文派的相关条款。

② 帝国自由城市并没有获得这项权力。城市内部各派别必须相互容忍。

年战争埋下了伏笔。

46.查理退位

奥格斯堡会议取得了宗教上的和平，而查理五世扮演着第二个戴克里先（Diocletian）的角色。他长期以来都想着要在人生最后的日子去修道院过着归隐的生活。与德意志新教王公们的较量所带来的失望，年岁的增长，以及统治晚期如阴云般缠绕的麻烦促使查理采取行动。随后，他把自己最喜爱的儿子腓力扶到尼德兰[①]（1555）和西班牙及其殖民地（1556）统治者的位置上，最后，他隐退到西班牙西部的尤斯特修道院（Monastery of Yuste），在那里度过人生最后的短暂时光。

曾经有一个传说：查理五世在尤斯特修道院摆放了几座钟表，想让它们同步调运转，结果徒劳无功。为此，他反思道："我曾经愚蠢地认为能够让所有人拥有共同的宗教信仰，现在我甚至无法让两座钟表保持相同的时间。"

这个故事可能是虚构的，因为查理似乎从来没有怀疑过只有武力才能保证信仰的统一。在尤斯特修道院归隐期间，他对当初自己没有在沃木斯烧死路德表达了深深的遗憾。他不断地敦促腓力采取更为严厉的手段对付异端分子，甚至因为听说了一些"恼人的教义"在西班牙传播后，为了根除异端，都抑制不住想重新出山。

第二节　腓力二世统治下的西班牙（1556—1598）

47.腓力的性格和统治原则

与他的父亲不同，腓力是典型的西班牙人。他代表了典型的西班牙民族的性格、理想和信念，就如同路德代表了德意志民族的性格一样。他的思想就是西班牙人民的思想，他的良知就代表着西班牙民族的良知。

① 之前一年（1554），腓力获得了那不勒斯的王位。因为当年他与英格兰的玛丽女王结婚，为了与玛丽女王的头衔对等，神圣罗马帝国皇帝的皇冠被授予查理的弟弟斐迪南德大公。

腓力二世

作为一个真正的西班牙人，腓力拥有很强的宗教性格。像清教徒克伦威尔一样，腓力也深信是上帝选择自己来完成他的使命。但是为了能够完成上帝的使命，他认为必须掌握足够的权力。而在腓力的思想里，绝对权力的基础就是宗教的统一。宗教的分裂就意味着国家的分裂。因此，腓力治国理政的工具之一就是宗教裁判所。他利用宗教裁判所压制异端，这不仅因为他是一个虔诚的天主教徒，相信异端邪说是蓄意的罪恶，应该受到严厉处罚，而且更因为他认为异端邪说是叛国的。

腓力具有非凡的治国才能，他工作起来不知疲倦，全身心投入到无休止的国事中。他凡事亲力亲为，不容他人置喙，大臣都只是办事员而已。他甚至干涉或试图干涉臣民的私事——如何着装，什么时候可以使用车辆，如何教育后代等。在这样的制度下，整个西班牙只有一个大脑，只有一个思想指引国家。所有地方的自由和个人主动性都被压制。这种高度集权的政府体系被腓力传给了继任者，也很大程度上决定了西班牙人民的不幸。

腓力统治下最重要的事件当然是，他对尼德兰起义的武力镇压和用“无敌舰队”（Invincible Armada）进攻英格兰。这些事件与尼德兰和英格兰各自的历史联系在一起，我们在这里只是一笔带过。①

① 继承父亲的衣钵，腓力同法国交恶。腓力在两场大战役中击败了法国（1557年圣昆廷战役和1557年格拉沃利讷战役）。战争以签署《卡托-康布雷西斯和约》（1559）而结束。腓力为纪念圣昆廷战役而建立的纪念碑凸显了他的性格。战争之前他曾发愿，如果能够获胜，他会在圣劳伦斯河边建造一座最为壮丽的修道院。腓力没有食言，几年之后，他在马德里附近为著名的埃斯科里亚尔修道院——一座宫殿、修道院及陵墓——奠基。这座建筑以烤架为模型，原因就是圣劳伦斯曾在烤架上被烧死。它是西班牙的威斯敏斯特教堂，这里摆放着自查理五世皇帝以后的大部分西班牙国君的骨灰。

48.腓力对摩里斯科人的"神圣战争"（1570—1571）

1492年，当斐迪南和伊莎贝拉征服格拉纳达时，摩尔人（Moors）得到承诺：他们的公民权会受到保护并拥有宗教信仰自由。但是查理五世却背信弃义逼迫他们改信基督教。摩尔人无奈屈服，表面上遵从基督教的要求，但私下里他们还是坚持自己的信仰。

腓力认为自己有义务强迫摩里斯科人（Moriscos）——他们在改变信仰之后被这样称呼——彻底地洗刷他们古老信仰和习俗的痕迹。所以腓力颁布诏令，规定摩里斯科人不得穿自己的民族服装或使用自己的民族语言，必须给自己的孩子起基督教的教名，并送到基督教教会学校上学。摩里斯科人对此坚决反抗。

摩里斯科人的反抗遭到了无情的镇压，因为担心这些地区的摩里斯科人会向来自地中海的穆斯林人开放门户，腓力下令把所有格拉纳达的摩里斯科人都放逐到半岛的中心和北部地区。这一命令被无情地执行，所有具有摩尔血统的人——男人、女人、孩子——都被迫踏上了绝望的放逐之旅。

49.土耳其舰队勒班托海战的失败（1571）

腓力残酷地对待他的摩里斯科人臣民，几乎对西班牙造成致命打击，但是，他却帮了整个基督教文明一个大忙。他的举动帮助基督教世界抑制了奥斯曼土耳其在地中海的发展。在这之前，土耳其人攻占了重要的塞浦路斯岛（Cyprus）并且袭击了马耳他（Malta）的医院骑士团（Hospitalers）——马耳他岛曾因骑士团的杰出的防御而免于落入异教徒之手。整个基督教世界大为震动，教皇、威尼斯人和腓力二世等人结成一个联盟。一支庞大的舰队被组建起来，腓力二世的同父异母弟奥地利的唐·胡安（Don John of Austria）为其统帅。

联军舰队在希腊西海岸的勒班托海湾（Gulf of Lepanto）遭遇了土耳其的分舰队。这场战争之惨烈在地中海军事史上自罗马人和迦太基人的第一次布匿战役之后再无可比。奥斯曼舰队几乎全军覆没，成千上万被关在土耳其桨帆船上的基督教战俘被解救出来。所有基督教国家为之欢欣鼓舞，其意义不亚于第一批十字军攻克耶路撒冷。

勒班托海战在历史上具有重要地位，因为它标志着伊斯兰教和基督教之间长达1000年斗争的转折点。尽管穆斯林也曾经遭受过许多挫折，但是在此之前笼罩在基督教世界南部和东部的威胁——前有阿拉伯，后有奥斯曼土耳其这样的穆斯林强国——从来没有像这次战役那样得以解除。勒班托海战的胜利彻底驱散了基督教世界的恐惧乌云。奥斯曼土耳其人虽然后来在其他地方取得了一些进展，但是再也没有恢复这一场灾难中丧失的威望，并且从此之后逐步走向衰落。

50.腓力去世（1598）

1588年，腓力以他的“无敌舰队”向英格兰——当时新教的坚固堡垒——发动了著名的袭击。但是，腓力的这一行动却以失败告终。10年之后，腓力去世，从而也结束了他对西班牙的长期统治。

51.驱逐摩里斯科人（1609—1610）；丢失尼德兰

腓力二世去世以后，西班牙在权威、声望和影响力上都逐渐衰退。这很大程度上是因为西班牙统治者的偏执和暴政。因此，在腓力三世（Philip III）统治时期（1598—1621），由于对摩里斯科人的驱逐而使西班牙的制造业和其他产业都遭受了沉重打击，再也没有恢复过来。

腓力二世曾经将格拉纳达的所有的摩里斯科人向内陆地区驱逐。现在，全西班牙都要完全地清除这个“邪恶的民族”，西班牙的土地上将不留一个异教徒。腓力三世相信这样驱逐异教徒是取悦上帝的仪式，就像当初希伯来人将迦南人（Canaanites）从巴勒斯坦赶走一样。但是腓力三世这样做还有其他的动机。摩里斯科人被控告——并非没有根据，他们因对受到的压迫和迫害如此的绝望，就与非洲的摩尔人以及奥斯曼土耳其人一起谋划入侵西班牙，从而威胁到西班牙的和平和领土完整。

在1609年至1610年间，所有摩尔人的后代——超过50万最聪明、技术精湛而又勤劳的所有摩里斯科人后裔的半岛居民——基本上都被驱逐流放到北非地区。曾经人口众多、风景优美的地方变成了空荡的村落和荒芜的土地，由此我们可以看到西班牙遭受了多么沉重的打击。它确实实现了宗教统一，但是却付出了巨大的代价。

西班牙在半岛遭受重创的时刻，她在外部的属地也遭到损害。在我们称之为《1609年停战协定》（Truce of 1609）中，西班牙被迫承认新教尼德兰（荷兰）事实上的独立。在这些省份脱离出去后，西班牙失去了它最宝贵的属地。[①]

---

① 在失去荷兰之后，随后又于1640年失去了葡萄牙。17世纪后半叶，西班牙卷入了同法国的一系列灾难性的战争，其人口因此而急剧下降。在美洲的殖民地爆发起义后，西班牙又于19世纪初将佛罗里达割让给了美国（1819），尽管西班牙还掌控着古巴和世界上其他一些零散的地区，但是此时的西班牙几乎已经将昌盛时期的众多富饶的殖民土地完全割让。美国又于1898年给了西班牙的殖民最后一次重创。

52.小结

西班牙现在已经从历史舞台上第一流强国的序列中消失了。历史学家劳伦特（Laurent）将西班牙从历史舞台的退出和查理五世退隐到尤斯特孤寂的修道院相比。他说："在16世纪，西班牙在世界舞台上作为一流强国而熠熠生辉，她的名字威震新旧两个世界，但是随后她沦入寂寂无闻的地步，就像查理五世在自己生命的最后阶段隐入孤寂的修道院一样。"①

对西班牙16世纪历史的简单回顾，至少能揭示其失败和迅速衰落的两个原因：第一，在欧洲错误的帝国政策让她卷入了永无休止而又毫无结果的战争中；第二，政治上的专制和宗教上的偏狭。

① 《人文学科研究》，第9卷，第64页。

第四章　都铎王朝和英国宗教改革运动

（1485—1603）

第一节　概述

53.都铎王朝

对英国人民来说，都铎王朝[①]时期是一个令人激动而又充满变故的时代。它见证了雅典文明以来世界在艺术、科技、贸易和文学等领域的蓬勃发展。但是这个时期的伟大事件是宗教改革运动。正是在都铎王朝的统治下，英格兰脱离了罗马教皇的统治，新教在英伦三岛上站稳了脚跟。本章主要讲述这些伟大的事件是如何发生的。

54.英格兰的宗教改革运动及其先兆

与其他地方相比，英格兰的宗教改革运动明显带有双重性。首先，英格兰激烈地从罗马教会帝国的统治下脱离出来，然而在教义、宗教仪式和信仰形式上并没有什么实质性的改变。这在亨利八世的统治下实现。

其次，英格兰教会摆脱了罗马天主教而取得了独立后，逐渐改变了其教义和仪式。这主要是在爱德华六世的统治下完成的。因此，英格兰的宗教改革运动首先是一场反抗，然后才是一场改革。

---

① 都铎王朝的君主有亨利七世（1485—1500）、亨利八世（1509—1547）、爱德华六世（1547—1553）、玛丽（1553—1558）和伊丽莎白（1558—1603）。

这场脱离运动实际上是英格兰和罗马教皇之间长期争端的高潮。[①] 用历史学家格林（Green）的话说就是："在长达300年的时间里，罗马教皇一直是英国人的痛。"英国议会多次通过法案宣布教皇不应在英格兰如此如此。正是英国人对外来统治者的敏感，使得亨利八世在带领英格兰脱离罗马教皇教会帝国的改革运动相对轻松。

第二节　亨利七世的统治（1485—1509）

55."仁爱"王税

都铎王朝的首位国君亨利七世（Henry VII）的主要罪恶是贪婪和专制。他从富裕的臣民手里聚敛钱财的手段之一就是冠以"仁爱"之名的王税（Benevolences）。《大宪章》（*Magna Carta*）禁止国王在没有获得议会同意的情况下强行收税，但是亨利七世并不喜欢和议会商谈，他希望自己能够像欧洲大陆的其他君王一样自主决定如何管理国家。所以，"仁爱"王税就成为正税的替代品，而它们实际上不过是富贵阶层迫于道德压力馈赠给国王的礼金。

亨利七世的大臣红衣主教莫顿（Cardinal Morton）在推动这一馈赠方面尤其成功。对那些生活富足的人，莫顿会说他们完全有能力向自己的君主慷慨解囊；对那些生活窘迫的臣民他又会说他们的节俭生活会让他们变得富有。这种颇具讽刺意义的自相矛盾在历史上得名"莫顿之叉"（Morton's Fork）。

56.航海大发现

正是在亨利七世在位期间，地理大发现扩大了世界的疆域。哥伦布向欧洲宣布在西方还有大陆存在；而达伽马绕过好望角发现了通往东印度的海上通道。

---

① 关于这场旷日持久争端的系列事件，参见本人的《中世纪史》第十九章"民族国家的形成"之"托马斯·贝克特的殉道"（第308条），"教皇英诺森三世与英格兰约翰王"（第228条），和"教廷迁至阿维尼翁（1309—1376）；德意志和英格兰的反抗"（第233条）。

亨利七世委派在英格兰经商的威尼斯航海家约翰·卡伯特（John Cabot）和他的儿子前往西部和北部海域进行航海探索。在向西航海的过程中，卡伯特沿美洲大陆到达纽芬兰并以英国的名义将其占据（1497）。卡伯特可能是第一位将视野抛向新大陆内陆的欧洲人，因为这时候哥伦布仅仅是到达了墨西哥湾和加勒比海地区。

在这些发现之后，卡伯特和他的儿子塞巴斯蒂安（Sebastian）宣布美洲海岸从拉布拉多到佛罗里达都归英国所有。这次宣称拥有的领地包括了北美洲最好的地方，而这里也成为盎格鲁–撒克逊人的第三个，也是最为广阔的家园。

第三节　亨利八世（1509—1547）切断英格兰与教皇的联系

57.红衣主教沃尔西

1509年，亨利七世去世，王位传给了18岁的儿子亨利八世（Henry VIII）。亨利八世精力充沛又倔强固执。在年轻的亨利八世统治① 的开始，我们必须要介绍一下他最伟大的大臣托马斯·沃尔西（Thomas Wolsey，1475？—1530）。沃尔西是这个时代最受人瞩目的人物之一。历史学家霍林斯赫德（Holinshed）如此形容沃尔西，“口才出众，充满智慧；但是又野心勃勃”。亨利八世委任他为约克郡的大主教，后来又任命他为王国大法官；而罗马教皇任命他为红衣主教，并作为教皇在英格兰的使节。沃尔西实际上已经成为了掌管政府和宗教事务的双重首脑。

沃尔西是一个爱国者，是他那个时代最好的爱国者。他考虑的是英格兰的需求，因他仍然感觉到旧封建时期的各种动荡的影响，所以他主张采取强力手段来治

① 1512年，亨利加入神圣同盟——一个反对法国国王，以教皇为领袖的联盟——亨利在法国发动了自己的第一场战役。亨利在横穿英吉利海峡时，苏格兰国王詹姆斯四世考虑进攻英国以援助法国国王。苏格兰军队在切维厄特丘陵（Cheviot Hills）的弗洛登遭遇英国部队，几乎全军覆没（1513）。詹姆斯国王被杀，苏格兰的贵族精英几乎在这场战斗中完全凋零。这是苏格兰民族历史上所遭受的最沉重打击。斯科特的长诗《马米恩：弗洛登战役的故事》，就是为纪念这场战争而作。

理国家。他的首要目的就是让英国王室拥有至高无上的权力及绝对权威；他第二个目的就是要让英格兰成为欧洲政治的中心，法国、西班牙和教皇之间矛盾的调节者。他在这两个目标上都取得了成功，他使得亨利的统治无比稳固，并让英格兰在欧洲获得了巨大的声誉。

58.“护教者”亨利

在亨利八世统治初期，马丁·路德在维滕贝格发表了著名的《九十五条论纲》。和其他西方基督教国家一样，英格兰也受到了影响。不久之后，当路德直接向教皇权力发起攻击之时，亨利八世写了一篇拉丁文论文来反驳路德的论点。

教皇利奥十世（Leo X）为了表彰亨利对天主教的支持而授予他“护教者”的头衔（1521）。这一头衔在亨利带领英格兰国教脱离教皇统治之后仍然保有，并一直被他的后继者保留下来。然而，亨利八世所维护的信仰和他刚开始获得这个头衔时已经完全不同了。

亨利八世

59.亨利寻求与凯瑟琳离婚

我们现在需要讲述一下，一些情况的出现很快将亨利从一个狂热的教皇支持者变成教皇的敌人。之前，亨利娶了自己的寡嫂阿拉贡的凯瑟琳（Catherine of Aragon）——他已去世的哥哥亚瑟的妻子，但是这桩婚姻只是政治联姻而不是出于爱情。亨利和凯瑟琳一共生了5个孩子，除了体弱多病的女儿玛丽存活下来，其他几个都不幸夭折。没有儿子能够继承自己的王位，亨利好像看到这是上天对他娶了自己嫂子的不满的信号。而亨利爱上了安妮·博林（Anne Boleyn），女王身边的一个美丽活泼的侍女。这份新的感情快速升温，亨利确信自己应该结束与凯瑟琳的婚姻了。因此，亨利请求教皇克莱门特七世（Clement VII）允许他离婚。克莱门特没有立即作出决定，拖了两年之后，由于神圣罗马帝国皇帝查理五世的影响，克莱门特下令亨利和凯瑟琳到罗马来见他。

60.沃尔西失宠；他的去世（1530）

亨利的耐心几近耗尽。有人告诉他，沃尔西在帮助他离婚这件事上并没有尽力，亨利于是将沃尔西从大法官的位子上赶了下来。沃尔西树敌过多，博林和其他人对他的憎恨造成了他的下台。最终他因莫须有的叛国罪而遭到逮捕。在前往伦敦的路上，沃尔西的情绪和健康都受到了严重打击，并染上了致命的高烧。临终之际，沃尔西躺在莱斯特修道院的修士怀里进行了自我反省，他说："如果我能够像忠于我的国王那样向上帝尽责，上帝绝不会令我如此狼狈。"

沃尔西在宗教事务上确实不像他作为一个政治家那样尽职尽责，作为政治家，他对国王的要求和命令完全服从，甚至有时候都甘愿抛弃自己的良知。

61.托马斯·克伦威尔

沃尔西下台之后，他亲自提拔起来的托马斯·克伦威尔（Thomas Cromwell）迅速上位。在接下来10年的时间里，强势而又不择手段的克伦威尔重新塑造了亨利政府的政策。他主张通过摧毁国家的其他权力来建立王权专制主义。克伦威尔意志坚定，为了达到自己的目的不惜采用极其恐怖的手段，因此他掌权的这段时期被称作"英国的恐怖统治"。对那些反对他或让他和国王不开心的人，他都让他们付出了血的代价。

亨利对克伦威尔的大胆建议言听计从。克伦威尔建议他立即同教皇谈判，同时宣布脱离罗马教皇的管辖，宣称自己是英格兰教会的最高领袖，并通过自己的法庭获得了批准离婚的判决。

62.与罗马决裂的首批法案（1533—1534）

克伦威尔的建议立即得到执行，英格兰很快就脱离了罗马教皇的统治。亨利首先不顾教皇不得擅自行动的威胁，秘密和博林结婚，从而解决了这一难题。

这时的议会对亨利完全服从，通过了一项《限制上诉法案》（*Act in Restraint of Appeals*，1533），法案规定：任何英国人把官司绕过英国法庭而提交到罗马教廷的行为都属于犯罪。这一法案阻止了凯瑟琳绕过英国法庭向罗马教皇上诉的企图。亨利任命剑桥的神学博士托马斯·克兰麦（Thomas Cranmer）担任坎特伯雷大主教。克兰麦阻止法庭对亨利和凯瑟琳的婚姻进行审判，并随后宣布国王和凯瑟琳的婚姻无效。

接下来的一年（1534），亨利利用议会通过了重要的《教职收入法案》（*Act*

of Annates），该法案禁止大主教和主教职位的圣职首年捐交给罗马教皇，并下令所有这些收入都应该上交英国国王。

63.《至尊法案》（1534）

亨利和他的议会法案在罗马被认为是对教皇的不敬。教皇事先并没有和亨利有任何沟通，迅速颁布诏令：宣布其基督教臣民无需向亨利效忠。

亨利采取了最后的决定性行动，他从议会通过了著名的《至尊法案》（*Act of Supremacy*，1534）。这项法案使亨利成为“英格兰国教的唯一至高的首领”，对教会职务和事务拥有绝对的控制权，并且将之前流入罗马教皇财库的收入转到了自己手中。而法案还规定任何拒绝国王授予的头衔的行为都属于叛国。

这一与过去决裂的行为自然招致了很多不满，很多人因此而被处死。这场暴行中最著名的牺牲者就是罗切斯特主教约翰·费舍尔（John Fisher）和曾经多年作为亨利主要执政顾问之一的托马斯·莫尔爵士（Sir Thomas More）。两个人都被送上断头台（1535），因为他们拒绝承认亨利和凯瑟琳离婚的有效性以及国王在宗教事务方面有着至高无上的权威。托马斯·莫尔被处死尤其招致了广泛的谴责和恐慌。

64.镇压修道院（1536—1539）

对修道院的镇压是亨利作为英格兰国教最高领袖发动的初步行动之一。他决心拆毁这些宗教建筑物，首先因为他觊觎他们的财富，当时修道院拥有的财产很可能占据英国国家财产的1/5。另外，修道院公开或秘密反对亨利在宗教事务方面的至尊地位，这自然引起亨利对他们的嫉恨和不满。这也是他决定拆毁修道院的另一原因。

为了让自己的行动有个合理的借口，亨利计划给这些修道院的行为定性为不道德。因此，他委任了一些专员来检查修道院并向他汇报他们的所见所闻。报告中指出一些小的修道院行为不端，而大的修道院则没有什么过失。很多大修道院都是作为学校和旅馆向求上门来的穷人发放赈济。

但是，这些大修道院最终也没有逃脱被毁掉的命运。在1537年到1539年这段时间里，所有的修道院都被拆毁，它们的主人一般都自愿把财产交到国王手中以免比损失房屋和财产更糟糕的事情出现。1539年，议会通过法案规定所有的修道院财产都归国王所有。①

约克郡的方斯廷斯修道院遗址

至此，共有645座修道院被拆毁。这些修道院被拆得七零八落，每一条铁块或铅块都被抽出，没有保护的院墙最终沦为爬满常青藤的废墟。被剥夺财产的教会人员都领到了一笔小额的补偿金，这一定程度上让他们避免由于被驱逐而造成生活上陷入更大的困境。

拆毁修道院是进一步亵渎和掠夺这片土地所充斥的圣迹、圣像、圣祠的一个信号。在坎特伯雷对著名的朝圣者托马斯·贝克特（Thomas Becket）圣祠的破坏是其中的典型。圣徒贝克特因反对亨利二世而拥护教皇至高无上的地位，而被以叛国罪判定为叛国者。他的尸骨被从圣祠里拖出并焚烧，而圣祠的很多富丽堂皇的装饰和贡物——大量的珠宝及贵重物品都被没收归王室所有，这也许就是亨利八世对贝克特愤怒的真正秘密。

① 镇压行动连同其他一些行径激起了英国北部的反抗，这在历史上被称作“求恩巡礼事件”。这场运动遭到了无情的镇压。

被没收的修道院的巨额财产进入亨利手中后，一部分用于修建学校和安置新的教会人员，还有一部分作为其他公用事务的资金；但是最大的一部分土地财产则被贱卖或直接赏赐给国王的亲信。今天很多英国大家族的财富就是来自这时罚没修道院的财产。因此，新的贵族阶层出现了，他们的利益使他们反对重返罗马天主教会；因为那样的话，他们的财产很可能重新被修道院收回。

65.镇压修道院对议会的影响

解散修道院对议会上院的影响是，它对英国宪法自由的影响是灾难性的。议会上院在此之前一直是对王权的制衡。对议会修道院一系的重创使得已经衰退的在上院保有席位的世俗贵族的力量因为解除大小修道院院长的职务进一步被削弱。① 与此同时，保留下来的神职人员，两名大主教和主教完全变成了国王的附庸，《至尊法案》使得国王成为英国教会至高无上的宗教首领。

上院几乎终止了其作为独立思想和意志的主体机构。由于下院里都是对国王言听计从的议员，英国政府现在已经变成了绝对的君主专制。

后来经过漫长的斗争，就像我们看到的，英国人民才从国王手里夺回了部分权力——当初通过脱离罗马天主教的进程而获得，重新恢复了政府初期的特征。

66.信仰统一法案（1539）

议会将修道院财产和权力移交国王手中的同一年，又根据国王的意见通过了一项所谓的“在基督教某些教义方面取消差异观点法案”。根据这项法案，旧教会的圣餐礼布道、牧师的禁欲、私人弥撒、向牧师忏悔，还有其他信条都被认为符合上帝的法理，任何人对这些教条提出、传播或实施反对意见都是犯罪。否认圣餐礼变体论（Doctrine of Transubstantiation），甚至在其他方面对法案涉及的内容有间接的冒犯，都会受到烧死的惩罚。

很难说亨利统治下的英国教会应该叫什么，它既不是新教，也远不是真正的天主教。它的惩罚方式特征决定了它非此亦非彼。天主教和新教教徒都受到迫害，甚至被处死。某次，3名天主教徒拒绝承认国王才是英国教会的合法领袖，另有3名新教教徒质疑圣餐礼，都被处以死刑。

---

① 26位大修道院长和2名小修道院长遭到驱逐。

67.亨利的妻子们

亨利和妻子们的麻烦构成了英国国王历史上诡异和令人不齿的一页。安妮·博林对亨利的感情只保持了几个月的时间，她因对国王不忠而被砍头，留下了女儿，后来成为著名的伊丽莎白女王（Queen Elizabeth）。处死博林的第二天，亨利就同简· 西摩尔（Jane Seymour）结婚。第二年，西摩尔就死了。不过她为亨利国王生了一个儿子爱德华（Edward）。

亨利国王的第四任妻子是克里维斯的安妮（Anne of Cleves），不过她作为王后的时间也只有短短的几个月。① 亨利又爱上了一个年轻女子凯瑟琳·霍华德（Catherine Howard），安妮因在和亨利通婚之前有婚约的罪名而被国王休掉，随后，亨利和凯瑟琳结婚。但是后来有证据表明凯瑟琳在结婚之前就行为不检，得到了被砍头的下场。贪恋女色的亨利国王的第六任也是最后一任妻子是凯瑟琳·帕尔（Catherine Parr）。帕尔行事谨慎，一直陪伴亨利八世至他去世。

68.亨利去世及他的性格；他的功绩

亨利死于1547年。关于他的个性，一直有不同的见解。但是都承认亨利为人残忍专制，自私而好干涉。尽管他将英国国教从罗马天主教会那里独立出来，但是英国人民并没有因此对他心存感激；因为他这么做完全是出于自己不可告人的目的，而不是为了臣民的福祉，也不是对宗教改革的同情。

另一方面，亨利在位时期，英国掌握了海上霸权，这令英国人感到骄傲并对亨利国王感激不尽。亨利高瞻远瞩，认为英国必须在海上开拓自己的国土，而不是在欧洲大陆。因此，他对海军情有独钟。当其他欧洲大陆的君主创建优秀的陆军的时候，他已经为英国建立了“常驻海军部队”。他对战舰不断改良完善，首次取代了划桨船，而这走在了世界海军发展的前列。按照一位著名的海军军事家的说法，亨

① 托马斯·克伦威尔安排了这场婚姻，因为亨利对此不满，克伦威尔便失去了国王的宠信，很快，克伦威尔因受贿和其他渎职罪被送上了断头台（1540）。国王的所为都是以法律的名义进行。国王从议会获得了剥夺公权法案的通过。在克伦威尔之前，被起诉者有权为自己召开听证会进行无罪辩护。但是，克伦威尔为了逢迎国王，倡导通过了议会可以不用听证而进行宣判。克伦威尔因此而使自己成为了暴君统治的牺牲品，可谓作茧自缚。由于英国议会滥用职权，美国立宪者在列举议会权力时特意加入了这样的条款：“不得通过剥夺公权法案”。

利的统治下英国海军“完全是一个全新的部队，之前世界上从未见过的海军”。他对英国海军的改造某种程度上类似于蒸汽发动机取代人力。

69.亨利八世时期的文学；莫尔的《乌托邦》

这一时期最杰出的文学人物是托马斯·莫尔爵士。作为作家，莫尔最负盛名的作品就是《乌托邦》（*Utopia*），这是一部类似于柏拉图的《理想国》（*Plato's Republic*）或者菲利普·西德尼的《世外桃源》（*Sir Philip Sidney's Arcadia*）的传奇之作。它描绘了一个位于新大陆的岛上的理想国度，那里的人们的法理、行为规范和风俗习惯都如理想般完美。下层人民生活的痛苦、宗教偏执和政府专制给了作者创作《乌托邦》的灵感。当时的人们生活在痛苦之中，社会简直就是“富人对穷人的阴谋”。亨利政府和其大臣的残忍无度代表了东方的暴君专政。

托马斯·莫尔爵士

正是这样的社会状态，让敏感的莫尔发出了这样的抱怨。历史学家格林说，“自从《农夫皮尔斯》（*Piers Plowman*）之后，再也没有听到这样为穷苦人民呐喊的声音”。但是莫尔的呐喊绝非郎兰德（Langland）一样的绝望之音，他看到了一个更好的未来，指出了社会的恶疾，并给出了治疗方案来改革它们。他讲述了乌托邦里的和谐景象，这里的房屋和土地非常吸引人，街道宽阔整洁；所有人都接受教育，每天工作不超过6个小时；这里没有酗酒、斗殴和战争，没有政党的更替；罪犯都被用改造的目光来对待；在这个快乐的理想国度，每个人都可以参与管理国家和选择自己的宗教信仰。

莫尔以一种智慧的方式向人们提出了社会、政治和宗教事务的改革建议。很显然，他并没有指望亨利国王能够完全接受自己的建议，实际上，莫尔自己在去世之前对宗教宽容的观点都有所改变。他在自己著作的最后都承认：“我承认乌托邦里的很多事情都是我的理想，我并没有希望看到它们都会被我们这个时代所接受。”

第四节 爱德华六世统治时期宗教教义和宗教仪式的改变（1547—1553）

70.爱德华六世即位

根据亨利在位时通过的《即位法案》（*Succession Act*）的条款，爱德华作为亨利唯一的儿子得以即位。年轻的爱德华六世（Edward VI）认真学习改革者的信条，英国教会的很多教义和仪式发生了改变，这使得英国教会离罗马教会越来越远。这些宗教上的变革引起了我们的关注。

71.宗教方面的变革

在爱德华统治期间，教堂的所有图画、肖像和十字架都被撤掉；壁画都被白灰粉刷掉，彩色玻璃都被打碎；长袍和白法衣都被丢掉；细烛、圣水和熏香都不再使用；敬奉圣母和庆祝圣日的做法遭到禁止；炼狱思想被当作功利迷信，为死者祈祷被禁止；包括面饼和葡萄酒的圣餐仪式被废除；教士结婚的禁令被取消；宗教仪式在除了亨利统治时期的最后3年外，大部分时间里都是用拉丁语进行，到了爱德华统治时期，下令要以英国人民自己的语言来进行。

为了使上面提到的法案条款能够有效执行，大主教克兰麦准备了《英国国教公祷文》（*English Book of Common Prayer*），并在1549年发行第一版。这本著作只不过是古拉丁文版的《弥撒书和祷告书》的简单译文，里边对个别词语和篇章做了改动来适应新的教义。直到今天，英国国教会所使用的仍然是这部作品。

1552年，著名的《宗教四十二条》（*Forty-two Articles of Religion*）出版，它是对改革思想的简要声明。这些条款最后缩减为三十九条，构成了英国教会现在的信仰和教义的标准。

72.为确保宗教统一而实施的迫害

如果所有人都像莫尔的《乌托邦》里所说的那样能够自由选择自己的宗教信仰，这些变革和革新将不会遇到任何困难和阻力。但是不幸的是，自由选择宗教信仰只是理想国里的理想。除了一些大度和视野宽广的人士在一些欢快时刻能够实现外，乌托邦里的宗教宽容并没有降临到这个世界。

按照王室诏令，所有布道者和牧师都要签署《四十二条》（*Forty-two Articles*）。对于那些违背新的祷告书的宗教仪式的行为都会按照《宗教统一法案》（*Acts for the Uniformity of Service*）的法令受到严厉惩罚。甚至连玛丽公主在自己的私人小教堂里进行天主教宗教仪式都受到了迫害。

很多人在爱德华在位时期因为拒绝遵从新的宗教仪式而被投入监狱；至少有两人因为“公祷文的异端和诋毁者”的罪名而被烧死。也许大部分英国人在这个时期，内心深处仍然是天主教的信徒。

第五节　玛丽统治下的反动

73.玛丽即位；与罗马天主教会妥协（1554）

爱德华去世后，他的姐姐玛丽（Mary）登上王位。玛丽即位后不久，就嫁给了西班牙的腓力二世。这桩婚姻早就被腓力的父亲查理五世计划好，希望通过与英格兰联姻可以使其成为西班牙帝国的一部分。

大部分英国人内心深处从来没有接受过近年来的这些宗教变革，他们对天主教的狂热，加上玛丽快速推动了天主教在英国的重新崛起。议会认为英国应该重回向教皇效忠的老路上来；上下两院的议员都对教皇使节宽恕他们的异端和分裂而心存感激。他们的忏悔是真诚的，这一点从他们废除所有支持英国信奉新的宗教法案上就可以得到证明。罗马对此喜出望外，曾经的教徒终于迷途知返，回归到天主教门下。

但是，并不是改革者的所有努力都一无所获。英国议会拒绝返还已经没收的修道院土地，这也很自然，因为很多这样的财产现在就掌控在这些议会议员手中。然而，玛丽对天主教无比狂热，她将收归王室的财产的大部分拿出来重建了那些遭到毁坏的教堂和修道院。

74.殉道者：拉蒂默和黎德利（1555），克兰麦（1556）

随着天主教的复兴，又轮到新教徒遭受迫害了。总共有二三百人因为其宗教信仰在此期间被处死，其中最突出的三位殉道者是拉蒂默（Latimer）、黎德利（Ridley）和克兰麦。拉蒂默和黎德利在同一根火刑柱上被烧死。当火把燃起的时候，已经70岁高龄的拉蒂默鼓励自己的同伴黎德利说："黎德利大师，尽情享受吧，拿出男人的气概；我们今天以上帝的名义点燃英格兰的火把，这样的火焰永不熄灭。"

玛丽女王不应为实施的这些迫害受到严苛指责。这并不是她的错误，而是时代的过错。几乎所有天主教和新教教徒都认为对这些异端的惩罚是执政者的职责，否则就会有触犯上帝的危险。

第六节　伊丽莎白统治下新教的最终建立（1558—1603）

75.女王

玛丽去世时，将王位传给了25岁的伊丽莎白。伊丽莎白是亨利八世和安妮·博林的女儿。她似乎继承了父母的所有性格，因此也继承了他们性格中的不稳定性。她具备男人的智慧、坚强的意志、令人钦佩的判断力和伟大的政治智慧。正是这些品格使她的统治在英国历史上最为强大和杰出，她将英国从一个相对无足轻重的位置带到了欧洲最强大国家的高度。

伊丽莎白不仅拥有良好的女王品质和成就，同时也具备了很多难以接近的性格和非一般女子所能有的手段。她性格多变，反复无常，阴险狡诈而又忘恩负义。欺骗和谎言是她在外交中常用的武器。历史学家格林曾经宣称："在谎言的庞大和肆无忌惮方面，伊丽莎白在整个基督教世界罕逢敌手。"

伊丽莎白女王

但是，这个非同凡响的女人身上尽管有这么多的缺点，她在自己的臣民中却深受欢迎，很大一部分原因与腓力二世在西班牙深受爱戴一样，她同情自己的人民，代表着他们的理想和抱负。人民对她的强烈喜爱之情通过人们给她起的头衔"英明女王"（Good Queen Bess）可见一斑。

尽管议会不断敦促她结婚，但是伊丽莎白还是终身未嫁，众多追求者都希望得到这位贞女的垂青，西班牙的腓力二世就是其中之一。在执政的末期，她宣布自己在加冕王位的那天起就已经嫁给了英格兰整个国家，不会再有其他丈夫。她也成为了西方世界登上王位的最后一位贞女。

76.女王的大臣们

伊丽莎白的统治之所以强有力和受爱戴，秘诀之一就是女王在挑选大臣时的出色的判断力。尽管朝臣中也有着华而不实之辈，但是在议会中伊丽莎白所聚集的都是整个英国最具智慧和强大的人选。伊丽莎白的政府完全听命于她。当然，我们现在知道了她的顾问们对英国政策的影响并没有之前传说的那样大。

女王众多大臣中最为突出的是威廉·塞西尔（William Cecil）——伯利勋爵（Lord Burghley）。塞西尔为人精明能干，做事小心谨慎。他担任女王议会首脑达40年之久。

77.重建归正教会

玛丽并没有完成亨利和爱德华改革宗教的任务，伊丽莎白也没有完成。伊丽莎白垂青改革教会更多是出于国家政策，而不是出于自己的信仰。她只能从新教教徒那里寻求支持；她的王位遭到了英国每个真正天主教徒的否认，因为她父母的婚姻就是罗马教皇禁止的。但是毫无疑问，使她真正决心效仿亨利政策的最大原因是她渴望拥有在宗教和政府事务方面的绝对权威。

玛丽女王重建的宗教机构再次解体，议会通过两大重要法案《至尊法案》和《统一法案》（1559）重建了英国国教的独立。《至尊法案》要求所有的牧师和王室大臣都要宣誓效忠女王并宣布女王是英国所有宗教事务和国家事务的最高领导，拒绝所有外来王公和主教的权威和管辖权。因为拒绝否认教皇的至尊地位，很多天主教徒在伊丽莎白统治时期被判死刑，更多的人在伦敦塔内遭受恐怖的酷刑折磨。

《统一法案》禁止牧师使用除英国国教礼拜仪式之外的任何其他宗教仪式，并要求所有人在礼拜日和其他圣日必须到英国国教教堂做礼拜。这项法案之下的迫害，使很多天主教教徒前往其他国家追求自己的信仰自由。

78.新教不信奉国教派：清教徒和分离派

天主教教徒并不是伊丽莎白统治时期唯一反对英国国教的人。还有新教不信奉国教派（Nonconformists）——清教徒派和分离派——都给女王的统治制造了同样多的麻烦。

清教徒（Puritans）之所以得名，是因为他们渴望比英国国教更加纯洁的信仰形式。这个称谓用在他们头上有点可笑；但是其中一些优秀分子将这种带有嘲笑的称呼变成了光荣的徽章。他们并没有从英国国教中退出，而是继续努力去改革并按照自己的理念去重塑风纪。这些清教徒注定会在英国后来的事务中起到突出的作用。在斯图亚特王朝（Stuarts）时期，他们变得足够强大来推翻政府和宗教，并按照自己的想法来重塑英国。

分离派（Separatists）是一群比清教徒更为狂热的改革派。他们憎恨一切和罗马天主教相似的宗教信仰，他们丢掉白色法衣和圣书，并与英国国教断绝所有联系。在《统一法案》的管制下他们遭到了严厉迫害，所以大量分离派教徒不得不前往新大陆寻求避难所。这些流放到荷兰的分离派教徒后来成为"五月花号"和"斯碧维尔号"船上的清教徒前辈移民，正是这些人为新大陆的民主自由打下了基础。

79.苏格兰女王玛丽·斯图亚特

伊丽莎白统治时期的大部分时间都和她的表妹苏格兰女王玛丽·斯图亚特（Mary Stuart）交织在一起。玛丽素有"近代海伦"（Modern Helen）之称，又被称作是"这个世界上最美丽最虚弱最有魅力又最禁不住诱惑的女子"。她是苏格兰国王詹姆斯五世的女儿，一出生就在英国王位的继承权上排在了玛丽·都铎（Mary Tudor）之后，因为所有天主教教徒都不承认亨利八世和安妮·博林的婚姻。

玛丽·斯图亚特

1560年，玛丽的丈夫法国的弗朗索瓦二世（Francis II）去世后，玛丽放弃了自己法国宫廷的生活，回到了苏格兰。当时她只有19岁，她的魅力似乎吸引了除狂热的改革者外所有见到她的人，改革者永远不会忘记他们年轻的君主是一个天主教徒。严厉的老约翰·诺克斯（John Knox）使得玛丽的一生痛苦不堪，他称玛丽为"摩押人"（Moabite）——摩押是罗得跟大女儿乱伦所生的儿子，其后代便被称为摩押人——和其他难听的名字，但她却对诺克斯的放肆不恭不敢施加惩罚，因为她清楚自己臣民中新教徒的反对力量。

还有其他事情让玛丽无法获得人民的爱戴。她的第二任丈夫达恩利勋爵（Lord Darnley）被人暗杀。有人怀疑玛丽与此事有关系。她被投入监狱，被迫让位给襁褓中的儿子詹姆斯。

从监狱逃脱后，玛丽逃往英格兰（1568）。在这里，她的表姐伊丽莎白对玛丽盛情款待并尽力帮助她重回王位。但是传言中的参与暗杀自己的丈夫，对英国王位的觊觎，还有她是天主教徒的事实，都决定了她的命运多舛。她受到了监禁，在监牢里度过了19年。在此期间，玛丽是所有天主教阴谋的中心，目的就是让她重新获得王位。教皇庇护五世（Pius V）为此颁布诏令，将伊丽莎白逐出教会，并给全部臣民以信仰自由（1570）。最终，一个精心策划的刺杀伊丽莎白扶正玛丽的阴谋诞生。西班牙国王腓力二世也牵涉进来，他写道："这个事件是向上帝尽职，因此必须全力支持。我们希望上帝会为此开心，即便为此付出罪恶的代价。"

玛丽因共谋而接受审判，并被判有罪。几经犹豫之后——不管是不是假装，伊丽莎白下令将玛丽处死（1587）。即使伊丽莎白签署了执行死刑的命令，她仍然试图为此逃避责任，建议玛丽的看守能够秘密将她杀死。

80.无敌舰队；英国的萨拉米斯战役（1588）

处死玛丽·斯图亚特，立即引来了西班牙"无敌舰队"向英格兰进攻。玛丽在临死之前把王位传给了儿子，并把英国王位赠给西班牙国王腓力二世。为了实现这些权利，为玛丽复仇，也是为了教训一下伊丽莎白支持尼德兰反抗西班牙，更是为了给欧洲的宗教改革运动以致命打击，腓力决心全力出战征服英格兰异端分子。腓力二世对于作战计划精心准备，再三运筹。西班牙港口聚集了大量军舰，并在尼德兰集合了大量陆上部队以配合海军行动。

教皇希克斯图斯五世（Sixtus V）鼓励腓力的军事行动，并认为这是一场圣战。最终，一支130条舰船组成的舰队在大西洋上集结，从里斯本（Lisbon）向英吉利海峡进发。这支舰队规模之大，前所未有，号称"无敌舰队"。即将到来的危险在英格兰激起了所有英国人的愤怒。所有英国人团结起来，誓死保卫自己的国家。大敌当前，似乎让所有阶层都团结起来，贵族、农民、新教徒、天主教徒，同仇敌忾。天主教徒也许密谋让玛丽·斯图亚特登上王位，但是他们并不希望背叛自己的国家，将国土交到可恨的西班牙人手里。历史学家哈勒姆（Hallam）素来措辞冷静严谨，但是这次他慷慨激昂地写道："这一年将令人永记，当战争的乌云笼罩在我们的海岸，当整个欧洲都在恐惧地观望人类政治游戏的结局如何，罗马的心机，腓力的权力，法尔内塞（Farnese）的军事才能，是否能够战胜女王及其统率的德雷克（Drake）和塞西尔（Cecils）的舰队——他们以新教和英国之名，怒战犯我之敌，他们的精神将接受严峻的考验，但是他们不会有丝毫动摇。随后，每个郡的天主教徒都成群结队地到当地治安长官那里，哀求他们不应被怀疑拿国家的独立去换取天主教信仰。”

16 世纪的西班牙与英格兰战舰

1588年7月19日，无敌舰队首先被安排在山崖上的哨兵发现。无敌舰队以月牙形向英吉利海峡进发，在海面上排开的宽度达到了7英里。英国舰船大约有80艘，但是轻便的结构和迅疾的行动，再加上海军配备的精良装备，让他们面对笨重的西班牙舰队时占据了优势，几乎立刻就挡住了无敌舰队前进的道路，连续7天不断打击无敌舰队。

一天夜间，当受损的无敌舰队停靠在加来（Calais）港口的时候，英国人在舰队中间燃起大火，很多舰船被烧毁，并引起了极大的恐慌。第二天，霍华德（Howard）、德雷克和亨利·西摩尔爵士（Lord Henry Seymour）共同率领的英军向西班牙舰队发动决定性进攻，让本已遭受重创的无敌舰队雪上加霜。

西班牙人仓皇逃命，有人提议向北部逃窜，但是北部海上的暴风将很多剩余的船只在苏格兰和爱尔兰海岸拍碎。等到他们终于驶进港口的时候，战船只剩了不到1/3。当战败的消息传到腓力二世那里时，他还镇静自若地说道：“上帝的旨意必定会实现；我派出舰队是同英国人作战，而不是与恶劣的天气。”

这场在英吉利海峡击溃西班牙无敌舰队的伟大战役被称作“英国的萨拉米斯战役”（Britain’s Salamis）；它像雅典的萨拉米斯战役一样揭露了专制帝国的虚弱和宣布其衰退，与此同时，它宣示了一个新的伟大国家的力量及其必然的崛起。

无敌舰队的摧毁影响到的不仅是英国和西班牙两个国家，它标志着天主教和新教之间较量的转折点。它为天主教的反击设定了明确的限制；它不仅决定了英格兰会作为一个新教国家存在，而且也预示着新教尼德兰的独立并保证了或者至少有助于保证了斯堪的纳维亚和德意志部分新教的未来。

81.航海和殖民活动

西班牙海军力量的受挫让英格兰在航海事业上蒸蒸日上。作为一个小岛国，英格兰开始进入自己历史上最为辉煌的时期。这些时期真的是“伟大的伊丽莎白拓展疆土的时代”。英国人受到近期事件的激励，似乎对航海探险表现出一种狂热。在伊丽莎白统治时期，很多海上探险活动就像是维京人曾经叱咤海洋的翻版。

这些航海者既是探索者，也是冒险家，其中弗朗西斯·德雷克爵士（约1540—1596）最为突出。在西班牙无敌舰队之前，他就完成了环球航行（1577—1580），从南美洲属于西班牙的秘鲁和智利带回来大量作为赎金掠夺而来的贵重物品，并因此得到了伊丽莎白女王授予的骑士勋章。

这个时期，英国航海家所喜爱的探险活动之一就是寻找一条绕过美洲新大陆北段到达东印度的西北通道。[①] 在北冰洋的浮冰探索中，弗罗比舍（Frobisher）和戴维斯（Davis）发现了后来以自己名字命名的海峡。

这个时期，尤其值得一提就是沃尔特·雷利爵士（Sir Walter Raleigh，1552？—1618）的探索活动。他几次派人到新大陆进行航海活动，其中一次到达了北美洲的中心海岸，并将富饶美丽的美洲大陆的描述带回来献给童贞女王伊丽莎白，这里也因此得名弗吉尼亚（Virginia，贞洁之地）。

雷利企图在这片新土地上建立殖民地（1585—1590），但是并未成功。然而，

---

① 哥伦布航海的目的是找到通往中国的西方通道。他的活动最终导致美洲新大陆被发现，而美洲却阻挡了这样的通道。这个障碍或许可以在南部或北部，或在两个方向一起被打通；因此探索西方通道就变成了寻求西南通道和西北通道。西南通道由麦哲伦在1520年发现。而西北通道在半个多世纪后才被英国人发现。——佩恩《英国海员航海记》，第83页。

这些殖民者返回英国时带回了烟草，并将吸烟习惯带入了英格兰。[①]同样也是在这个时期，新大陆的当地作物土豆被带到了爱尔兰。这些作物连同印第安人的玉米一起，都成为新大陆给欧洲大陆的回报。

82.伊丽莎白女王去世

伊丽莎白统治的最后时期对伊丽莎白本人有些黑暗和忧郁。她似乎陷入了莫名的忧伤[②]和对衰老的恐惧之中。伊丽莎白于1603年去世，享年七十岁，而她在位的时间长达四十五年。随着她的去世，都铎王朝的统治也就此终结。

83.对文学的积极影响

伊丽莎白统治时期成为英国历史最为辉煌的一段时期。这个时期，深受宗教改革运动的影响，同时也是地理和思想大发展的时期。哥伦布和其他航海家发现了新大陆。而文艺复兴重新振兴了欧洲大陆，并且成为人类文明史上的思想宝库。这些发展交织在一起，促进了人类思想的迅速发展并激发了人们的想象力。

梅尔罗斯修道院

正如方廷斯修道院是英国宗教改革运动圣像破坏的记忆一样，梅尔罗斯修道院遗址也是苏格兰宗教改革运动圣像破坏的产物。随着教义的改变，这座建立于13世纪具有历史意义的修道院里的修士都遭到了驱逐，修道院里的美丽雕像也都惨遭破坏。

---

① 在此之前多年，这种植物已经被引入西班牙和法国，但是似乎主要因其药用价值被人重视。

② 1601年，伊丽莎白将自己的宠臣埃塞克斯伯爵以叛国罪送上了断头台。

这个时期的航海活动和成就几乎必然产生强大有活力的文学。在这个时期，英国和英国人民对宗教改革运动和文艺复兴运动的感受最为深刻，因此其文学的创造性、丰富性、活力都走在世界前列。一个著名的文学评论家说道：“伊丽莎白时代闪耀文坛的伟大作家是这个刚刚觉醒充满思想的国家发展的自然产物。”

要讲述所有闪耀于伊丽莎白时代的伟大作家超出了本书的范围，在这里，我只想说伊丽莎白的文学时代也是莎士比亚、斯宾塞和培根的时代。[①]

① 威廉·莎士比亚（1564—1616），埃德蒙·斯宾塞（1552?—1599），弗朗西斯·培根（1561—1626）。值得注意的是，莎士比亚和培根都比伊丽莎白女王去世晚。

第五章　荷兰独立战争：荷兰共和国的崛起

（1572—1609）

84.国家

尼德兰（Netherlands）——低地之国——之前适用于所有的欧洲西北部地区，大部分土地位于海平面以下，现在（编者：20世纪初）主要指的是尼德兰王国（荷兰）和比利时（Belgium）王国。大部分地区为莱茵河（Rhine）和其他流入北海（North Sea）河流的冲积三角洲，最开始的时候，经常被河流和海水淹没而变成汪洋泽国。

荷兰风车

但是，这片毫无希望的沼泽之地因大坝阻挡了海水的侵袭，坚固的堤岸防止了河水的泛滥，而注定要成为欧洲最具潜力的城市群以及近代史上第一个共和国的所在。在中世纪，没有哪个欧洲国家能在文明发展的程度上取得比尼德兰更大的进步。16世纪初，那里已经有300万熙攘忙碌的人口了。古老的沼泽已变成精心培育的花园和果园了。带城墙的城市数量达到二三百座。安特卫普（Antwerp）甚至可以和意大利最大的城市相媲美。一位威尼斯的使者曾经写道："当看到安特卫普时，我感到伤心，因为威尼斯已经被它超越了。"

85.查理五世统治下的低地国家（1515—1555）

查理五世皇帝通过世袭权获得了这些低地国家的统治权。在他统治的后期，在这里建立了宗教裁判所，目的就是镇压宗教改革者的异端思想。很多人或被送上了火刑柱，或被推上绞刑架，或被活埋。[①] 但是当查理退隐到尤斯特修道院时，这里的改革教义广泛传播并深深扎根下来，火与剑的根除并没有达到目的。

86.腓力二世即位

1555年，在布鲁塞尔的一个庄严盛大的大会上，查理五世将他无力戴在头上的王冠戴到了他的儿子腓力的头上。上文我们对腓力是什么样的人已有所了解。

腓力在尼德兰4年，将大部分时间用于根除新教的异端邪说。1559年，腓力乘船前往西班牙，再也没有回来过。他到达西班牙半岛时，巴利亚多利德（Valladolid）当地一个宗教法庭举行了盛大的庆祝活动，最后以烧死13个被宗教裁判所判定的异端分子作为结束。这些让腓力在他回家路上作为一个旁观者看到的可怕肃杀景象，其痛苦的场面，谁看到都不会感到愉悦。然而，他希望通过自己的到场，对宗教法庭所做的工作给予认可，并给所有的人留下一个印象：西班牙的宗教统一是国家和平与统一的基础，他将不惜一切代价来实现它。

87."乞丐万岁！"

腓力离开尼德兰的时候，让自己的同父异母姐姐帕尔马女大公玛格丽特

---

① 查理的迫害从1521年持续到1555年。这些年间被杀死的人数一直被夸大；荷兰著名法学家格劳秀斯（卒于1645）认为这个数字高达10万。而布洛克则认为实际数字并不到1000人。参见布洛克的《荷兰人民史》，第2卷，第317页。

（Margaret）以摄政王的身份代为治理。在玛格丽特统治期间（1559—1567），对新教徒的迫害更为残酷。最终，贵族们联合起来向玛格丽特上请愿书，祈求她更改政策，消弭人民心中的怨愤。当玛格丽特得知这些请愿者在等她时，显示出了极大的焦虑。对此，她的一位顾问惊呼："夫人还怕这伙乞丐？"

这样的措辞传到了聚集在宴会上的贵族那里时，其中一个贵族将乞丐的钱袋举过胸前，给木碗里倒满红酒，举杯倡议："乞丐万岁！"这句口号迅速被广泛采用，成为尼德兰爱国者长期同西班牙统治者斗争的口号。

88.偶像破坏者（1566）

政府对这些贵族请愿者关于减轻对异端分子惩罚的请求作出的唯一回应就是颁布了一道名为《节制》（*Moderation*）的诏书，其中不过是把对异端分子的惩罚由烧死改为绞死。

人们长期积累的愤怒终于爆发，他们发起暴动，在全国范围内捣毁所能见到的每一处偶像。修道院也被洗劫一空，图书馆被焚烧，被收容的人被赶出了他们的隐居地。暴乱毁坏了不计其数的艺术珍品，这让很多艺术爱好者痛心不已，就像亚历山大图书馆里的大量藏书被焚烧而让爱书者痛不欲生一样。

89.阿尔瓦公爵和"血腥委员会"（1567）

偶像破坏运动发生的第二年，腓力向尼德兰派遣了一支由阿尔瓦公爵（Duke of Alva）率领的久经沙场的西班牙军队。阿尔瓦公爵的性格和腓力二世非常相像，狡诈狂热而又冷酷无情。

阿尔瓦是那时最具才干的将军之一，他即将到来的消息传来，立即在尼德兰诸省引起了极大的焦虑与恐慌。能出去的人都匆忙地离开了这个国家。奥兰治亲王沉默者威廉①（William the Silent，Prince of Orange）为低地国家最重要的贵族成员，他逃往德国，随后召集了一支志愿部队，前去进行一场他认为不可避免的战斗。

两个地位、威望都很高的天主教贵族埃格蒙特（Egmont）和霍恩（Hoorn）②

---

① 他还有一个头衔——拿骚伯爵。拿骚是德意志的一个小邦国，现在（20世纪初）属于普鲁士。奥兰治是阿维尼翁附近罗纳河河畔的一个很小的公国，它在1530年归拿骚家族所有。

② 很多天主教徒起初同情新教徒并与他们一起行动，因为他们认为腓力的行为直接违反了尼德兰行省和城市的特许权和优先权。但是埃格蒙特和霍恩无罪而被处死，他们死得很冤。

奥兰治亲王威廉（沉默者）

由于叛徒出卖而被捉投进监狱，很快被送上断头台。女大公被解职，政府落入到更严厉的阿尔瓦手中。为了便于自己的统治，阿尔瓦组建了一个史称“血腥委员会”（Council of Blood）的邪恶法庭。

宗教裁判所再次建立，一个完美的恐怖统治开始了。在阿尔瓦短暂的统治时期，死于他手中的人就有18000名之多——据说，这是他自己吹嘘的，这个数字让我们相信阿尔瓦的目的就是为了消灭低地国家的人们。

90.奥兰治亲王威廉

所有尼德兰爱国者的目光都聚集在奥兰治亲王身上，他们把他看作救星。奥兰治亲王虽然从来都不是一个狂热的教会信徒，但却是一个深信宗教的人，他相信自己是上帝选出的把自己的国家从西班牙暴政手里拯救的不二人选。在此之前，他是一个天主教徒，作为查理五世皇帝的侍从在宫廷长大。现在，他成为了一名新教徒；无论是作为天主教徒还是新教徒，奥兰治亲王都反对宗教迫害。他的这一态度尤其值得关注，因为这使他与同时代的大部分大人物不同，并对这个自己创建的渺小而又伟大国家的政策和命运带来了巨大的影响。

与其说他是一位军事家，不如说他是一位政治家；但是作为军事领袖，他也展示出了自己出色的作战才能。西班牙军队相继由欧洲最杰出的将领来指挥，但是奥兰治亲王都能够从容应对，正是因为他对自己国家的伟大功绩为他赢得了“荷兰自由的奠基者”（Founder of Dutch Liberties）的美誉。

91.占领布里尔港（1572）；荷兰成为海上强国的开始

荷兰一半是陆地一半是海洋的地理特征使它能够长期抵抗西班牙并取得最终的胜利。荷兰人的胜利，得到了海洋的帮助。这一因素对这场斗争的影响，被荷兰航海家在斗争早期的一次著名的壮举所预示。

这次壮举的背景是这样的。几乎在战争一开始，奥兰治亲王就委派一些海员作为私掠船船员袭击西班牙船只和骚扰那些支持敌人的沿海城镇。很快，海上遍布这些私掠船——它们被称为“海上乞讨者”——一旦不受约束，他们都成为名副其实的海盗，再现了一千年前起自相同或邻近的小溪和潟湖的萨克逊海盗船的时代并效仿他们的行为。

一天，一支由20多艘舰船组成的小海盗舰队被从英国港口驱逐，它们袭击了荷兰的布里尔港（Port of Briel）。随后，它们占领了这个地方，并为奥兰治亲王守卫着它。这本身是一件小事，有些类似于美国革命中莱克星顿的枪声（Affair at Lexington），但是它极大鼓舞了荷兰人民。很快，许多地方都向这些“海上乞讨者”敞开它们的大门，而起义迅速获得了用于正常海军作战的牢固军事基地。这是未来的荷兰共和国成为海上强国真正的开始，并在200年的时间里一直是历史的强大影响因素。

我们已经了解了关于尼德兰起义的原因和斗争性质的相关内容，现在，我们需要直奔重要议题。这样，我们便省略了很多围攻、战斗、谈判及条约。①

92.“西班牙人的愤怒”；《根特协定》（1576）

1576年，一群西班牙士兵因为没有拿到军饷而发动叛乱，因为这场耗资巨大的战争几乎掏空了腓力二世的国库。叛军攻城略地，用抢掠的物品为自己发饷。美丽的安特卫普遭到毁坏。叛军的暴行引起了所谓“西班牙人的愤怒”（Spanish Fury）的爆发。可怕的局势导致了尼德兰的荷兰、西兰以及其他15个省份结成联盟，签订了历史上有名的《根特协定》（*Pacification of Ghent*，1576）。除了几个地区，对西班牙统治者的反抗进一步深入、协调地展开。

93.《乌德勒支条约》（1579）

在能力出众的统帅的指挥下，西班牙军队节节胜利，战争的天平开始摇摇晃晃地向西班牙方面倾斜。尼德兰人之间相互不满，结果造成北方省份和南方省份的分裂。北方以荷兰和西兰为首的7个新教省份签署了《乌德勒支条约》（*Treaty of Utrecht*），团结在了“尼德兰七省联合共和国”（Seven United Provinces of the Netherlands）这个永久的联邦之下，奥兰治亲王为执政。这个联邦为著名的荷兰共和国奠定了基础。

---

① 参见莫特利的《荷兰共和国的崛起》中哈勒姆（Haarlem）的围困和劫掠，以及莱顿（Leyden）围困的解除。

南方的10个天主教省份同腓力二世的斗争时间尽管更长一些，但最终还是向西班牙的专制统治屈服了。这些省份一部分最后被法国吞并，剩余的省份几经变迁，最后组成现在的比利时王国。对南方省份的历史我们就不过多讲述了，现在我们把注意放到正在崛起的北方共和国的命运上。

94.“公告”和“申辩”（1580—1581）

奥兰治亲王是《乌德勒支条约》所形成的七省联合共和国的灵魂人物。在腓力二世和他下边总督们的眼中，奥兰治亲王就是他们平定各省令他们重新俯首称臣的主要障碍。腓力二世派出了那个时代最杰出的将军去镇压，还通过高官厚禄去引诱，都没能打动奥兰治亲王。

腓力二世决心实施公开的刺杀[①]来清除这位不可战胜的将军和收买不动的爱国者。他颁布一项公告，宣布奥兰治是罪犯以及“整个基督教世界尤其是尼德兰的首要捣乱分子”，并给出悬赏：无论谁把奥兰治亲王——不管是死的还是活的——交到他的手里，无论之前犯过什么样的罪行，都将得到赦免，此外，这个人还会得到贵族的头衔和25000克朗的黄金或土地。

针对这份臭名昭著的法令，奥兰治亲王起草了一份名为“奥兰治亲王的申辩书”对暴政给以前所未有的严厉谴责。申辩书传遍整个欧洲，在各个地方都产生了深刻的影响。

95.《独立宣言》（1581年7月25日）

联省共和国之前从未正式宣布不再效忠西班牙国王。现在，他们宣布废黜腓力作为他们的君主，打碎腓力二世的印章，并发表了举世瞩目的《独立宣言》（*Declaration of Independcnce*）。这份宣言对荷兰，就像1776年的《独立宣言》对美国一样神圣。

宣言的前言写道：“上帝创造人类，不是为了让他们作为君主的奴隶而听从他

---

① 这里采用“公开刺杀”的说法目的是为了表明腓力手段上的改变。他一直试图通过暗杀来除掉奥兰治亲王。此时他非法化的法令使得蓄意的刺杀行动公然地成为公共的或政府的事务。为了理解这一点，我们应该了解16世纪的刺杀活动并不像今天认为的那样非正义。在意大利的一些小城邦，刺杀已经成为一种不涉及良知的普遍手段，即使在北方很多统治者也时常会采取这种手段。

发号施令，无论对错都要服从于他；而是让君主本着公正、仁爱、支持的原则来统治他们，就像父亲对自己孩子、牧羊人对自己的羊群那样，甚至为了保护他们可以牺牲自己的生命。当君主不再为臣民谋福利，而是压榨他们，侵犯他们古老的习俗和权利，苛求他们像奴隶般的顺从，那么，他就不再是他们的君主，而是一个恶霸。臣民们不仅可以拒绝他的权威，而且可以依法另选一位君主来保护他们。”

在腓力二世和其他像他这样的君主听来，这样的说法闻所未闻。他们从来没有听到过全体人民发出这样的声音，但是这样的呼声注定会被广泛传播。在后来的政治革命时代，我们会听到足够多的这样的声音，它在英格兰、美利坚、法兰西，几乎世界各地都会传播开来。①

96.刺杀奥兰治亲王

“公告很快就产生了效果。”1584年7月10日，在5次未遂的刺杀行动之后，奥兰治亲王最终被一位名叫巴尔萨扎·杰勒德的刺客射杀。腓力称赞这次刺杀行动是“对基督教世界有着无可估量价值的壮举”。随后，刺客被严刑拷打后处死，但是他的后人拿到了腓力的赏金，被赐予奥兰治亲王的部分财产和西班牙的贵族头衔。

97.1609停战协定；联省共和国的状况

奥兰治亲王被刺尽管给了荷兰爱国者以沉重的打击，但是他们没有丧失信心，而是继续进行英勇无畏的战斗。威廉的第二个儿子，年仅17岁的莫里斯亲王，被选为荷兰执政，接替父亲的位置。他也证明了自己是这位伟大的领袖和爱国者的可靠继任者。

战斗更加激烈。法兰西和英格兰都卷了进来，他们向宣布继承这两个国家王位的腓力二世宣战。战况复杂，讲述陆地战争的胜负和几乎每一处海域的战斗都将是没有穷尽的故事。1588年，西班牙“无敌舰队”（Armada）被摧毁成为战争的转折点，但绝不是终点。腓力二世于1598年去世，但是他的儿子腓力三世继续这场注定要输掉的战斗。

最终，欧洲厌倦了这场无休止的战争，西班牙的将军们相信凭借武力无法镇压

---

① 需要指出的是，过去曾认为这份宣言对英国1689年的《权利法案》和1776年美国的《独立宣言》都有影响，但是并没有证据表明荷兰的《独立宣言》在这两份重大的文件中存在影响的标记。

尼德兰的起义，双方进行了谈判，并签订了著名的《1609停战协定》。这份协定实际上是西班牙对尼德兰的联省共和国独立的承认，当然西班牙国王并不愿意承认自己无力镇压起义的事实，因此这份协定被称为“十二年休战协定”①。西班牙直到40年后才在三十年战争终结时（1648）的《威斯特伐利亚和约》中正式承认荷兰的独立。

这场历史上最令人印象深刻的斗争持续了40年之后终于停止了，而这些伟大的斗争的记忆被传给了尼德兰人的后代，成为了他们丰富且宝贵的遗产，为荷兰人的性格注入了力量；正如历史学家豪塞尔所说：“这样的传统让这个国家挺立几个世纪。”

战争最突出的影响就是联省共和国工商业大规模的扩张，以及它们的人口、财富、资源惊人的增长，同时，它们仍继续进行痛苦而长期的斗争。从更大的意义上讲，荷兰城市成为了世界工厂和仓库。世界各地制造和销售的商品都堆放在荷兰码头。他们的商业发展得如此迅猛，以至于超过10万荷兰人需要以海为家。几乎有1000条船只从事世界上仅有的鲱鱼捕捞业，而它为这个小共和国输入的黄金，要比整个新大陆金矿出产的流入西班牙国王金库的都要多。

在此期间，荷兰开始取代葡萄牙成为东印度开拓殖民和贸易活动的主导者，并让这些富饶的热带岛屿成为了庞大殖民帝国的根基。

荷兰人在思想上取得了与物质文明程度相匹配的进步。所有的大城市都建立了大学，而所有的城镇和乡村都建立了普通学校。当时的荷兰几乎已经没有文盲。在16世纪后期和17世纪前期，联省共和国的自然科学和机械科学方面都诞生了欧洲最著名的学者。

98.荷兰共和国的建立对宗教革命和政治革命的影响

荷兰反抗西班牙的成功对宗教改革运动意义重大。新教低地国家在天主教和新教的斗争中形成了一种战略点，如果失去这一点，对新教事业将是致命的，而改革者们维持这个战略点也对天主教的反击设置了限制。

---

① 在这一停战期间（1609—1621），荷兰共和国内部由于宗教和政治党派的斗争充满了分歧。这个时期荷兰最著名的政治家是巴内费尔特的约翰（John of Barneveld，1549？—1619）。参见莫特利为他写的传。

荷兰共和国的建立也对政治革命具有重要意义。在17世纪，荷兰是反对波旁王朝独裁统治、追求政治自由的捍卫者。当英国人在反抗斯图亚特王朝暴政的关键时刻产生动摇时，是奥兰治亲王的继任者们给予他们帮助，并将英国人的自由从危险中拯救出来。

第六章　法国的胡格诺战争

（1562—1629）

99.法国宗教改革运动

路德在维滕贝格发表《九十五条论纲》之前，在巴黎大学和法国其他地区，一些研习《圣经》的人们就抱有与这位德意志的改革者非常相似的想法。法国的宗教改革运动因此从路德在德意志领导的反抗中获得新的推动力。宗教改革的新教义在少量的贵族和市民阶层中获得了追随者，并在法国南部曾经阿尔比教派的区域深深扎下根来。

100.国王弗朗索瓦二世；凯瑟琳·德·美第奇和吉斯家族

要了解法国的宗教战争，我们首先需要知道这场历史大剧的主要角色。这场大戏以弗朗索瓦二世（Francis II，1559—1560）开场，他是瓦卢瓦王朝[①]的国王。他的妻子是苏格兰美丽迷人的玛丽·斯图亚特。弗朗索瓦继位时不过是一个性格软弱的16岁男孩。幕后操纵大权的是吉斯家族（Family of the Guises）的首领（他们是狂热的天主教徒），以及国王的母亲凯瑟琳·德·美第奇（Catherine de' Medici）。

凯瑟琳是意大利人，她似乎没有任何宗教信仰，但是她通过在两大教派之间搞权力平衡来进行统治。哪个符合她的统治，她便青睐哪个教派，因此，她时而支持新教徒，时而支持天主教徒。通过她的建议和政策，她为三个儿子统治期间法国的悲惨命运以及自己家族的凄惨结局出了大力。

---

① 16世纪瓦卢瓦王朝统治者包括路易十二（1498—1515）、弗朗索瓦一世（1515—1547）、亨利二世（1547—1559）、弗朗索瓦二世（1559—1560）、查理九世（1560—1574）及亨利三世（1574—1589）。亨利三世的继任者亨利四世是波旁王朝的首位国王。

101.胡格诺派领袖：波旁王公和科利尼上将

与吉斯家族针锋相对的是波旁王公纳瓦拉国王安东尼和孔代亲王（Princes of Condé）路易斯。他们是排在弗朗索瓦二世兄弟之后的法国王位继承人。

法国海军上将加斯帕尔·德·科利尼（Gaspard de Coligny）是“法国宗教改革运动的军事英雄”。他在年轻时就拥护改革者的教义，直到最后，他一直是新教徒可信赖的领袖。他是这个动荡时期里最具英雄气概的人物。

通过事先对所涉及党派和领袖的了解，将有助于我们讲述接下来的重要事件。

102.瓦西大屠杀（1562）

弗朗索瓦二世的短暂统治之后，他的弟弟查理继位为查理九世（Charles IX）。他当时只有10岁，所以王太后以他的名义掌握大权。凯瑟琳的执政理念就是让两个党派相互制衡，她给波旁的王公们在政府里安排一个职位，同时又颁布诏令对胡格诺派给予一定的宽容并禁止对他们进行进一步的迫害。

这些对胡格诺派的让步激怒了天主教的领袖们，吉斯公爵的支持者对这种让步难以接受，最终两派之间的敌对愈演愈烈，最后引发了内战。当吉斯公爵带领一队武装的随从路过一个叫瓦西（Vassy）的小地方时，遇到了胡格诺派教徒正在那里举行宗教集会。吉斯公爵的随从首先辱骂了胡格诺派教众，随后发动了攻击，杀死了约40人，击伤更多。

在科利尼上将和孔代亲王的带领下，胡格诺派教徒在法国全境发动起义。西班牙的腓力二世派出一支军队来援助天主教徒，而英格兰的伊丽莎白女王则向胡格诺派教徒伸出了援助之手。

在半个多世纪的时间里，法国一直被自相残杀的冲突困扰着，几乎没有任何喘息的机会。

103.圣巴托洛缪大屠杀（1572年8月24日）

瓦西大屠杀8年之后，凯瑟琳·德·美第奇为了巩固两派之间的协议[①]，提议将查理九世的妹妹玛格丽特公主嫁给年轻的纳瓦拉国王波旁王朝的亨利。这场联姻让天主教派和新教派都同样欢欣鼓舞，两个教派的领袖们齐聚巴黎，出席两个人的

① 《圣杰梅因协议》，1570年签订。

婚礼。

婚礼仪式后的欢宴还没开始，世界就被有史以来最可怕的罪行所震惊——在圣巴托洛缪节那天对胡格诺派的大屠杀。导致这场可怕悲剧的背景如下：参加这场婚礼的新教贵族中就有科利尼上将。因为嫉妒科利尼上将超过了自己儿子的影响力，凯瑟琳决定处死科利尼上将。刺杀没有成功，科利尼上将躲过了刺客致命的子弹，只受了一点轻伤。胡格诺派教徒聚集在受伤的首领身旁，威胁着要报复。凯瑟琳被一种极度疯狂的恐惧所驱使，决定把杀光巴黎的所有胡格诺派教徒作为确保安全的唯一手段。8月23日这天，屠杀的计划都安排好了。当晚，凯瑟琳去找自己的儿子，告诉他胡格诺派教徒正密谋要刺杀王室成员和天主教的首领，只有立即消灭巴黎城内的所有新教徒才能避免自己的家族被彻底毁灭。屠杀的命令放到国王的面前，等待他来签字。年轻的国王在这个行动面前恐惧地退缩了，一开始，他拒绝在命令上签字；但最终被他的母亲所说服，他大喊："我可以批准行动，但前提是，法国境内的胡格诺派教徒不能留一个活口，以免他们以后向我复仇。"

圣巴托洛缪节（1572年8月24日）的午夜刚过，约定的信号一发出——敲钟——大屠杀便开始了。科利尼上将是最早的遇害者之一。屠杀行动持续了三天三夜。巴黎的受害人数估计在1000至10000人之间。巴黎市内的胡格诺派教徒清洗完毕后，王室下令法国的主要城市都要对异端分子实施同样的行动。很多地方拒绝执行命令；但是其他地方还是执行了命令，法国境内可怕的大屠杀开始了。全国的死亡人数并不确定；估计的数字也大相径庭，从2000人到10万人不等。

圣巴托洛缪大屠杀引发了整个文明世界——无论是天主教，还是新教——的一片咒骂之声。但是，据说腓力二世得到这样的消息却难掩喜悦之情；教皇格里高利十三世举行庆祝弥撒来纪念这一事件，在罗马的圣马可大教堂进行唱诗活动。关于这一说法，天主教作家认为教皇如此举动是因为接到了错误信息，说是胡格诺派教徒对法国王室和天主教发动政变受阻才导致了大屠杀。

104.亨利三世统治时期（1574—1589）

圣巴托洛缪大屠杀并没有消灭法国的新教徒，相反，它更加激发了胡格诺派保卫自己信仰的决心。在查理九世统治的最后两年和他的弟弟亨利三世统治的15年里，法国完全陷入动荡和战争的旋涡。最终在1589年，亨利三世因为嫉妒吉斯公爵权力和影响力的逐渐增长而刺杀了他，但是他自己也被一名多明我会修道士的复仇

法国国王亨利四世

之剑杀死。他的死宣告瓦卢瓦王朝的终结。

105.亨利四世即位（1589）

纳瓦拉国王波旁的亨利多年来一直是胡格诺派最突出的领袖，现在他登上王位，成为波旁王朝的第一位法国国王。他的即位让欧洲最著名的王室之一变得举足轻重，从此时起到法国大革命和革命后的一段时期，法国乃至整个欧洲的政治史，在很大程度上都是波旁王朝的历史。

亨利四世（Henry IV）得到和维持王位颇为不易。当时的法国仍然是一个天主教占主导地位的国家，天主教徒还没有准备好接受一位新教的君主。天主教徒宣称支持亨利的叔叔波旁红衣主教，法国因此陷入内战的旋涡。

106.亨利四世改信天主教（1593）

内战持续4年后，因为亨利改信天主教而暂停。就个人而言，即使天主教的领袖们也喜欢亨利，但他也清楚自己的胡格诺派信仰阻止天主教徒成为他忠心的支持者。因此他决定改变信仰来除掉执政道路上的唯一障碍，给战乱不断的法国带来和平与安宁。

107.南特敕令（1598）

亨利四世成为举国公认的国王后立即着手管理国家的事务。他所采取的措施中最值得介绍的是颁布了著名的《南特敕令》（*Edict of Nantes*）。通过这个法令，胡格诺派获得了信仰和思想的自由。所有公职都向胡格诺派信徒开放，就像向天主教派开放一样。另外，胡格诺派还被允许拥有若干要塞城镇来保卫自己的信仰和财产。拉罗谢尔（La Rochelle）就是这些城镇中重要的一座。

《南特敕令》的颁布具有重大的意义，因为这是欧洲大国首次正式承认宗教宽容和平等的原则。自从罗马帝国基督教战胜异教崇拜以来，欧洲主要国家第一次允许两种不同教义和平共处。这要比英格兰赋予国民宗教和信仰自由提前了将近一个世纪。

108.亨利四世统治的特点；他的计划和去世

随着天主教徒和新教徒长期争斗的暂时缓解，法国进入了多年来不曾有过的繁荣时期。亨利四世对臣民非常关爱，他也因此赢得了“人民之父”的称号。

在制定和执行自己的改革计划过程中，亨利四世得到了精明而富有远见的苏利公爵（Duke of Sully，1560—1641）的大力帮助。苏利公爵是一位政治家，也是一位作家，他的回忆录给我们留下了这段他起巨大作用历史时期的最有价值的材料。

亨利四世在统治后期感觉自己的权力逐渐稳固，开始筹划扩展法国的疆土和削弱宿敌哈布斯堡家族两个分支的计划。[①] 他正为战争积极做着准备，刺客拉瓦亚克（Ravaillac）的匕首却终结了他的生命和计划（1610）。

109.路易十三（1610—1643）；红衣主教黎塞留和他的政策

亨利四世的儿子路易十三（Louis XIII）继位，他的统治因他的宰相红衣主教黎塞留（Cardinal Richelieu，1585—1642）的能力变得举足轻重。黎塞留，人称“法兰西的沃尔西”，是17世纪最有影响力的人物之一。在18年的时间里，这位神职人员就是法国的实际统治者，他不仅改变了法国的命运，而且在某种程度上改变了欧洲的命运。

红衣主教黎塞留

黎塞留施行双重政策：首先，让法国国王的权力在法国至高无上；第二，让法国的权力在欧洲至高无上。

在自己的整个政治生涯里，黎塞留通过阴谋、外交和战争，不屈不挠地去实现他的雄心和目标。下面我们要简单介绍一下黎塞留对胡格诺派的处

① 在反对哈布斯堡家族的计划中，亨利构思了一个非常宏伟的方案，这在苏利公爵的《回忆录》中有所体现，那就是将欧洲所有的基督教国家联合起来组成一个庞大的邦联或联邦，并通过设立一个国际和平法庭来消除战争。这一方案被称作“伟大计划”。

置，这项政策的特点与我们现在密切相关。

110.包围和攻陷拉罗谢尔（1627—1628）；胡格诺派政治权力的瓦解

为了实现法国国王在自己的领土上至高无上的权力，黎塞留认为必须要瓦解胡格诺派首领的政治权力，因为他们“首先是新教徒，其次才是法国人”的思想一直挑战法国王室的权威并威胁国家的统一。因此，黎塞留亲自率领包围了拉罗谢尔，胡格诺派教徒当时正计划将拉罗谢尔作为一个独立的新教联邦的首府。经过一年的顽强抵抗，拉罗谢尔最终还是被攻陷了。

法国南部的胡格诺派教徒多坚持战斗了几个月，最终还是被迫全部投降。这次战斗完全摧毁了法国新教徒的政治权力。然而一个名为《恩典赦令》（*Edict of Grace*）的和平协议根据《南特敕令》保留了胡格诺派的信仰自由。这一赦令的颁布标志着困扰了法国两代人之久的宗教战争的结束。

111.黎塞留和“三十年战争”

当红衣主教黎塞留成为法国的幕后统治者时，德意志境内正如火如荼地进行着“三十年战争”。尽管黎塞留碾碎了在法国作为一支政治力量的新教势力，但他却援助了德意志的新教王公，因为他们的成功便意味着德意志的分裂和奥地利的屈辱。黎塞留生前没能看到三十年战争及法国与西班牙战争的结束；但是他的政策被后来者继续执行下去，并最终造成了哈布斯堡家族的两支的屈辱，让法国一跃成为欧洲最强大的国家。

第七章　三十年战争

（1618—1648）

112.战争的性质与起因

漫长而悲惨的三十年战争是欧洲天主教和新教之间的最后一场大战。它开始时是德意志新教王公和天主教王公之间的争斗，但是，渐渐地，它把欧洲大陆的所有国家都卷了进来，最终退化成一场争夺权力和领土的可耻而残酷的斗争。

战争的真正起因是德意志天主教徒和新教徒之间的相互敌对。但是，更具体一点来讲，就是著名的《奥格斯堡宗教和约》中条款的特点造成的。天主教徒和新教徒对和约里的条款有着不同的解读，每一方的对条款的侵犯都给了对方抱怨的借口。新教徒最终成立了具有互保性质的“福音派联盟”（Evangelical Union，1608），与之针锋相对，天主教教徒则组成了“神圣同盟”（Holy League，1609）。整个德意志都在为宗教战争的最终爆发做准备。

113.波希米亚阶段（1618—1623）

这把使德意志凋零了一代人之久的战火首先在波希米亚点燃，在这里，两个世纪前爆发的胡斯战争的余烬仍未熄灭。新教徒根据皇室法令的条款有权修建并保有的一座教堂，被天主教徒拆毁，而另一座教堂则被关闭。宗教改革者向神圣罗马帝国皇帝兼波希米亚国王马蒂亚斯（Matthias）进谏，但是没有得到满意的答复，一群波希米亚贵族闯进位于布拉格（Prague）的皇家城堡将两个摄政者扔出窗外。这一鲁莽行动成为三十年战争的导火索——“我们所有苦难的根源”，一位生活在随后的那个悲哀时代的人这样写道。

波希米亚的新教徒发动了有组织的起义，将耶稣会士（Jesuits）赶出了波希米亚。但是起义很快被刚刚当选的神圣罗马帝国皇帝斐迪南二世（Ferdinand II）镇压——他为天主教联盟所支持。起义的领导者被处死，波希米亚的新教信仰几乎被完全清除。

114.丹麦阶段（1625—1629）

德意志的新教教徒似乎正遭受着灭顶之灾的威胁。不仅德意志的新教王公，甚至所有的北欧新教强国都对这样的局面感到震惊。丹麦国王克里斯蒂安四世（Christian Ⅳ），在英格兰和荷兰的支持下，投入到战争中来——它仍以断断续续的方式进行——成为了德意志新教的捍卫者。而在天主教这边，出现了两位著名的将领——神圣同盟军队的统帅蒂利（Tilly）和出身于波希米亚富有的贵族、担任神圣罗马帝国军队统帅的华伦斯坦（Wallenstein）。三十年战争丹麦阶段就此开始。

战争对新教联盟是灾难性的[①]，克里斯蒂安最终被迫与神圣罗马帝国皇帝签署和平协议并退出了战争。

115.瑞典阶段（1630—1635）

就在这胜利在望之际，皇帝斐迪南却对自己最具才干的将军华伦斯坦产生了不满和嫉妒之心，解除了他的职务。然而，就在几个月前，瑞典国王古斯塔夫·阿道夫（Gustavus Adolphus）召集了16000名英勇善战的瑞典士兵出现在了德意志北部，成为了这里士气低落、群龙无首的新教徒的捍卫者。瑞典国王参战，有着多重原因：首先，他是新教教义的强烈支持者并对新教派抱有同情。另外，神圣罗马帝国军队在德意志北部高歌猛进，威胁到了瑞典在波罗的海的利益——建立哈布斯堡家族的霸权[②]对把波罗的海看成是自己内湖的瑞典君主而言是个威胁。

德意志新教王公对古斯塔夫的嫉妒和不信任造成了可怕的灾难。这时，蒂利正围攻马格德堡（Magdeburg）。但是，勃兰登堡和萨克森的选帝侯们——马格德堡本可以从他们那里获得援助——却不愿与古斯塔夫联合解围。很快，马格德堡被攻陷，并被洗掠一空，成千上万的居民悲惨地死去。蒂利给斐迪南写信说，这是自从特洛伊和耶路撒冷陷落以来从未有过的胜利。他补充道："我非常遗憾，尊贵的皇室夫人们没有亲眼观赏这一壮观的景象。"

---

① 这场战争的重要事件包括提利在卢特（Lutter）击败丹麦国王（1626）和华伦斯坦包围斯特拉松德（1628）。

② 皇帝斐迪南是哈布斯堡家族的首领。

马格德堡的悲惨命运令新教王公们极为震惊，勃兰登堡和萨克森的选帝侯们将自己的军队和瑞典国王的部队联合在一起。蒂利两次被打败，并在最后一场战役中遭受致命伤（1632）。随着蒂利的去世，斐迪南失去了最为信任的将军。

神圣罗马帝国的事业似乎陷入绝境。现在，德意志只有一个人能够扭转瑞典君主的破竹之势，他就是华伦斯坦。皇帝现在只好向他求助。华伦斯坦同意招募一支军队，前提是他要有绝对的领导权。斐迪南被迫同意了这个宿将的所有要求。华伦斯坦又提高了自己的标准，他需要招募的不仅是德意志的，而是整个欧洲的冒险家。

华伦斯坦招募了4万完全听命于他的军队，经过多次的进攻与撤退，最终在萨克森的吕岑（Lützen）与古斯塔夫决一死战。结果瑞典人虽然获得了胜利，却失去了自己的首领和国王（1632）。

我们可以用历史学家金德利（Gindely）的话来总结古斯塔夫·阿道夫参加三十年战争的结果："他让新教避免了在德意志陷入绝境。"

尽管他们伟大的国王和统帅阵亡，瑞典人却没有从战争中退出。随着战争的继续，新教联盟取得了优势。恰巧这个时候，斐迪南对华伦斯坦起了疑心。他坚信华伦斯坦背叛了皇室，因此派人刺杀了华伦斯坦（1634）。这一事件标志着三十年战争瑞典阶段的尾声。

古斯塔夫·阿道夫

116.瑞典—法国阶段（1635—1648）

若不是法国出于自私和野心的干预，这场困扰德意志半代人之久的战争或许可以早点结束，因为交战双方都已经疲惫不堪，并且希望能够展开和平谈判。但是黎塞留不愿意就此结束战争，因为奥地利还没有完全屈服。因此，黎塞留鼓励瑞典首相奥克森斯滕（Oxenstiern）——就像他对古斯塔夫做的一样——继续战斗，并许诺法国军队会给予援助。

这场战争在很大程度上已经失去了最初的德意志天主教和新教王公之间的斗争的特征，变成了奥地利王朝和波旁王朝之间的政治斗争，其中奥地利是为生存而战，而法国波旁王朝则是为扩张而战。

所以，这场可怕的战争一年一年地持续进行，它已经成为了一场残忍无情的掠夺战利品的争斗。瑞典人抓紧控制德意志的河流入海口，而法国人则希望控制莱茵河畔的土地。战争大戏开始时的参与者已经退出了舞台，但是他们的角色又被其他人接替。

117.《威斯特伐利亚和约》（1648）

战争终于随着著名的《威斯特伐利亚和约》①（*Peace of Westphalia*）的签订而结束了。这一重要和约的主要条款可以分为两个方面——领土和宗教。

关于前一条，这些条款在三个方向缩减了圣罗马帝国实际和名义上的领土面积。瑞士和尼德兰联邦从中分离出来；尽管这两个国家在过去很长一段时间里已经取得独立，但是并没有得到任何正式的承认。法国对洛林地区（Lorraine）的梅茨（Metz）、图勒（Toul）和凡尔登（Verdun）三个教区的管辖已经有大约一个世纪之久，现在得到了确认，整个阿尔萨斯地区（Alsace）除了自由城市斯特拉斯堡（Strasburg）外都落入了法国之手。

已经是海上强国的瑞典，又获得了德意志北部的领土——西波美拉尼亚（Western Pomerania）和其他地区，这让她因为控制了德意志境内三条重要河流——奥德河（Oder）、易北河（Elbe）和威悉河（Weser）——的入海口，而影响力大大提升。但是这些地区并不是把所有的主权都给了瑞典，它们仍然是德意志的一部分，瑞典国王通过与这些地区的关系而成为神圣罗马帝国的王公并在帝国议会中获得了席位。

帝国内发生了很多变化，其中一些变化是很重要的。勃兰登堡，未来一个伟大国家的核心，获得了大量的土地。她获得了东波美拉尼亚（Eastern Pomerania）和有价值的教会土地。

德意志的不同邦国——算上帝国的自由城市，数量超过400个——在战后变成了事实上独立于帝国权威之外的存在。继续存在的神圣罗马帝国不过是一个松散的邦联，德意志民族的统一被推迟到遥远的将来。

和约中关于宗教的条款比那些建立邦国边界的条款更为重要。天主教、路德派和加尔文派都被赋予了相同的地位。每个王公都有权决定自己的宗教来作为自己

---

① 为了使谈判更加顺利，委员们被分成了两个部分，一部分在奥斯纳布吕克（Osnabrück）开会，另一部分在明斯特（Münster）开会，都是威斯特伐利亚的城市。和平协议条款经过4年的协商才达成一致。

人民的信仰，拒绝接受国教的人将被驱逐，这些不奉国教者有5年的时间用于移居国外。这样的条款被称作王公们的“宗教改革权”，而臣民们的则被称为“移民权”。①

这些就是著名的《威斯特伐利亚和约》中最重要的条款。200多年的时间里，他们成为德意志的基本法律原则，并且在欧洲各国之间实现了权力平衡。尽管法国的路易十四对这些条款有所异议，但是这些条款还是一直被维持到法国大革命时代。

118.战争对德意志的影响

三十年战争给德意志留下的创伤几乎难以形容。战争开始的时候，德意志的人口有3000万，战争结束的时候，只剩下1200万。2/3的个人财产被破坏。很多曾经繁荣的大城市被削弱到只剩下躯壳。符腾堡（Württemberg）在战争开始时有50万居民，而战争结束时只剩下5万。曾经强大的汉萨同盟实际上已经解体。到处都是农民茅舍和贵族宫殿被烧焦的废墟。大量地区由于没有人居住而荒芜不堪。很多地区的土地复为原始的蛮荒之地。贸易路线中断，一些工商业和贸易被席卷一空。

战争对艺术、科学、教育和道德的影响更加令人痛心。绘画、雕塑和建筑已经消亡，曾经作为艺术家家园的城市躺在废墟中。诗歌不再发展，教育完全被忽视，整整一代人的生活完全被战争占据，孩子们根本没有受教育的机会。道德法律被人遗忘，到处弥漫的罪恶却甚嚣尘上。② 曾经具有巨大发展潜力的德意志文明遭受重创，久久不能恢复，而人们的道德观念已经完全麻木。

除了这些罪恶，战争还造成了政治上的分裂和虚弱。虽然皇帝的头衔仍然由奥地利王室继承，但只是一个虚名而已。《威斯特伐利亚和约》的签订使德意志各邦国之间本就不多的凝聚力也丧失了，神圣罗马帝国成为了一个各邦国各行其是的松散集合。被削弱的德意志作为一个国家失去了其独立性，而很多小邦国的百姓则成为他们野心勃勃、专横暴虐统治者的奴隶。更糟糕的是，持续一代人之久的战争灾难让德意志人民最后一丝爱国主义的火花也完全熄灭了。国家民族的自豪感和希望

---

① 巴拉丁领地（Palatinate）的历史阐述了和平协议的这一条款；在长达60年的时间里，这里的人们被统治者四次逼迫改变自己的宗教信仰。但是这属于例外情况。

② 在战争结束之前，双方阵营的支持者人数超过了士兵的人数。在行军途中，军队召集了那些在罗马帝国横行的哥特人和汪达尔人的游牧部落。战争过后，这些被解散的士兵成了盗贼和土匪，成千上万的人被处决。德意志在《威斯特伐利亚和约》签订后的一个世纪里，仍不断受到这些匪帮的侵扰。

几近消失。

虽然如此，仍然有一个可以洗刷战争罪恶的好处。战争的暴行和恐怖激励了杰出的荷兰法学家雨果·格劳秀斯（Hugo Grotius，1583—1645）创作了他的伟大著作《战争与和平法》（*The Laws of War and Peace*）。这部法律著作被权威人士评价为“所有非宣扬君权神授的法律著作中最有裨益的一部”。其主要目的是改革战争法，减少战争的灾难，限制战争胜利者的“权力”。这部法律著作对欧洲各国法律的发展有着如此深刻的影响，以至于格劳秀斯被认为是国际法的创始人。

119.结论

《威斯特伐利亚和约》是整个欧洲历史的标志性和约。它是两个伟大时代的分界线，标志着宗教改革时代的结束和政治革命时代的开始。从此之后，人们不再为了教义而战，而是为宪法而战。我们发现人们会对民主政府和政治权利问题比对宗教政府和宗教教条问题更加关注。我们不再看到一个国家或一个党派因为宗教观点的分歧而向另一个国家或党派发起攻击。①

但是我们认为《威斯特伐利亚和约》标志着宗教改革时代的结束并不意味着人们开始接受宗教宽容思想。实际上，还没有达到真正的宗教宽容，只不过是形式上的宽容而已。一个多世纪的冲突和财富的更迭使一个党派今天是迫害者，明天就成为被迫害者，这迫使所有人得出了一个结论就是：他们必须相互宽容，任何一方不要试图用武力来消灭另一方。两个多世纪的教训使人们至少在部分程度上看清楚他们必须做的事情也就是他们应该做的，人们不仅要在外在行为上，更要在精神上保持宽容。

接下来我们就要讲述政治革命时代，这个时代的主要特征就是君权神授思想的发展以及政府专制主义和自由主义的斗争。

---

① 英国的清教徒革命（Puritan Revolution）可能看起来像一场宗教战争，但是我们需要了解它主要是一场政治较量，一场反对英国国内政治独裁的斗争。

02

第二阶段

政治大革命时代

从 1648 年《威斯特伐利亚和约》签订到 1919 年《凡尔赛条约》签订

第一部分　君主专制时代：政治大革命序曲（1648—1789）

第八章　君权神授思想与君主专制制度

120.“君权神授”思想

贯穿于17、18世纪的政府管理理论对欧洲的历史发展有着巨大的影响，就像中世纪时期的帝国和教皇统治理论对当时欧洲的影响一样。这个理论就是著名的“君权神授”（Divine Right of Kings）思想。①

根据这个理论，国家好比一个大家庭，而国王就是这个家庭里由上帝任命的家族领导者。国王有义务像家长一样来管理国家；而人民有义务像孩子遵从父母那样来服从国王的领导。如果国王做错事，或者残酷不公，这只不过是人民的不幸；但人民绝对没有权利来反抗国王的权威，就像孩子决不能反抗父亲一样。国王只对上帝负责，而人民也对上帝负责，所以只能默默服从，不可以进行任何报复行为。

这一思想和我们现在的理解如此不同，因此我们需要对当时践行这一思想的两个重要观点进行分析。

---

① 这个理论在英国和法国得到了最符合逻辑的发展，也正是在这些国家该理论对政治变革施加了最大的影响。

根据第一个观点，家庭是社会细胞，也是国家的原型。英国作家费尔默（Filmer）说过："如果我们把父亲的权力和国王的权力进行比较，我们会发现两者除了在权力的维度和范围方面几乎没有任何区别：父亲在家庭里是一家之主，而国王是国家的主人，保护、照顾、引导、守卫整个国家的福祉。他的战争、和平、法庭和全部行动都是为了维护和管理臣民的需求，就像父亲对孩子一样，所以国王的全部责任就可以总结为对人民父亲般的照料。"①

世袭制为国王的合法性做了背书："人民不可以选择君主或自己管理国家或参与国家的管理。"

世袭的国王权力是绝对的："国王的权力是按照上帝的法则获得的，所以没有任何法律可以限制国王的权力。"

臣民既不可以纠正，也不可以罢黜国王："所罗门（Solomon）的统治法则是'我们必须遵从国王的训诫'，而不要问为什么，因为'国王的训诫就是法令'，他可以根据自己的意愿发号施令。当然国王没有权力伤害臣民，但是即使伤害了臣民也不应受到惩罚。只有上帝才可以给国王以惩罚。"②

路易十四的宫廷牧师博须埃（Bossuet）说过："国王是上帝委任的代理人"③，"王权不是一个自然人的王权，而是上帝的王权。国王是神圣的，伤害王权就是对上帝的亵渎。国王就是上帝，按照上帝的旨意来独立管理国家。"④

和费尔默一样，博须埃也认为臣民只有被动服从的义务。不遵从国王的管理就是国家的敌人，可以被处死。反抗国王就是亵渎神灵："上帝将权力授予国王，国王以上帝的名义行使王权，而上帝会保护国王的权力不受任何侵犯。"⑤

这一理论的倡导者最开始是从《圣经》的教义中寻求支持；但是后来就完全凭借鼓吹者的言论来进行解读，就像费尔默三段论阐释的："人的生存是天赋的权利，这是自然而然的事情；人们有一个君主也是自然而然的事情；因此，君主的存

---

① 出自他的《君权论》（*Patriarcha*）。

② 这里费尔默引用了英国著名法学家布兰克顿（Bracton，卒于1268年）的言论。当君主滥用其职权时人民所能做的就是向他请愿使其"弥补自己的过错"，以及"向上帝祷告"。

③ 出自他的《从<圣经>相应词句中吸取而成的政策》（法文全集，第23卷，巴黎，1875），第533页。

④ 《从<圣经>相应词句中吸取而成的政策》，第534页。

⑤ 《从<圣经>相应词句中吸取而成的政策》，第559页。

在也是天赋的权利。”①

在这一时期结束之前，君权神授的思想已经逐步由理论变为现实；君主和人民为此都付出了沉重的代价，人民希望通过革命的有力逻辑来展示他们拥有神圣不可侵犯的自治权利。②

121.“君权神授”思想的历史

“君权神授”思想的历史值得追根溯源。在原始民族中，如早期的希腊人，我们发现国王就是以神授的权力——他是神的后裔——进行统治的。在古埃及，法老被看作是神性的共享者。在古代的朱迪亚，君主就是上帝任命的代理人。在罗马帝国时代，东部的臣民们就认为皇帝天生与众不同，他们修建庙宇来向“神圣的恺撒”致敬。

但是为了探究近代史上的“君权神授”的起源，我们只需回顾中世纪的教皇权力的建立。教皇就是以神授的权力进行统治的。所有教皇都认为自己的职位和权威是来自神明。但是当神圣罗马帝国皇帝与教皇产生分歧时，皇帝的支持者们提出了与“教权神授”相对的“君权神授”理论。但丁在他的《论世界帝国》（*De Monarchia*）中提出了君主权力的超自然特征，并认为君王的统治和教皇一样都是上帝授予的权力。后来到了14世纪，当神圣罗马帝国在实际上被教皇所摧毁，国王们开始反抗教皇，君王的支持者们自然开始倡导王权神授的思想。这就是这一理论的近代雏形。

最后，当宗教改革运动到来时，起而反抗的国家的世俗统治者与罗马教廷产生了更大的争执，“君权神授”理论开始广泛传播。当教皇将国王逐出教会并敦促教民反抗他们的君主时，保王主义的作家和牧师们响亮而又狂热地提出了“君权神授”理论并宣布任何对君王的不尊和反抗都是邪恶的行为。就这样，“君权神授”

---

① 参见菲吉斯，《君权神授理论》，第153页。

② 在中世纪历史上，诸多情况让人们相信绝对的君主专制即使不是神命的政府形式，至少也是最好的政府形式之一。其他的政府形式都被尝试并发现存在很大的问题，它们要么导致暴政，要么导致政治混乱。见证过封建领主的贵族政府所施加的令人难以忍受的迫害；见证过教士神权政府的暴政；见证过意大利城邦民主政治下的动荡不安；那么，看似只有通过加强王权才能实现国家内部的和平和安定。所以这个刚刚脱离了封建无政府统治时代——一个荷马时代希腊式的混乱——的政治公理，就是——“多数人的统治并不是一件好事；国家只需要一个领袖，一个国王”。

和完全服从君主的统治在人民的心中开始产生根深蒂固的影响。

122.绝对君主专制的特点及它们与政治革命的关系

国王们对历史环境和政治理论的发展所赋予他们的巨大的权力又是如何利用的呢？作为一个阶层，他们背叛了这样的信任。太多的君王采用了法国国王路易十四的信条："自我扩张是国王的最高贵最适宜的行动。"他们认为百姓生来似乎就是供自己利用的；公共力量和公共财富是为了实现他们个人目的的工具；战争成为了皇家的消遣游戏。17、18世纪被看作是绝对君主专制统治的时代，这一时期大部分的血腥战争都是源于个人妒忌、邪恶的野心或者是为了王位的继承而发动的。因此，一些历史学家称这个时期为"王朝战争时代"①（Era of Dynastic Wars）。马基雅维利《君主论》（*The Prince*）的思想统治了这个时期。

现在，所有这些对王权的滥用，所有为争夺王权而发动的邪恶的战争都使得"君权神授"的信条名声扫地，从而催生了人民自己管理国家的思想。艾默生（Emerson）说："如果够坏，坏国王是在帮助我们。"这个时期的很多国王都是足够败坏，这反而帮助了人民。正是在这个时期，文艺复兴和宗教改革运动所带来的王权的力量引起了人们的反抗，人们开始对王室贵族的神授权力产生怀疑，从而开始声讨和反抗。

123.开明君主专制

但是，这个时期的国王并不都是愚蠢和邪恶的，他们中间也有很多智慧而又仁慈的君主。尤其是在18世纪后半期出现了一些开明君主（enlightened despots），他们在法国哲学思想的影响下开始接受作为君王的职责和对臣民的义务。

这些开明君主并没有放弃"绝对的君主专制才是最好的政府形式，人民不应该参与公共事务的管理"这一思想。他们认为国王的权力应该是无限的，但是他们强调这样的权力是应该为人民的利益行使的。公共收入应该用在公共事业上，官员的

---

① 然而，这里需要注意：不是这个时代的所有战争都是轻率的、涉及王朝更替或个人化的战争。我们可以看到，也有战争涉及重大议题和原则的——关于政府体系和文明形式的问题。英国议会和国王之间的战争是政治革命大戏的第一部；"七年战争"（1756—1763）也是一场由武力来解决重大问题的战争。贸易和殖民地利益也越来越成为政府普遍关注的问题，而18世纪一些最重大的战争就是起源于国家对贸易和殖民地的嫉妒。

任命应该根据他们的才能和品德。因此，王权是来自于人民的信任，王位是要为人民谋福祉的思想也就愈发突出。国王成了人民的仆人。

在法国大革命之前的这一对统治者身份重新界定的思想在历史学家H. 摩尔斯· 斯蒂芬斯（H. Morse Stephens）教授的阐述中得到了明证。他说："18世纪的政府，最显著的一个特征就是开明君主的存在。"

开明君主统治时期最著名的代表人物包括俄罗斯的叶卡捷琳娜二世（Catherine the Great）、普鲁士的腓特烈大帝（Frederick the Great）和奥地利的约瑟夫二世（Joseph II）。这些开明君主和他们的事迹，我们将在后面专门描述。如果稍加观察，我们就会发现，古希腊时代的暴君和古罗马时代皇帝的统治已经足够说明，在这个政府体制的伟大试验中，绝对的权力置于一人之手是不安全的，它迟早会被滥用。

如果君主具有完美的智慧和人格，那么大权集于他一人身上也算是好事。但是不幸的是，这些理想君主的特质很少能够聚集在同一个人身上，更少能从父亲传给儿子。正是因为这个原因，绝对的世袭君主制作为一种实际的政府形式便毫无希望、无药可救，最终不得不土崩瓦解。

第九章　路易十四统治下法国的支配地位

（1643—1715）

124.路易十四——君权神授的典型代表

法国国王路易十四（Louis XIV）是君权神授专制君主的代表。他亲自向我们阐述了他的执政理念。[①]“将决定权和发号施令权授予臣民违背了万物秩序。掌控国家和作出决定的权力只能由国王所有。臣民的全部使命就是执行国王的命令。”[②]“国王是绝对的主人；所有臣民连同他们的财产的支配权自然属于国王，无论他是神职人员还是世俗人员。”[③]“无论君王多么的邪恶和暴虐，臣民的反抗都是彻头彻尾的犯罪。上帝将权力授予国王，国王就应该得到臣民的尊敬和拥护，只有上帝才有权评判国王的言行。凡是国王的臣民，就应该无条件地服从国王的旨意。”[④]

路易十四

路易十四提出的治国理论可以用更简练的语言表述，那就是“朕即国家”（I am the State）。

---

① 应该注意的是，路易的臣民，至少他们中的大多数人也相信应该由一个人来治理国家。这样的想法是有道理的，他们都曾拥有过贵族政体多人统治下的苦难经历。所有人共同治理政府，或者由他们自己管理政府的话，他们根本无法形成清晰的理念。在经历了100多年的独裁暴政和迫害之后，才催生了革命思想。

② 《路易十四作品集》（巴黎，1806），第2卷，第26页。

③ 同上，第121页。路易补充道，国君从他们的臣民——他们应当作为智慧的管家——那里拿到的东西用于提升公共福利。

④ 同上，第336页。

也许他从来没有说过这样的话，但是这样的格言至少完美地阐释了他的治国思想。按照他的观点，他就是上帝委任的法国唯一的立法者、法官和管理者。

路易十四所阐述的治国理论对17世纪的欧洲当然算不得什么新思想，但是路易十四是如此理想的独裁统治者，他的政府在整个欧洲都极具吸引力，其他国家的统治者纷纷效仿。君权神授，人民在政府管理中不起任何作用的思想就此流行开来。

125.马扎然执政（1643—1661）；路易十四成为自己的首相

1643年，德意志的宗教战争仍在进行，这时，法国国王路易十三（Louis XIII）去世了，他将黎塞留巩固强化下来的巨大权力传给了只有5岁大的儿子路易十四。

由于路易十四年幼，法国的大权实际上掌握在他的母亲摄政王奥地利的安妮（Anne of Austria）手中。安妮任命意大利的神职人员红衣主教马扎然为首相（Cardinal Mazarin）。马扎然和自己的前任黎塞留一样能力出众，在外交政策上也是完全效仿黎塞留的做法（第109条）。马扎然去世之前，奥地利哈布斯堡家族的两支已经丢尽颜面、一蹶不振，波旁王室已经做好了领导欧洲事务的准备。

马扎然于1661年去世，此时的路易十四已经23岁，他将政府各部门的首脑召集在一起宣布自己将要全权处理国家的各项事务。他随后命令所有下属没有他的命令不得私自签署任何文件。从这时起，在超过半个世纪的时间里，路易十四自己就是法国的首相。他事无巨细都要亲自过问。除了西班牙的腓力二世外，路易十四可以说是在国王的位子上做得最辛苦的君主。他身边其实不乏能力出众的大臣，但他仍然事必躬亲，即使有时候也为此焦躁不安。

126.路易十四的主要目标

路易十四的长期统治为法国带来了政权的连贯和统一。他的首要目的就是让自己成为国家绝对的统治者。在《写给王太子的指令》（*Instructions to the Dauphin*）中，他说道："所有改革的必要基础就是要保证我的意志绝对权威。"这样的基础非常牢固。在路易十四的统治下，整个法国只有一个意志，那就是国王的意志。贵族、议会议员、所有的地方政府、巴黎最高法院①、教会——所有这些阶层和团

---

① 法国法庭试图恢复政治功能，有时候它渴望为法国带来一个像英国议会一样的机构。其职责之一就是登记王室法令，而这些法令只有经过法庭登记后才能生效。有时候，法庭对国王颁布的法令在登记时犹豫不决并提出抗议，路易下令法庭应该立即登记所有的法令，它可以事后再提出抗议。法庭被迫向王权低头。

体都被剥夺了政治影响和权力，只有完全臣服于王权。

路易十四的第二个目的就是确保法国在欧洲的领导地位。我们需要了解路易十四为了实现自己的这一目的发动和卷入了多少场血腥的战争。

127.路易十四的战争

在路易十四乾纲独断的统治时期，法国参与了四次规模浩大的战争：（1）和西班牙属尼德兰的战争；（2）和新教尼德兰（荷兰）的战争；（3）和巴拉丁领地或奥格斯堡同盟的战争；（4）西班牙王位继承战争。所有这些战争都是法国王室发动的征服和侵略战争，或者说是为了实现自己野心和入侵政策的战争。路易十四在这一阶段最主要的敌人就是代表和捍卫自由的荷兰共和国。

128.和西班牙属尼德兰的战争（1667—1668）

1665年，西班牙国王腓力四世（Philip IV）去世，路易十四以妻子的名义宣布西班牙属尼德兰（Spanish Netherlands）的部分领土归法国所有，并率领军队进入西属尼德兰。荷兰人（Hollanders）则自然而然地惊恐起来，担心路易十四也会吞并他们的国家。因此，他们和英国、瑞典结成三国同盟来抵制法国的入侵，并迫使路易十四放弃自己占领的很多领土。路易十四还是保住了法国边境沿线的佛兰德斯（Flemish）地区的大量城镇，并把这些地方作为法国的前哨。

129.和新教尼德兰的战争（1672—1678）

路易十四发动的第二次战争是对尼德兰联省共和国（荷兰）的战争。他对这个小国的进攻出于几个动机：第一，荷兰人在前边第一次战争中的干预引起了路易十四的愤怒；第二，荷兰人代表了他所反对的一切——自治政府、新教和自由思想。

在这场战争中，路易十四发现自己面对的是半个欧洲的军队。几年时间里，这场战争在海上和陆地全面发动，尼德兰、莱茵河畔、英吉利海峡、地中海，还有新大陆海岸线。战争以《奈梅亨条约》（*Peace of Nimeguen*，1678）的签订而宣告结束，根据条约，路易十四放弃了对荷兰的征服，但是还是保留了西属尼德兰的大量城镇和堡垒，以及法国东部边境勃艮第地区的自由县。

通过这场战争，路易十四提高了自己的声望并获得了很多领土。法国人民开始称路易十四为“伟大的君主”（Grand Monarch），以下我们会看到他的哪些行动让人们授予他这样的称号。

130.路易十四占领斯特拉斯堡（1681）

接下来的10年，西欧相对安宁。在此期间，路易十四的许多令人不可原谅的行为中有两件事引起了特别注意，因为它们不仅标志着路易十四的权力到达顶峰，还展示了他对权力的傲慢和不公正的使用，这是他人生命运的转折点。

第一件事就是他攻占了自由城市斯特拉斯堡及属于德意志莱茵河左岸的许多其他重要的地方。斯特拉斯堡对于路易十四而言有着重要的军事意义，因为这里的防御工程非常坚固，并被看作是莱茵河畔的主人。

路易十四的行动如此大胆，让所有人都目瞪口呆，以至于没有出现任何有效的反抗。而且，当时的神圣罗马帝国皇帝正忙于与土耳其人的战争，无暇西顾。1683年，土耳其人包围了维也纳，所有基督徒都焦急地等待着最终结局。幸运的是，波兰著名的国王约翰·索别斯基（John Sobieski）解除了对维也纳的包围，奥地利王室得救了。但是土耳其人继续威胁奥地利东部的领土，因此神圣罗马帝国皇帝不可能采取有效措施来阻止路易十四实施自己吞并莱茵河地区的完美计划——他需要完善自己在那个地方的统治。

131.废除《南特敕令》（1685）

路易十四的第二个既不公正又愚蠢至极的行动就是废除《南特敕令》——亨利四世许诺保证法国新教徒宗教自由的仁慈法令。

路易十四迫害新教徒臣民的动机在本质上和西班牙的腓力三世驱逐（Philip III）自己境内的摩尔人的动机相同。他认为消除法国的异端分子是自己对上帝的献礼，而且他早已觊觎根除法国异端的荣耀。废除《南特敕令》的法令在1685年颁布。通过这一残忍法令，所有新教教堂都被迫关闭，每个拒绝信奉天主教的胡格诺派教徒都被宣布违法。胡格诺派教徒一直以来遭受的迫害再次在暴力等级上增加，这种迫害被称作“龙骑兵迫害”（Dragonnades），很多龙骑兵就驻扎在新教教徒的家中，并得到授权可以随意骚扰和迫害他们，无论生死，直至这些受迫害者被迫宣布放弃自己的信仰。

很多胡格诺派教徒都不得不宣布放弃自己的信仰，但也有很多受迫害的胡格诺派教徒勇敢地反抗，逃离法国，躲过警戒逃到邻国。据估计，到17世纪结束之前，路易十四失去了多达30万最有技术和勤劳的臣民。

胡格诺派教徒逃离法国行为的影响是灾难性的。法国几大最重要和繁荣的工业遭到了破坏，而其他国家尤其是荷兰、英国、勃兰登堡的制造业却因这些逃到他们国家的胡格诺派教徒带来的活力、技术和资金而获益。很多逃亡的胡格诺派教徒最终在南非创建了自己的新家园，而他们的后代也为德兰士瓦共和国（Republics of the Transvaal）和奥兰治自由邦（Orange Free State）的强大贡献了巨大力量。还有很多其他胡格诺派教徒前往美洲避难，并在那里成为了除英国清教徒外新大陆上最重要的一支力量。[①]

132.和巴拉丁领地或奥格斯堡同盟的战争（1688—1697）

废除《南特敕令》对法国的间接影响和直接后果一样充满灾难性。这一法令的通过在新教国家所激起的愤怒促成奥兰治的威廉亲王组织起来一个强大的联盟来反抗路易十四，史称“奥格斯堡同盟”（League of Augsburg）。

路易十四决心向同盟者发起进攻。为了给自己的进攻寻找一个借口，路易十四以妻子妹妹的名义宣布巴拉丁领地（Palatinate）的所有权归自己所有，然后急忙派遣大部队进入巴拉丁领地，不过很快就被联军击败。眼看着自己的征服无法完成，路易十四下令将巴拉丁领地夷为平地。这些遭受毁坏的地方包括海德堡（Heidelberg）、施佩耶尔（Spires）和沃木斯（Worms），果树、葡萄架和庄稼都受到了破坏，多达10万农民因此无家可归。

另一个更加强大的同盟被组建起来对抗路易十四（1689），它包括英国、荷兰、瑞典、西班牙、萨伏依（Savoy）、神圣罗马帝国皇帝、巴拉丁选帝侯，以及巴伐利亚和萨克森选帝侯。

在10年的时间里，几乎整个欧洲都成为战场。这场战争堪比一个世纪后的欧洲大陆为了追求独立而发动的反抗拿破仑的战争。

最终，交战双方都因战争而疲惫不堪、资源耗尽，《里斯维克和约》（*Peace of Ryswick*）的签订终于结束了这场战争（1697）。战争期间双方都互有胜负，路易十四被迫放弃了很多在战争之前就占据的领地。然而他还是设法保住了包括斯特拉斯堡在内的一些其他重要的领土。

133.西班牙王位继承战争（1701—1714）

《里斯维克和约》签订之后仅仅3年，欧洲列强就卷入了另一场战争——西班

① 参见贝尔德，《胡格诺派教徒美洲迁移史》。

牙王位继承战争（War of the Spanish Succession）。这场战争爆发的背景是这样的：1700年，西班牙国王查理二世（Charles II）——查理五世皇帝在西班牙的最后一位男性后代——去世了。他去世后没有子嗣来继承王位，于是他把王位传给了路易十四的孙子安茹公爵腓力（Philip，Duke of Anjou）。腓力公爵当时只有17岁，他得到王位后被称为腓力五世，并成为了波旁王朝在西班牙的创建者。路易十四在得知法国和西班牙实质上合并的消息后无比喜悦，他声称“从此之后，再无比利牛斯山”。

法国得到西班牙的支持，很容易就能在殖民世界变得更加强大，从而实现他建立一个大殖民帝国的梦想。面对共同的危险，欧洲成立了另一个大同盟来反对法国①，其主要目的就是将腓力赶下西班牙王位，并安排一个奥地利王子即位。

在13年的时间里，整个欧洲因为战争而动荡不安②，直到《乌得勒支和约》（*Treaty of Utrecht*，1713）和《拉斯塔特和约》（*Treaty of Rastadt*，1714）签订，战争才宣告结束。但是这些和约的条款还是保留了波旁家族的王子腓力在西班牙的王位，条件是法国和西班牙永远不能合并成为一个王国。西班牙的统治从各个方面都被削弱。直布罗陀和米诺卡岛被割让给英国；米兰、那不勒斯和撒丁岛，以及天主教尼德兰割让给了奥地利；西西里岛被割让给萨伏依公爵。西班牙因此几乎被剥夺了在欧洲的半数领地。

法国也在殖民统治上遭受沉重打击和削弱，被迫将新斯科舍（Nova Scotia，阿卡迪亚）割让给英国，并承认英格兰在纽芬兰和哈德逊海湾地区的统治权。③

134.路易十四去世（1715）

在祸患、困惑和痛苦中，路易十四长期、多事的统治终于走到了尽头。为了支撑不计其数的战争支出，维持奢华的宫殿，建造昂贵的建筑，他不得不征收沉重的赋税，这使得法国不堪重负、濒临破产，而他可怜的子民们为了面包所发出的哀号一直萦绕在皇宫周围。而王太子和两个孙子的先他去世也沉重打击了路易十四，他只好把王位传给了只有5岁大的曾孙。1715年9月1日，“伟大的君主”走完了自己的一生，将一个债台高筑、痛苦不堪、危机四伏、民不聊生的国家交到了一个孩子

---

① 同盟在最初的时候包括英国、新教荷兰、奥地利和其他德意志邦国，后来葡萄牙和萨伏依也加入进来。

② 同盟军中两位最伟大的将军是英国的马尔伯勒公爵和萨伏依的欧根亲王。

③ 关于“奴隶专卖许可证”（Assiento）的著名条款，参见第210条。

手中。路易十四似乎在生命的最后时刻对自己的错误进行了反思，给自己的继承人留下了下面的忠告："不要效仿我的错误做法。我对战争的认识不够深刻，为了虚无缥缈的东西不断挑起战乱。不要模仿我，做一个平和的君主，把解救臣民于水火作为你从政的主要任务。"

路易十四的去世并没有得到臣民们的一滴眼泪，人们得到这个消息时欢呼雀跃。当时的一位讽刺作家宣称："在路易十四活着的时候，人们已经流尽了所有的眼泪，他死的时候已经没有眼泪可流了。"

135.路易十四的宫廷

路易十四的宫廷生活之奢华是欧洲历史上从未有过的。自古罗马的尼禄在烧毁的罗马区修建黄金宫，置身于其中奢华的陈设时感叹"现在的房子才是人应该住的地方"后，再没有哪个君主如此挥霍一个帝国的财富。路易十四有6处宫殿，最豪华的当属凡尔赛宫（Versailles）。在这个最初是荒原的地方，路易十四建起了一个美丽的微型宇宙，而他本人就是这个宇宙的中心，绚丽的太阳——路易十四选择太阳作为自己的标志——宇宙万物都围绕太阳转动又从太阳那里获取光与生命。路易十四在凡尔赛宫和附属宫殿上花费了巨额资金——相当于现在的1亿美金。这里聚集了全国的美色、智慧和学识。王室超过15000人，都过着富贵奢华而又空虚的生活，而一切都要人民来负担。

这个庞大家族的一个重要的组成部分就是众多的封建贵族。虽然被剥夺了古代的权力和财富，他们却因为出没于皇室家族中——从国王手里领取养老金并成为他宫廷的漂亮点缀——而心满意足。法国历史学家泰纳（Taine）曾说过："一个军事团体休假一个多世纪，围绕在军事首领周围享受着首领赐予的奢华生活，这就是古代制度下社会习惯的原则和完美概括。"

不难想象，这个时期的宫廷生活腐朽至极。然而，罪恶披上了镀金的外衣，丑陋的道德败坏被表面的丰功伟绩和精致的愉悦以及做作的举止装扮得花枝招展。虽然如此的虚伪和腐败，路易十四的奢华宫廷还是令整个欧洲眼花缭乱。邻国的宫廷纷纷效仿并追求奢侈的生活方式。在品味和时尚方面，法国给整个欧洲大陆制定了规则，而法语也成为了整个文明世界的宫廷用语。

136.路易十四时期的文学

尽管路易十四本人不是学者，但是他给了文学家们最自由的鼓励。因此，他的统治时期成为了法国文学的黄金时代。当然，他这么做有着自私的想法。他与各个阶层的诗人和作家交友并授予他们各种荣誉，为的就是让这些文人能够宣扬自己宫廷的声誉。这些作家在他那里领到高额的奖赏，从而在整个欧洲大肆赞美路易十四，为他的青睐和自由给出了最丰厚和感激的回报。

这个时期，几乎所有的文学种类都得到了法国作家的培育和发展，然而最杰出的作家出现在了戏剧领域。三个最伟大的剧作家高乃依（Corneille，1666—1684）、拉辛（Racine，1639—1699）和莫里哀（Molière，1622—1673）都出现在这个时期。①

137.路易十四的统治与1789年法国大革命的关系

历史学家冯·霍尔斯特（Von Holst）说：“如果要问，是谁在打破旧的制度方面做的贡献最大？毫无疑问，正确的答案是，路易十四。”路易十四通过滥用自己无限的权力使君主专制信誉丧失。他发动的多次战争和为了维持闲置奢华的皇宫而大肆挥霍财富令法国因沉重的税负而江河日下。他的“世间万物，皆为我一人所用”的可怕理念使劳苦大众痛苦不堪，从而为大革命做好了思想和精神上的准备。

138.路易十五统治下法国君主政体的衰落（1715—1774）

波旁王朝的霸权连同路易十四一起永远地消失了。伟大君主将自己的王位传给了继任者，法国历史也从最强大辉煌的统治时期过渡到最虚弱和最耻辱的阶段。路易十五（Louis XV）是一个专制暴君，但又不具备任何君主的美德。在他的统治下，法国迅速衰落并逐渐滑向1789年大革命的深渊。

在路易十五统治的前8年，权力都掌握在奥尔良公爵（Duke of Orleans）手中，他是国王年幼时期的摄政者。奥尔良公爵腐化堕落，穷凶极恶而又不知羞耻。或许罗马在最糟糕皇帝的统治之下的混乱和动荡，都无法与这个所谓的“摄政时期”相

① 为路易十四时期增光添彩的世界著名法国作家、哲学家、牧师和演说家包括：现代哲学之父笛卡尔（1596—1650）；数学天才、著名的《致外省人书》作者帕斯卡（1623—1662）；小说家、无可匹敌的性格与举止描述者拉布吕耶尔（1645—1696）；著名书信体作家塞维尼夫人（1626—1696），其书信体作品即使在今天也是法国文学珍贵的部分，并构成宫廷历史学家的信息宝库；雄辩的宫廷传教士和君权神授思想的捍卫者博须埃（1627—1704）；杰出的主教、讽刺路易十四统治的著名作品《忒勒马科斯探险记》的作者费奈隆（1651—1715）。

提并论。

1723年，国王成年，路易十五正式掌管了政府。路易十五从小就生长在一个腐化堕落渐至邪恶的环境中，他完全受他情妇们的摆布，其中最臭名昭著的就是蓬帕杜夫人（Madame de Pompadour）。这个女人的爱恨与任性是决定法国未来19年战争与和平的主要因素。陆海军最高统帅的任命都由她来裁定。在很长的一段时间里，她才是法国真正的首相。

鉴于王权周围都是这样的环境，路易十五统治下的法国在影响力、军事力量和声望上都出现明显衰落就不足为奇了。法国在这个时期参加的所有战争都给她的军事声望带来伤害。其中最重要的一场战争就是七年战争（Seven Years' War，1756—1763），在美国称之为“法国印第安人战争”，它导致了法国在新大陆失去了加拿大，在旧大陆失去了印度。

第十章　斯图亚特王朝和英国革命

（1603—1689）

第一节　斯图亚特王朝

詹姆斯一世的统治（1603—1625）

139.詹姆斯一世的执政思想

随着都铎世系的终结，玛丽·斯图亚特的儿子苏格兰国王詹姆斯六世继承了英格兰王位并成为英格兰的詹姆斯一世（James I）。斯图亚特家族的即位让英格兰和苏格兰处于一个共同的君主统治之下，但是每个国家都还保留了各自的立法机构。

詹姆斯一世和其他继任的斯图亚特王朝的国王一样都是君权神授思想的坚定拥护者。他认为王位世袭是上帝赋予的权利，人民、神职人员和议会都不可以对国王的权力有任何的怀疑和限制。他的原话是这样说的："质疑上帝的做法属于大不敬和亵渎神灵：忠诚的基督教徒对上帝的旨意永远满意；作为臣民对国王的做法旨意或者对国王指手画脚的举动都属于对王权的冒犯和蔑视。"①

斯图亚特王朝对国王无限权力的理念的强烈支持在法国的执政理念和现实中都能看到。斯图亚特王室和法国的吉斯家族有着密切联系，他们对法国的思维模式完全认同。此外，查理一世的妻子就是法国亨利埃塔·玛利亚（Henrietta Maria）公主。与法国的这层关系自然而然地将斯图亚特王朝引领到法国的影响之下。他们模仿波旁王朝的做法，经常引用法国的执政思想并努力让英格兰的政府成为和法国一样的君主专制。

---

① 出自国王在星室法庭的演讲，1616年。

140.詹姆斯一世和下议院的斗争；“至高无上的国王和至高无上的人民”

但是英国下议院（Commons）和大多数英国人民关于政府性质尤其是英国政府的性质与斯图亚特王朝的国王的观点并不相同。这种观点上的差异就蕴藏着内战和所有由此产生的事件——共和国、护国政体和1688年革命的萌芽。

一个事件形象地说明了这种形势。下议院的委员会等待着国王的出现。詹姆斯一世对自己的随从说：“放置十二把椅子，我要迎接十二位国王的到来。”国王辛辣讽刺的言辞道出了一个简单的事实。当詹姆斯一世接见下议院议员时，这些委员确信自己和国王一样拥有神授的权力来管理国家。正如历史学家基佐（Guizot）所描述的那样：“国王和人民都认为自己有统治权。”这样就产生了不可调和的冲突。

国王和下议院的主要分歧就在于对国王在立法和征税方面权力的限制和议会在权利及司法权方面的性质和程度。

关于对王权的限制，从詹姆斯一世的言行来看，他给人的感觉是自己的权力是无限的。他发表了具有法律效力的公告，然后通过罚款和监禁来实施这些诏令，让它们看起来就像是议会的常规立法。而且，他还利用法律在涉及国王对国内港口征收关税权力方面的不确定性，对进出口的货物征收新的、特别的关税。国王的法官们对詹姆斯一世言听计从，他们中的一些人甚至表示：“海港是国王的大门，他可以向他喜欢的人关闭和开放。”

关于下议院的权利，这个机构坚持认为他们有权决定自己成员的选举，可以自由辩论涉及公共福利的所有问题而不受迫害或监禁惩罚。詹姆斯一世否认下议院的这些权利，并不断向议员们透漏，只有获得他的恩准和他祖先们的支持，他们才能行使这些自由权，如果他们的行为不慎或者对国王不敬，他有权剥夺他们的权利。

有一次，下议院就国王禁止他们参与国家事务问题进行辩论，詹姆斯一世对此极为不满，发布了更为严厉的法令否认议会的权利。这使得议会积累已久的愤怒彻底爆发，他们在议事录上发表了勇敢的抗议，史称《大声明》（*Great Protestation*）。《大声明》宣布“议会的自由、权利和司法权都是英国臣民自古以来不容置疑的权利，有关国王、国家、领土防卫和保护英国国教等事务都是英国议会正当的议题”（1621）。

当议会发表《大声明》的消息传到国王耳朵里，詹姆斯一世愤怒地下令议会休会，并派人去取这份下议院的声明，并亲自删去了那些可憎的决议。随后他解散了议会，甚至将几个下议院议员监禁起来。通过对这些高压手段的些许了解，我们就知道了斯图亚特王朝的执政理念，并从中看出其为国王和人民之间斗争的最终爆发铺平了道路。

141.殖民地和贸易定居点

詹姆斯一世的统治因殖民体系的开始而为人所知，这个殖民体系导致了英格兰民族几乎在世界各个角落都建立起来。1607年，詹姆斯顿（Jamestown）在北美的弗吉尼亚建立起来，之所以如此命名，就是为了纪念国王詹姆斯一世。这是英国在美洲建立的第一个永久定居点。1620年，一些曾在荷兰发现能够暂时躲避宗教迫害的临时避难所的分离派教徒（Separatists）或清教徒（Pilgrims），穿过大西洋，在经历了无数的痛苦艰难之后，在新英格兰建立了第一个殖民地，从而为新世界的公民自由奠定了基础。

这一时期的英国人除了在新大陆建立殖民定居点，还在古老的印度土地上定居下来。1613年，东印度公司在苏拉特（Surat）建立了他们的第一家工厂。这是大英帝国在东方卑微的开始。

同时，我们还需注意他们在爱尔兰阿尔斯特的移民。这个岛屿的北部由于长期的叛乱而荒无人烟，大片土地被英国王室没收，现在王室又把这些土地授予了英格兰和苏格兰殖民者。一些凯尔特人部落被全部赶走，然后在岛上的其他地方得到土地。这项运动开始于1610年，其目的是将爱尔兰新教化和英国化。最终，他们所追求的目的得到了最好的结果。在拓殖运动开始后的不到一百年里，超过100万长老派（Presbyterian Sect）的新教徒定居在阿尔斯特。对爱尔兰当地人的残酷与不公正对待让他们对殖民者怀有深深的敌意，而后来新的暴行更加恶化了爱尔兰人和英格兰人之间的关系，时至今日，这种敌对的情绪仍然存在。

142.文学

这一时期最负盛名的文学成就是圣经的新译《钦定本》（*King James' Version*），于1611年出版。这一译本直到今天仍然被新教教会普遍使用。

詹姆斯一世统治时期的最著名的作家都是伊丽莎白辉煌时代的遗留。[①] 沃尔特·雷利爵士（Sir Walter Raleigh）曾是伊丽莎白女王的宠臣，随着女王的去世而

---

① 莎士比亚死于詹姆士执政期的中期（1616）。与莎士比亚同时代的几个剧作家都像莎士比亚一样在伊丽莎白统治期间开始自己的写作生涯，活得比伊丽莎白女王要长，他们的大部分作品都是创作于伊丽莎白女王继任者的统治时期。

倒了大霉。他被指控参与反对国王的阴谋，最后被投进伦敦塔，关押了13年之久。在长期囚禁的苦闷之中，他通过写作《世界历史》（*History of the World*）而加以缓解。雷利最终被砍头（1618）。

哲学家弗朗西斯·培根（Francis Bacon）结局之悲惨不亚于雷利爵士。他曾担任大法官（Lord Chancellor），在位期间禁不住诱惑收受了诉讼人的贿赂。他因此受到起诉并被移交到上议院的法庭，他坦白了自己的错误，但是强调自己虽然收了贿赂但是并没有影响到自己的司法判断。他向法官乞求“对一根折断的芦苇施以仁慈”。培根被判处巨额罚金并被关进伦敦塔囚禁。但是国王可怜他而免除了他的罚金并将其释放，甚至还赐给了他一笔退休金。获释后培根仅仅活了5年，便于1626年去世了。

培根在说英语民族的哲学家中居于最重要的位置，他的哲学体系被称作“哲学归纳法”（Inductive Method of Philosophy），这一体系坚持主张实证和对事实的仔细观察才是获得关于自然规律知识的唯一真实方法。

查理一世的统治（1625—1649）

143.《权利请愿书》（1628）

查理一世（Charles I）继位后也继承了他父亲关于君权神授的思想。他将《圣经》里的一段话当成了自己的执政圣典：“王的话本有权力，谁敢问他说，你做什么呢？”① 因此，国王和议会立即开始了新的斗争。查理一世在位时期的前两届议会被迅速解散，因为他们坚持调查民众的不满，而非投票满足国王的需求。

在第二次解散议会后，查理试图通过“仁爱王税”（Benevolences）和强迫借贷来筹集政府运行所需的资金。但是他的所有伎俩都没有得逞，只能被迫向议会求助。议会召开会议，答应给查理提供资金，但要求他批准通过议会起草的《权利请愿书》（*Petition of Right*）。这是《大宪章》之后，英国宪制史上最为重要的一份法律文件。它提出了国王四种滥用职权行为：（1）没有得到议会的同意就以借贷、恩税、税收等形式筹集资金；（2）无故监禁；（3）在民宅驻扎军队——这颇

① 查理在1649年接受审判时引用。

令人烦恼；（4）按照戒严法进行审判，即在没有陪审团出席的情况下进行审判。

就像当年约翰王（King John）不情愿批准《大宪章》一样，查理一世也很不情愿批准《权利请愿书》，但最终，他还是被迫同意让这份文件“成为了法律”（1628）。

144.查理一世无议会的统治（1629—1640）

很快，查理就证明了他批准《权利请愿书》绝非自己的意愿。他立刻违反了其中的条款，企图以征税和贷款的方式筹集资金。查理在没有议会的情况下统治了11年，将一个由国王、上议院和下议院共同组成的英格兰政府变成了实际上像法国和西班牙那样的无须负责任的君主专制政府。

查理一世

查理最积极的大臣中比较突出的两位是后来的斯特拉福德伯爵托马斯·温特沃思和伦敦主教后来成为坎特伯雷大主教的威廉·劳德。这两个人都凭借其勤奋和成功帮助查理在英格兰自由的废墟上建立起国王的绝对权力而声名远扬。

查理及其大臣高压独裁的举动通过三个邪恶法庭篡夺的、武断的判决得以强化。这三个法庭就是著名的“北方法院”（Council of the North）、“星室法庭”（Star Chamber）和“高等宗教事务法庭”（High Commission Court）。[①]所有这些法庭的审判都没有陪审团参加，都由国王的亲信组成，当然也就成为了国王发号施令的工具。他们的判决往往随意而不公，惩罚残忍而严酷。

① “北方法院”由亨利八世创建，此时被斯特拉福德作为加强国王在英格兰北部骚乱地区独裁统治的工具。星室法庭由亨利七世组建，当时主要用于处理威胁到政府的犯罪行为，像暴乱、诽谤及谋反。高等宗教事务法庭由44名委员组成，在伊丽莎白统治时期建立，目的是为了施行《至尊法案》和《宗教信仰统一法案》。

145.约翰·汉普登和造船税（1637—1638）

在此期间，查理征收的众多非法税金中有一种“造船税”（Ship Money）。在早期，当国家遭遇危险时，为了公共的利益，国王便要求海港和沿海地区捐献船只和造船物资，“造船税”由此而来。查理和自己的大臣仔细考虑后，产生了让内陆地区和沿海地区都缴纳造船税的想法。

在众多反对缴纳造船税的人中，其中有一位名叫约翰·汉普登（John Hampden）的绅士。案件被交到财政法庭（Court of Exchequer），由全部的十二名法官出庭审理。整个英格兰都关注着这起诉讼案的进展。支持汉普登和国王的双方律师展开激烈辩论。尽管十二名法官中有五人支持汉普登，但最后的裁决还是对国王有利。官司虽然输了，但是英格兰人认为有些法官是害怕触怒国王才不敢做出对国王不利的判决的。

政府在民事和宗教事务方面的专横，以及对法庭申冤和保护的失望，促使成千上万人前往新大陆寻求自由和安全。

146.主教战争（1639）

英格兰准备通过公开的起义反对让他们难以忍受的暴政。苏格兰发生的一系列事件加剧了危机。国王企图强迫苏格兰长老派信徒进行英格兰国教的礼拜仪式。对苏格兰人来说，这有点类似于让他们恢复自己所反对的罗马的天主教教义（Popery）。所有阶层，无论农民还是贵族，都通过庄严的《国民誓约》（*National Covenant*）团结在一起——誓约者（Covenanters）便由此而得名——抵制所有改变他们宗教仪式的企图，直至最后一刻。

国王决心通过武力来镇压这场运动。苏格兰人为了自己的信仰怀着满腔热情迎接挑战。查理很快就发现，没有钱，战争便难以为继。于是他被迫召集议会，并希望能够得到议会的支持。但是下议院首先将注意力放在了解决民怨上，而非为国王拨款上，这促使查理解散了议会。苏格兰军队越过边境向英格兰进攻，国库空虚，再加上士兵的叛乱，让查理陷入非常无助的境地，他被迫再次召集议会。

147.长期议会

1640年11月3日，议会召开会议。这届议会的会期长达12年，合法存在近20年，因此，这届议会也称作“长期议会”。下议院中占微弱多数的议员是一批坚定的君主专制反对者，在他们完全认识到了英国人的传统自由权利受到威胁后，便下定决心限制国王的独裁统治。

下议院的第一个法案就是弹劾作为国王专制和强权统治工具的斯特拉福德。他最终被判处剥夺财产和公民权，并被送上了断头台。①

处决斯特拉福德伯爵

为了防止做完自己的事情之前遭到解散，议会两院通过法案，决定没有议会同意，国王无权休会或解散议会。二个专制的法庭，高等宗教事务法庭、北方法院和星室法庭被废除。最后，一项法案被通过，宣布造船税是非法的，对约翰·汉普登的判决因“违背国家法律”而宣告无效。

148.查理企图逮捕议会五名成员

查理的轻率决定让英格兰陷入了内战的深渊，此后，局势发展得如此迅速，超出了国王的掌控。为了恐吓下议院，国王计划对议会的五名主要成员以叛国罪提出上诉，并派人前去逮捕他们，其中就包括汉普登和皮姆（Pym）；但是，当国王派

① 劳德大主教于1645年被处死。

遣的官员到达议会时，这五名被控者已不知去向。第二天，查理亲自带领全副武装的随从前往议会实施逮捕；但事先得到消息的议会成员早已撤离。国王已经意识到了事态的严重性，观察到“鸟儿已经飞走了”，便撤出了议会。

查理犯了致命的错误。整个国家都无法原谅国王对自己的代表的侮辱和冒犯。整个伦敦武装起来反抗国王。查理被因自己的鲁莽而引起的暴风骤雨吓坏了，他匆忙逃往约克。查理逃离伦敦的这一天被看作是英国内战的开始（1642年1月10日）。

英国内战（1642—1649）

149.两大党派

英国这时分成了两大党派。那些聚集在国王的旗帜下——大部分是贵族、士绅及神职人员，他们被称为“保皇派”（Royalists）或“骑士党”（Cavaliers）；而聚集在议会旗帜下的，主要是市民和自耕农阶层，他们被称作议会党（Parliamentarians）或“圆颅党”（Roundheads），之所以叫圆颅党是因为这些人很多都将头发剪短至头顶，因为这个原因，为了表明立场，骑士党长期以来都留着长发。骑士党信奉已建立的圣公会（Episcopal Church），而圆颅党则是清教徒。在不断的斗争中，长老会和独立派（Independents，后来成为公理会）成为了清教徒的领导者。

150.奥利弗·克伦威尔和他的“铁甲军”

双方的战争持续了3年后①，议会派军队的军官中出现了一个举足轻重的人物，他也是英国历史上最伟大的人物之一——奥利弗·克伦威尔（Oliver Cromwell）。在战争初期，克伦威尔作为骑兵上校已经展示了非凡的指挥和管理才能。他的骑兵部队以“克伦威尔铁甲军”的名号威震四方。这支铁甲军完全由宗教人士组成。脏话、酗酒等军营常见的恶习在铁甲军中闻所未闻。他们高唱圣歌冲锋陷阵。铁甲军百战百胜，从无败绩。

---

① 第一次小规模战争发生于埃奇希尔（1642），但是初期的最重要的战役是马斯顿荒原之战（1644），在此战中，保王党遭受重创。

151.“忘我条例”和“新模范军”（1645）

战争初期，议会派军队暴露了一些致命的缺点，其中之一就是很多军官被任用，不是根据他们的能力和战功，而是根据他们的社会等级。下议院的首领们通过一项“自我否定（忘我）条例”（Self-denying Ordinance）的措施来清除这些空有贵族头衔的无能之辈，该条例规定任何在军队掌握指挥权的贵族成员都要在40天内辞职。同时他们又创建了一支拥有21000人被称作“新模范军”的新型军队。托马斯·费尔法克斯爵士（Sir Thomas Fairfax）担任总司令，克伦威尔以中将的军衔指挥骑兵部队。①

要加入这支新军并不考虑宗教观念，但是实际上，军队中的大部分军官都是独立派。随着时间的推移，由于这些军官的影响，这支军队成为了自戈弗雷（Godfrey）率领十字军拯救圣墓教堂以来宗教热情最为浓厚的军事团体。绝大部分战士都是热情的、敬畏上帝的、高唱赞歌的清教徒。不打仗的时候，他们就研读圣经，做祷告和唱圣歌。

152.纳斯比战役（1645）

新模范军的成色很快在纳斯比战役（Battle of Naseby）中得到验证，这是英国内战中的关键一役。保皇派被一举击溃，他们的事业无可挽回地失败了。查理从战场上逃走，最终逃到了苏格兰。查理原以为可以依靠苏格兰人对斯图亚特王朝的忠诚而东山再起，但是由于他拒绝签署《国民誓约》和某些其他的条款，苏格兰人最终还是把他交给了英国议会。

153.“普莱德清洗”（1648）

现在，议会中有很多人在没有从国王那里得到充足保障的情况下，支持国王只要保证按照宪法和其他法律行事，就可以重返王位。独立派，即克伦威尔和他的军队，看到胜利的果实极有可能全部丧失，便采取高压手段，将下议院中所有支持查理复辟的人清除出去。

于是，一名叫作普莱德的军官守在威斯敏斯特大教堂门口驱逐和逮捕那些与

---

① 为了支持克伦威尔，议会通过一项特别决议，使得他在掌控军事委员会的同时保留在下议院的席位。

军队为敌的议会成员。143人被从下议院的席位上赶下来，议员人数减少到了50人。这一行动被称为“普莱德清洗”（Pride’s Purge）。“现在，少数派成了多数派”。只不过这种变成多数派的做法不是合法的。

威斯敏斯特厅

154.审判和处死国王（1649年1月30日）

下议院在清洗掉国王的支持者之后，立刻通过决议，以叛国罪审判查理。一个由135人组成的最高法院被组织起来，随后，查理被传唤到庭。站在法庭前，查理拒绝承认这个法庭拥有审判他的权力，并坚持认为世间没有法庭具有质疑他行动的资格。但是审判继续进行，将近一周后，查理被以“暴君、叛国者、杀人犯和整个国家善良人们的公敌”的罪名被判处死刑。

几天之后，判决执行。面对死亡，查理表现得镇定自若而富有尊严。他在绞刑架上发表了演说，真诚的程度毋庸置疑。他说：“我和任何人一样都希望英国人民能够获得自由和民主；但是我必须要告诉你们，他们的自由和民主存在于政府的安排；……不是让人们参与政府事务，这些政府事务和他们没有关系。”

第二节　共和时期与护国公时期（1649—1660）

155.共和国的建立

处死查理几个星期以后，下议院投票表决决定取消“对于人民自由安全和公共利益毫无意义、负担沉重而又危险重重”的国王之位，并以同样的名义将“对于英格兰人民无用而又危险”的上议院取消，随后以“共和国”的名义建立了自由的国家。新的国玺上印着“上帝复佑，自由元年，1648”的字样。① 国家的行政权力被赋予由41人组成的国务委员会。著名爱国者亨利·范恩爵士（Sir Henry Vane）是该机构的领导人。

156.共和国的困境

宗教和政治热情交织在一起的共和国从诞生开始就面临着各种危险。处死查理的举动令欧洲的君主们惊恐万分。俄罗斯、法国、荷兰共和国都拒绝和共和国的大使们有任何联系。苏格兰人为自己曾经将查理交到敌人手中一直悔恨不已，现在他们为了洗刷不忠的罪名急忙宣布拥护查理的儿子为国王，称之为查理二世；在爱尔兰的保皇党人也宣布支持查理二世；同时，荷兰人也积极准备帮助查理二世重新夺回他不幸父亲的王位。在英格兰本土，保皇派也积极活动，不断地威胁着共和国。

157.同爱尔兰的战争（1649—1652）

就像古罗马共和国一样，英格兰共和国似乎从各种危险处境里积聚了力量。克伦威尔被任命为爱尔兰总督（Lord Lieutenant），率军前去镇压那里的保皇党人。

---

① 根据当时流行的纪年方法，1648年直到3月24日才结束。

依靠着“铁甲军”，克伦威尔迅速而恐怖地镇压了爱尔兰的天主教保皇党人。由于拒绝克伦威尔投降的要求，德罗赫达（Drogheda）被攻占后，三千守军被屠杀殆尽（1649）。其他被攻占城镇的命运也大致如此，但少了些许的血腥。克伦威尔自己曾描述过对待这些被俘守军的手段：“当他们投降的时候，军官们的脑袋都被敲碎，1/10的士兵被杀掉，而剩下的士兵则被船运到了巴巴多斯（Barbados）。”克伦威尔对待爱尔兰人时的残忍野蛮是他的记忆中永远无法抹去的污点。

天主教的保皇党人被击败后，爱尔兰最好的土地都被没收，然后再被授予英格兰和苏格兰殖民者。这种确立新教徒在爱尔兰优势地位的方式在英国历史上被称作“克伦威尔式殖民”，但是爱尔兰人则愤恨地将之称为“克伦威尔的诅咒”。清教徒在爱尔兰的疯狂举动煽动了爱尔兰人仇恨的情绪，再加上之前英国殖民者对爱尔兰人的暴行，让爱尔兰人心中复仇的火焰熊熊燃烧，直到今天都没有熄灭。①

158.同苏格兰的战争（1650—1651）

随后，国务委员会命令克伦威尔撤出爱尔兰，率军前往苏格兰。克伦威尔的名字让人闻之色变，他所到之处，苏格兰人四散奔逃。在邓巴，克伦威尔与苏格兰军队相遇。面对狂热的圆颅党人的进攻，苏格兰军队如风中的谷壳一般四处溃散。上万人被俘，所有辎重和大炮都被缴获（1650）。

第二年，在邓巴战役周年之际，克伦威尔又在伍斯特（Worcester）取得另一场重大的胜利。整个苏格兰很快被迫向共和国投降。查理二世在历经千难万险后，横渡英吉利海峡到达诺曼底。

159.克伦威尔驱逐长期议会（1653）

苏格兰战争之后又爆发了英荷战争。在此期间，英国议会和军队之间发生了公开的争吵。克伦威尔下令解散议会，呼吁建立一个新机构。议会予以拒绝；克伦威尔便带领士兵前往议会，在听了一会儿议会的公开辩论后，克伦威尔突然站起来恶狠狠地宣布：“我要终结你们的空谈。你们都需要离开；让位给更优秀的人。你们

---

① 在1641至1652年间，岛上超过50万居民丧生或被驱逐；普兰德加斯特（《克伦威尔时期的移民》，第177页）指出，在此期间，岛上5/6的人口都消失了。他说：“走上二三十英里都看不到一个活物。”

不是议会。上帝已经受够了你们这些家伙。”按照事先约定的信号，克伦威尔的士兵闯进议会。整个议会大厅都被清理干净。克伦威尔拿起议长的权杖，轻蔑地说，“该怎么处置这个小玩具呢？”随即下令，“带走！”随后，士兵撤离议会大厅，锁了大门。

就这样，长期议会或“残缺议会”——普莱德清洗之后的戏称，在当权12年之后被解散了。长期议会已经彻底失去了各方的信任和尊敬，所以它在被非法、专断地解散时，几乎没有任何反对的声音。

160.“小议会”和护国政体的建立（1653）

这时，克伦威尔召集了一个新议会，更确切地说，是召集了一个会议，他尽可能地招徕宗教人士与敬畏上帝的人。这个经常被叫作“小议会”的议会由156名成员组成，基本上都是宗教狂热分子，他们把大部分时间都花在解释圣经、做祷告和说教上。其中有一个叫作“赞美神的贝尔邦”（Praise-God Barebone）的伦敦皮毛商人，尤其专注于此。这个名字令人感到好笑，因为这位布道者是议会相当一部分人典型的代表，所以他们给这个议会取了一个绰号——贝尔邦议会——通过这个绰号，这个议会成为英国历史的一部分。

“小议会”只存在了5个月，然后把所有的权力都交到了克伦威尔的手里，自行解散。一部可以说是宪法的《政府组织法》（*Instrument of Government*）由军官委员会起草，并由克伦威尔批准通过。这份法律文书是第一部成文宪法，它规定议会由下议院、国务委员会和终身制的行政长官组成。行政长官的头衔为“英格兰、苏格兰和爱尔兰联邦护国公”（Lord Protector of the Commonwealth of England，Scotland，and Ireland）。通过这部宪法，克伦威尔成为了终身制的护国公。

奥利弗·克伦威尔

161.护国政体时期（1653—1659）

克伦威尔的权力几乎不受任何限制。他基本上是一个独裁者，身后拥有强大的军队作为支撑。护国公可以随意召集、挑选和解散议会。在他的独裁统治下，几乎没有任何机构能够或愿意与他进行顺利的合作。当克伦威尔最后一次解散倔强和难以驾驭的议会时说："让上帝在我和你们之间做出裁判吧。"

在五年的时间里，克伦威尔独揽政府大权。他的统治虽然专制，但却开明。他让英格兰拥有了自沃尔西和伊丽莎白以来的最强大的政府。他的目的就是"让英格兰变得伟大并配得上这样的伟大"。作为狂热的清教徒，克伦威尔认为只有由教职人员按照圣经的教义管理国家事务，英格兰才配得上这样的伟大。

另外，克伦威尔认为英国能够成为上帝的子民并变得伟大，就是因为英格兰在欧洲高举新教的大旗。正是这样的宗教信念，引领他成为所有地方被威胁的新教的保护者。他曾成功地为法国胡格诺派教徒的利益而对法国政府施加影响，让他们在饱受折磨的困顿中获得了喘息的机会；他还迫使萨伏伊公爵停止对沃州人（Vaudois）的迫害，并告知教皇：如果任何地方的新教徒继续受到攻击或迫害——克伦威尔把一切反对新教徒利益的行为归咎于教皇——英格兰的炮火将迅速在整个圣安格罗（St. Angelo）附近回响。

162.克伦威尔去世

尽管克伦威尔拥有不可动摇的决心和钢铁般的意志，但是他仍然感觉到了管理政府的沉重负担，并为自己所在位置的焦虑而饱受折磨。他从成功的表象中感觉到了彻底的失败。他曾经希望建立一个立宪政体，然而到头来，他却发现自己不过是个军事篡夺者，他的头衔只是武力的附属品。我们可以相信，他对自己建立的政府的憎恨同英国人民是一样的。由于焦虑和超负荷工作的摧残，他染上了高烧，再加上担心自己死后英国不知会陷入什么样糟糕境地的深深忧惧，他一病不起，撒手人寰。他去世的那天，就是他一直认为是"幸运日"的那天，就是取得邓巴和伍斯特战役大捷的那天（1658年9月3日）。

当叱咤风云的拿破仑去世时，圣赫勒拿岛（St. Helena）被激烈的暴风雨所震撼；克伦威尔去世这天，自然的力量似乎为了安慰他那不得安息的灵魂而大作。"所有森林的大树被连根拔起，屋顶也被掀翻，一切似乎昭示着克伦威尔强大的灵魂即将逝去"。但是克伦威尔的敌人们却认为这场暴风雨是由魔鬼发起的，它是前来收走他的灵魂的。

163.理查德·克伦威尔（Richard Cromwell，1658—1659）

奥利弗·克伦威尔在去世之际，将护国公的头衔传给了自己的儿子理查德

（Richard）。理查德行事完全与父亲相反，他胆小怕事，优柔寡断，毫无信仰。父亲掌控全局所要最大限度运用的才干和资源，对无能而又缺乏经验的儿子来说，是不能承受之重。理查德自己比任何人都更快地意识到了这一点，再加上迫于已对他不满的军队的压力，理查德在统治英国短短几个月之后就宣布退位。

164.王政复辟（1660）

护国政体垮台后的几个月里，整个英国陷入了无政府的边缘。对未来的悲观和对共和政体的不满让绝大多数英国人迫切希望君主政体复辟——实际上，大多数英国人从来没有希望君主制被废除。查理・斯图亚特正在荷兰，忠诚的大潮正向他那里回流。蒙克将军，驻苏格兰军队的统帅以及苏格兰民族情感的代表，率军南下，向伦敦挺进，实际上已经掌控大局。

长期议会，包括被普莱德清洗的那些议会成员再次聚集起来，通过决议宣布“根据王国古已有之的根本大法，政府理应由国王、上议院和下议院组成”。随后，议会邀请查理重返英格兰，并坐上国王之位。

在万众的欢呼下，查理经过9年的流亡之后重新踏上不列颠岛的土地。英格兰为他的回归做了精心准备，各派政治力量都对他热烈祝贺。面对这一切，查理以一种喜悦的讽刺言语说道：“这些年来，我一直在一个非常乐于见到我的国家之外流亡，确实是我的过错。”

165.清教徒革命失败的原因

清教徒革命失败了。要探寻革命失败的深层原因，无论是从当时的社会环境，还是从克伦威尔或是其他领导者的个人性格等方面去分析，都是一件很困难的事情；但是我们还是毫不犹豫地要说这次革命失败的原因之一就是清教徒自己犯下了错误，革命的步伐迈得太快走得太远，这也几乎是所有革命分子都会犯的错。革命开始时，革命者的目的很简单，那便是合理限制君主的权力。然而很快，国王的职位、世袭的上议院和苏格兰圣公教会（Episcopal Church）都被废除。这些极端措施都为革命树立了很多难以安抚的敌人。

而且，清教主义在很多方面越来越难以得到英国人的支持。清教徒对无害娱乐的管制，对安息日的恪守，以及其他一百多个极端而荒谬的行为激起了无神论者的嘲讽。所以，在很多方面，清教徒确实是走在了英国人民的前面，但是，在其他方面，他们在英格兰应该走或者将要走的道路上已经偏离得太远了。因此，清教主义注定会失败。

但是，如果分析到此为止，就要误入歧途了。在更深的意义上，清教主义其实并没有失败。历史学家卡莱尔（Carlyle）曾说过："存在于人和他生命中的英雄主义和永恒之光……将作为宇宙一个新的神圣部分而永存。"清教主义就是如此，它所蕴含的英雄主义和真理被融入全部的英国历史之中。直到今天，这样的思想仍然是英格兰人和英联邦人民的最正确最真的追求，而17世纪清教徒革命让这样的思想在整个英伦三岛生根发芽。

166.清教徒文学；照亮英国革命的宗教方面

历史上没有哪个时期能够像清教徒革命那样能用文学研究加以生动的解释了。如果忽略了这个时期的文学成就，而只是希望通过外部事件来对英国人民的生活加以真正的诠释，就好比历史学家格林所说的只通过阅读《列王纪》（*Kings and Chronicles*），而不读《诗篇》和《先知书》（*Psalms and Prophets*）就想清楚地了解古代以色列人的生活一样。英国革命的真实特性，尤其是宗教方面的特性，必须要从弥尔顿的壮丽史诗和班扬的无与伦比的寓言中去寻求。

这些伟大著作都是在王政复辟后完成的，但是它们都受到了推翻独裁统治建立共和国的精神的鼓舞和激励。史诗是一个孤独失望的共和党人的作品；而寓言则是一个被监禁的清教徒的著作。

弥尔顿（Milton，1608—1674）是清教主义最伟大的代表人物。查理一世去世后，他用拉丁文写下了著作《为英国人民声辩》（*Defense of the English People*），在书中，弥尔顿对处死查理的行为做了辩解。他更早创作的《论出版自由》（*Speech for the Liberty of Unlicensed Printing*）则是对思想和传教自由的大声呼吁。

王政复辟迫使弥尔顿隐退，他最后14年的人生远离尘世。但是正是在此期间，在饱受孤独和失明折磨的状态下，弥尔顿完成了不朽的诗篇《失乐园》（*Paradise Lost*）和《复乐园》（*Paradise Regained*）。前者是"清教主义的史诗"，清教徒性格中所有最真实最伟大的一面都能在这部伟大的基督史诗中从道德提升和宗教热情方面找到答案。

约翰·班扬（John Bunyan，1628—1688）是一个不信奉英国国教的清教徒。王政复辟后，他被投进贝德福德监狱长达12年，罪名是不尊奉英国国教。在被监禁期间，他创作了英国文学史上最为人所称道的《天路历程》（*Pilgrim's Progress*）。清教徒的生活习惯，从不断的研读《圣经》到借用各种形式的语言和意象进行论述，都在这部非凡的著作中得到了最完美的诠释。在这部作品中，我们看到了《圣经》中所阐述的原罪、忏悔、赎罪、天堂和地狱在清教徒现实生活中的真实体现。

第三节　斯图亚特王朝复辟

查理二世的统治（1660—1685）

167.对弑君者的惩罚

查理二世恢复了君主制，议会对曾经参加反对君主革命的人给予大赦，但是亨利·范恩和那些判处查理一世绞刑的法官被排除在外。13个人被以令人作呕的残忍方式处决，他们都被活活地剖腹挖心。其他的弑君者被判处终身监禁。范恩最终也被处死。那些已经死去的主要革命领导者——克伦威尔、埃尔顿（Ireton）和布拉德肖（Bradshaw）等——虽然没有被活着处死，但保皇党们对他们的仇恨难以消解，他们对死尸进行了疯狂的报复。这些革命领导者们的尸体被从威斯敏斯特教堂中挖出来，拖到泰伯恩刑场（Tyburn），在查理一世被处死的同一天被吊起来，然后砍头（1661）。

168.非国教徒秘密聚会法令和《五英里法》

查理二世统治初期，议会恢复了英国国教会，针对所有不信奉国教的人制定了严苛的法令。《非国教徒秘密聚会法令》（*Conventicle Act*，1664）认定“非来自一个家庭的”五人或五人以上集会进行宗教活动，如果不是按照英国国教的形式进行都属于犯罪。

《五英里法》（*Five-Mile Act*）禁止任何非英国国教的牧师拒绝发誓在任何情况下携带武器反抗国王的行为都是非法的，并要求这些牧师不得试图对教会或政府进行任何改变，“除非经过某条路”，否则禁止他们进入任何城市或自治城市（Corporate Town）的五英里以内，禁止自治市（Borough）以及非国教牧师曾经执行牧师职务的任何地方向议会推举其成员。

1600 年左右古伦敦桥的一段

169.誓约者

在苏格兰压制非国教徒集会和引入主教制（Episcopacy）的企图遭到了苏格兰誓约者的坚决抵制。誓约者坚持以自己的方式信仰上帝，他们因此而受到了最为残酷和持续不断的迫害。誓约者在自己的土地上受到了英格兰骑兵的疯狂猎杀，但是他们仍然私下里进行自己的祈祷和礼拜活动。苏格兰誓约者遭受英格兰新教的迫害构成了宗教迫害史上的最为恐怖的篇章。

170.大瘟疫和伦敦大火

1665年初夏，伦敦爆发了可怕的瘟疫，这是自中世纪黑死病以来伦敦经历的最为恐怖的瘟疫。在短短6个月的时间里，就有10万人死去。

瘟疫发生后的第二年，伦敦又爆发了一场大火，超过13000栋房屋、89座教堂和大量的公共建筑被烧毁。但是这场大火也让伦敦因祸得福。英国对烧毁的地区进行了全面的重建，街道修得更加宽阔，住宅也建得更为通畅，伦敦在大火之后成为更加美丽和健康的城市。①

① 圣保罗大教堂就是被毁的教堂之一，后来得以重建。其设计者就是著名的建筑设计师克里斯托弗·雷恩爵士。他在教堂内的墓碑附近刻有下列铭文：“如果你想找寻他的墓碑，请环顾四周。”

171.查理和路易十四的密谋；“天主教阴谋”（1678）

查理倒向了罗马天主教，希望在英格兰重建天主教会，因为他认为天主教要比英国国教对他在英格兰建立专制政府更有利。为了达到这一目的，他同法国的路易十四进行了秘密协商。国王与法国人密谋的传闻在百姓中间引起了不安和恐慌。有传言称，天主教徒将在英格兰再来一次“圣巴托洛缪大屠杀”。关于这样阴谋的传言每天都有，而且越来越夸张。所有人都成了传播小道消息的渠道，每个人的传言都比前边的传闻更加令人感到恐怖。其中一个叫提图斯·奥兹（Titus Oates）的声名狼藉之徒，编造了一起骇人听闻的天主教阴谋案。很多天主教徒却因此成为了妄想和欺骗的无辜受害者。

172.《人身保护法》（1679）

“天主教阴谋”流传后的第二年，英国议会通过了著名的《人身保护法》（*Habeas Corpus Act*）。这项法律旨在将古老而又珍贵的，目的在于保护英国人的个人自由，但是国王法庭和法官们却试图通过逃避和闪烁其词使之变得无用的人身自由权利法案变得更具效力。这项法案以《大宪章》为基础，精心起草而成，其中的条款几乎无可逃避。它让每个人面对非法拘禁时几乎绝对安全，它也是对引起独裁统治者不满的人士的最坚强的保护。它成为了整个英语世界所有类似法律的模板。

查理二世

詹姆斯二世的统治（1685—1688）

173.詹姆斯继位；他的独裁统治

查理二世死后，他的弟弟詹姆斯继位，詹姆斯的统治注定动荡而又短命。[①] 像其他所有斯

① 查理二世的私生子蒙茅斯公爵提升叛乱标准的时候，詹姆士的王位还没有坐稳。伴随着这场反叛的，是各种形式的报复。臭名昭著的首席大法官杰弗里斯在“血腥巡回法庭”判处320人死刑，并将841人流放。杰弗里斯以令人难以置信的残忍方式进行了所谓的审判。参见科尔比《英国历史文献选读》，第81条。

图亚特王朝统治者一样，詹姆斯也信奉君权神授，他一继位，便立即鲁莽地推行这些思想。虽然信誓旦旦地表示要尊奉英格兰国教，但是他却直接恢复了罗马天主教。他还专断地让议会休会乃至解散。他还将议会废除了的伊丽莎白高等宗教事务法庭（High Commission Court of Elizabeth）在实际上恢复起来，并让臭名昭著的杰弗里斯（Jeffreys）担任法官。

詹姆斯的独裁统治激起了各方面的激愤。除了狂热的天主教徒，没有任何党派站在他一边。托利党（Tory）的贵族确实青睐君主制，但是他们也不喜欢暴君。为了和不信奉国教的新教徒交好，詹姆斯颁布《信教自由令》（*Declaration of Indulgence*），借此来终止所有迫害不信奉国教者的法律。根据此项诏令，所有的神职人员都要在他们的讲道坛传教。几乎所有的教职人员都拒绝这么做。7位主教甚至向国王请愿，抗议他违背宪法。

这些请愿者被投进了伦敦塔监狱，并很快以“煽动性诽谤罪”（Seditious Libel）的名义被审判。整个国家因此而骚动起来，审判期间爆发了大规模的抗议示威活动。法官和陪审团都被这大规模的示威活动震慑住，7位主教随后被无罪释放。

174.1688年的光荣革命和《权利宣言》

迫在眉睫的危机随着小王子的出生而加速爆发，因为这断了整个国家希望詹姆斯去世后王位能够传给他的新教徒女儿荷兰执政、奥兰治威廉亲王的妻子玛丽的念想。国王最积极的敌人们决定不必等到他死后，而是立即行动起来，他们向威廉发出邀请，敦促他立刻率领军队前来接管政府，并保证他会得到整个英国的衷心支持和拥护。威廉接受了邀请，立即集合舰队前往英格兰。

威廉的船队一在英国靠岸，英国的军队和百姓立即全体一致地前去迎接。詹姆斯被彻底抛弃了。他仓皇而逃，王后和襁褓中的孩子秘密前往法国，很快，詹姆斯二世和他的王后在法国会合了。詹姆斯在离开英格兰之前，做的最后一件事就是解散军队并将国玺扔进了泰晤士河。①

威廉亲王的第一个行动就是召集大会商议王位的永久存续问题。这次会议并没有重复议会之前的错误，他们让查理二世复辟，在把王位给予王子和公主时并没有让政府的行为要符合王国古老的法律这一原则得到很好的保障。这一次，议会起草

---

① 在法国，流亡的国王和他的家庭被路易友好款待，路易在自己巴黎的皇宫附近为他们安排了一处宫殿。

了著名的《权利宣言》（*Declaration of Rights*），它清楚地重申了英国人的所有古老权利和自由；国王没有得到议会的允许不得征税和保留军队；并重申议会两院的言论自由神圣不可侵犯。威廉和玛丽被要求接受宣言并同意根据宣言的条款进行统治，之后他们被宣布成为英格兰的国王和王后。这成为了英国历史上著名的“1688年光荣革命”（Glorious Revolution of 1688）。

斯图亚特王朝复辟时期的文学

175.新教徒主义的反抗；这个时期的文学对这种反抗的记录

斯图亚特王朝复辟时期是英国社会最腐败堕落的时期。道德的堕落和生活的腐化，尤其是上层社会的堕落，部分原因可以归结于宫廷的放荡无耻，而更大程度上或许可以看作是对之前清教主义过于严厉和令人厌烦的生活方式的自然反弹。毫无疑问，清教徒对于所有形式的娱乐和无害的活动的全部抵制是错误的。他们不仅反对赌博、酗酒和挥霍，并停止了捕熊活动[①]，而且关闭剧场，禁止人们跳五月柱舞，谴责圣诞活动是异教行为，认为雕塑是偶像崇拜且有伤风化，在服饰上增色和装饰都是与严肃的生活方式不相容的。

所有这一切对于人性而言，都是沉重的负担，反抗自然而然地发生。斯图亚特王朝复辟后，英国社会又倒向了另一个极端。追求享乐的骑士党取代了高唱圣歌的圆颅党。信仰让步于不忠，冷静屈服于酗酒，清淡的生活方式屈服于荒淫无度，节俭让步于奢华，阅读《圣经》、高唱圣歌和诫勉让步于享乐、亵渎神灵和酗饮狂欢。

这个时期的文学是对抗议清教徒“酸腐的简朴生活方式”的完美记录，也是对这个时期厚颜无耻的不道德生活的忠实反应。被查理二世及其宫廷最广泛阅读，也最能代表获胜方精神的著作是萨缪尔·巴特勒（Samuel Butler）所著的讽刺诗《胡迪布拉斯》（*Hudibras*）。这部作品创作的目的是对清教徒思想的伪善言辞和过度简朴生活的讥讽，就像塞万提斯的《堂吉诃德》（*Don Quixote*）是对骑士生活的奢华和愚蠢进行勾勒和描绘一样，然而，巴特勒展示对所讥讽事物的报复和仇恨在塞万提斯的作品中却是找不到痕迹的。

---

① 麦考莱戏称清教徒之所以反对捕熊，不是因为它给熊带来的疼痛，而是因为它给观者带来了快感。

这个时期作家的作品如此不道德和不雅的揭露让这些作者获得了“腐朽的剧作家”（Corrupt Dramatists）的称号，而其中的突出代表就是诗人德莱顿（Dryden）。

第四节 威廉和玛丽的统治（1689—1702）

176.《权利法案》（1689年12月16日）

1688年光荣革命和威廉与玛丽王位的解决标志着英格兰宪法史上的一个新的时代的诞生。它在议会占据上风的前提下，一劳永逸地解决了国王和议会之间长期以来的斗争。《权利法案》（*Bill of Rights*）将《权利宣言》以法律的形式固定下来，它也是威廉和玛丽统治下议会的早期法案之一，实际上“将国王的最高统治权转移到了下议院”。

通过将詹姆斯赶下王位，让威廉登上王位，并规定了王室的所有天主教后代都无权继承王位，《权利法案》实际上清楚地宣布英格兰国王的权力和头衔不是来自出身而是来自人民的意志，议会可以废黜国王并剥夺其子嗣的继承权，并将王权交由另一家族掌管。这就彻底根除了君主根据神授权力继承王位并作为上帝的代理人管理国家不受人民的谴责和控制的思想。在英格兰，我们越来越少听到政府可以威胁英国人民自由的理论。

法案的各项独立条款，紧随《权利宣言》之后被制定出来，它们否定了国王的豁免权，即斯图亚特王朝通过皇家诏令废除某项法律的权力；禁止国王篡夺法庭的职能，禁止国王征税或在没有得到议会批准情况下在和平时期保留军队；重申公民的请愿权来纠正不平之事和自由选择他们代表的权力；作为上下两院的古老权力，重申了辩论自由权；要求经常召集议会。

以查理二世曾经企图重建天主教信仰为鉴戒，《权利法案》的制定者进一步宣布所有和罗马教会有所关联或者与天主教徒通婚者都应该“永远不能拥有、继承或者享受王国的政府和王位”。自1688年的光荣革命以后，再也没有天主教徒坐过英国的王位。

所有这些条款后来都写入了英国宪法，并从此以后被认为是英国基本法的一部分。

177.财政收入的解决方案

《权利法案》的条款通过适当的立法（Appropriate Legislation）生效。都铎王朝和斯图亚特王朝能够独立于议会之外的一个重要原因就是，根据英国传统，在每一位开始其统治时，都要被授予终生的王室收入。这份收入，无论是通过馈赠、捐助、垄断抑或是其他类似办法，使得有独裁倾向的统治者能够管理政府、发动战争或是从事任何其他疯狂的举动。所有这一切都被改变了。议会不再授予威廉亲王终生的王室收入，而限制在只给一年的收入，使财政官员在议会规定的范围之外有所支出变成违法行为。

英国宪法的这一改变，其重要意义如何高估都不为过。正是对国家财力有如此的掌控，使得下议院能够实际掌控政府，并做出是和平还是战争的司法仲裁。

178.詹姆斯企图重夺王位；博因河战役（1690）

威廉统治的前几年不断受到詹姆斯企图夺回王位行动的干扰。詹姆斯得到了法国国王路易十四和雅各比派（Jacobite）①的支持，雅各比派是詹姆斯二世的忠实拥护者。爱尔兰人给威廉制造了最大的麻烦，但是博因河战役（Battle of the Boyne）让威廉取得了决定性的胜利。

博因河战役的胜利彻底击败了反叛的思想，很快，整个爱尔兰承认了威廉的权威。新教爱尔兰人或奥兰治人（Orangemen）仍然清楚记得当初庆祝胜利的盛大场面，即使在新大陆的城市里，他们仍然会举行纪念活动。

179.威廉的计划及其去世

当初威廉之所以接受英国革命者的邀请担任英格兰的国王，是因为他一直渴望依靠英国的武力和资源来对抗独裁制度的强大捍卫者和荷兰危险的邻居法国国王路易十四。

路易十四帮助詹姆斯夺回王位的行为引起了英国人的愤怒，英国人都愿意支持

---

① 出自Jacobus，它是“詹姆斯”的拉丁名称。

威廉同路易十四开战。因此，在巴拉丁战争中，英国和荷兰的水兵并肩作战，对抗共同的敌人。巴拉丁战争结束后不久，西班牙王位继承战爆发了，在准备这场战争的期间，威廉从马背上摔下来，因致命伤而去世（1702）。[①]

① 玛丽于1694年去世，早于威廉。由于两人没有子嗣，王位便传给了玛丽的妹妹、丹麦乔治亲王的妻子安妮公主。

第十一章　俄罗斯的崛起与彼得大帝

（1682—1725）

180.概论

中世纪结束时的俄罗斯还只是一个半文明、半亚洲式的大国，到处都是野蛮部落和好斗的种族，几乎和欧洲文明世界完全隔离开来。在这一章里，我们将会看到俄罗斯的疆土是如何从各个方向上向海洋扩张的——里海、黑海和波罗的海，以及它是如何成为欧洲大家庭的重要一员的。我们这里的讲述主要围绕彼得大帝展开，其超人的能力和精力让俄罗斯这个曾经的蛮荒之地首次从西方国家里脱颖而出。

181.彼得大帝即位（1682）

由古代的北欧人留里克在罗斯创建的王朝世系于1598年结束。① 随后，俄罗斯进入了一段混乱的和遭受外来侵略的时期，史上称作“动荡时代”（Troublous Times）。之后，米哈伊尔·罗曼诺夫（Michael Romanoff）当选为沙皇（Tsar），开始了罗曼诺夫王朝的统治。

罗曼诺夫王朝统治开始后的半个世纪的时间里，这个王朝的影响和事迹几乎没有引起特别的关注。但是在17世纪即将结束之际，俄罗斯出现了一个“奇人”（A Man of Miracles），他的天才、精力以及成就，立即引起了同时代人的注意，也得到了后世人们的钦佩和赞叹。他就是彼得一世（Peter I），史称“彼得大帝”（Peter the Great），是历史上最为杰出的人物之一。当他全权掌管俄罗斯政府的时

---

① 这一王朝最著名的统治者是“恐怖的伊凡”（1533—1584）。伊凡驱逐鞑靼人，扩大和巩固了俄罗斯的领土。

候，只有17岁。

182.彼得的性格

当彼得登上历史舞台开始上演他的历史大剧之时，我们必须了解他是一个什么样的人。像西班牙的腓力二世一样，他是俄罗斯民族真正的代表。在他身上体现了俄罗斯民族的全部性格。他曾经被拿来和俄罗斯以及哥特民族的所有传奇的英雄进行比较。他拥有原力和激情。他会因暴怒而痉挛——在这种狂暴之中，他身边没有人是安全的。他耽于饮酒，并对插科打诨和讲粗鲁的笑话乐此不疲。

但是在这些恶习之上，他拥有更多的美德。作为沙皇，他勤于执政，这不是出于对职位的热爱而完全是将此作为自己的责任。他身上具备所有开明君主的特点，对王位的性质有着清醒的理解和判断。据说他曾经发出这样的感叹："我是人民的第一仆人。"这绝非仅仅是他的煽情之作，下面的真实故事就可以见证他对子民的真心。一天，他到自己修建的公园里游玩，却惊讶地发现公园里空无一人。他询问道："人们是认为我安排这么多人、花费这么多财力修建的公园是为了我自己而建吗？"随后，他下令发出通告：这个公园属于所有人，俄罗斯人民可以将公园作为自己的园林来享受。

彼得大帝

183.彼得即位时俄罗斯的状况

为了理解彼得对俄罗斯的贡献，我们必须对彼得将俄罗斯命运握在自己手中时的国家状况有所了解。

首先，我们需要注意俄罗斯在地理位置上的孤立状态。当时她只有一个海港，就是位于白海（White Sea）的阿尔汉格尔港（Archangel）。由于高纬度带来的极寒天气，这里的海港一年中的大部分时间对过往船只关闭。鞑靼人（Tatars）和土耳其人（Turks）将她与黑海隔离开来；而瑞典和波兰又横亘在她和波罗的海之间。俄罗斯面向亚洲，实际上她当时也属于亚洲。1648年，欧洲各国在《威斯特伐利亚和约》中安排欧洲的事务，俄罗斯根本没有任何戏份。这不仅是因为她没参加三十年战争，而且还因为她当时并不被看作是欧洲大家庭的一员。

其次，我们应该知道俄罗斯曾长期臣属于蒙古游牧部落，实际上她已经被亚洲化了。确实，征服的浪潮已经退去，但是“洪水过后很多东西都在土壤里保留下来，所有的国家元素就像矿藏一样沉积下来——政体形式、传统习俗、思维方式等等，皆是如此”。此时的俄罗斯基本上是亚洲的，而且是粗野缺乏教化的。

184.彼得的任务

彼得的任务是打破俄罗斯的孤立的状态，消解鞑靼入侵者把俄罗斯亚洲化的努力并让俄罗斯重新欧洲化。因此，彼得任务中最基本的一部分就是将黑海从土耳其人手中夺过来，并将波罗的海东海岸从瑞典人手中夺过来。这样，俄罗斯将会第一次获得她伟大的需求——出海口。如此，彼得就可以打破俄罗斯的孤立状态，让俄罗斯不再落在大踏步前进的西方国家的后面。

彼得的政策中另一项基本思路是将西欧的思想、传统习俗、艺术和工业引入俄罗斯，简而言之，就是让俄罗斯的思想、理想和制度都成为欧洲大家庭的一员。

185.征服亚速海（1696）

1695年，彼得沿顿河（Don）南下向通往黑海的要道亚速（Azov）发起进攻，但是没有成功。第二年，彼得再次进攻亚速，这一次他成功了，因此而取得了他在南方的第一个港口。

彼得拿下亚速港后，立即开始组建自己的舰队。他从威尼斯和其他西方国家招募了很多造船工人来帮助完成他创立自己舰队的伟业。组建舰队的任务进展迅速，不到两年的时间，一支庞大的海军舰队就开始巡航在通向亚速海的航道上。

186.彼得首次出访西方（1697—1698）①

为了推进自己的海军建设的计划，彼得派出大量俄罗斯年轻贵族前往意大利、荷兰和英国学习，并禁止这些年轻人在成为优秀的海员之前回国。

不满足于只派年轻的贵族到国外学习，彼得做出惊人决定，他要亲自到荷兰造船厂学习造船技术。1697年，彼得将政府交给三个贵族掌管后，动身前往荷兰。

彼得与他粗鲁野蛮的随从在西进途中引起了巨大的轰动。他和他的宫廷所到之处就像一群未驯服的哥萨克骑兵所到之处的景象一样。彼得自己也经常像个野蛮人

---

① 彼得在1716—1717年间对欧洲做了第二次的巡回访问。

一样行事，给观众带来无尽的麻烦和困扰。在哥尼斯堡（Königsberg），他要求观看对犯人实施轮刑（Broken on the Wheel）。当地官方向他解释说无法满足他的愿望，因为手头没有犯下这样罪行的犯人。彼得对此大为吃惊，他说："要杀死个犯人就这么麻烦吗？"

彼得和随从入住的宫殿在他们走后，就像遭到长期的围攻一样什么都没有留下。谨慎的主人搬走了所有可以被摔碎的东西专门招待这群"未受教化的皇室人马"。[①]

一到达荷兰，彼得就前往离阿姆斯特丹（Amsterdam）不远的赞丹。在那里停留了一个星期后，为了摆脱恼人的人群，彼得离开赞丹前往阿姆斯特丹的东印度公司的码头，在那里他可以看到造船的整个过程。他在这里学习了4个月，与他们一起工作过的工人们都称他为老板或主人彼得。

彼得不仅对造船技术感兴趣；他还参加了解剖讲座，学习内科手术，掌握了拔牙和止血技能；参观造纸厂、面粉厂、印刷厂和工厂；还参观了艺术品陈列室、医院和博物馆，让自己熟悉各项技能和产业。彼得认为可以将这些技能和产业引入俄罗斯。

彼得从荷兰离开后，又前往英国学习水平更高的海军机构及其运行机制。在英国，他受到了威廉三世的亲切招待。在荷兰期间，威廉三世就曾经向彼得展示了全副装备的雄壮快艇，让彼得能够深入考察英国的海军建设从而使他感到无比的开心。从英国返回荷兰后，彼得又去了维也纳（Vienna），他还打算前往威尼斯。但是听到俄罗斯国内由于不喜欢他的改革而发生叛乱的消息后，彼得急忙返回莫斯科。

187.彼得解散射击军，仿照西方模式建立新式军队

促使彼得快速回国的叛乱是由俄罗斯近卫军射击军（Streltsi）发动的。俄罗斯的射击军人数大约有2—3万人，他们是最接近于常备军的自卫队。他们的叛乱令我

① 普鲁士腓特烈大帝的妹妹威廉敏娜，在彼得大帝第二次对欧洲做巡回访问期间，曾在柏林看到彼得和他的随从。多年后，她在自己的《回忆录》中，对彼得及其随从在夏宫的入住情况进行了一番描述。她写到王后为了将不可避免的损失最小化而采取的审慎措施："为了避免这些俄国绅士在其他地方访问时所出现的破坏情况，王后下令把夏宫中所有易碎的家具都搬走。"关于俄国客人走后给夏宫所造成的破坏，威廉敏娜不得不写道："放眼望去一片狼藉。我从来没有见过这样的情形；真的，我认为耶路撒冷当初被围困沦陷后也不会出现这样的场景。精美的宫殿遭受严重破坏，王后将不得不对其进行重建。"相似的情形也出现在了英国。英国政府在著名的作家约翰·伊夫林的雅致居所招待了彼得一行。居所的主人被迫向政府提出赔偿要求。经过仔细的估算，俄国客人给居所造成破坏的赔偿金额为超过35000英镑。

们想起了古罗马皇帝的禁卫军和后期土耳其苏丹的加尼沙里军团。俄罗斯射击军的叛乱在彼得回国之前就被镇压了，等到彼得回国，他要做的无非就是对叛乱头目实施惩罚，其中有1000多人被残酷折磨致死。彼得亲手砍掉了一些叛乱分子的头颅，并且鼓励皇室贵族也效仿他对这些叛乱者进行惩罚。彼得扮演刽子手的行为从来没有使他的手下感到丝毫震惊，这一点最好地展示了彼得时代的俄罗斯是多么的野蛮。

这次叛乱令彼得下定决心要清除掉这些傲慢张狂的射击军。他们的位置由按照西方国家的军事战术所严格训练的军队所取代。

188.彼得实行的其他改革

重建俄罗斯的军事体系只是彼得实施的改革内容之一。彼得的改革涉及面众多，对改革的态度也是迫不及待、不遗余力，正如他自己所说，他是“鞭打着俄罗斯人进入了文明时代”。

彼得访问西方时的所见、所闻和所感，促使他回国后发行新货币，创建学校，建造工厂，修路，建造运河，建立邮政体系，开发矿藏，按照西方模式修订法律，改革俄罗斯历法，改变城镇的管理模式让市民在管理地方事务上可以表达自己的观点，这些改革措施都是彼得在荷兰和英国访问时学到的。

彼得实施的政治和宗教改革中最重要的一项是对俄罗斯宗教体系的改革。此时的俄罗斯教会实际上是国中之国。教会的首领冠以大牧首头衔（Patriarch），其实就是俄罗斯的教皇。通过对当局的审查和行政事务的干预，教会首领阻碍并干涉了国家机器的运转。彼得终结了这种局面。他取消了大牧首的职务，创立管理机构来取代主教区，并亲自任命圣会议来负责宗教事务。这样，束缚在沙皇头上的最后一道枷锁也被完全打碎了。

189.瑞典的查理十二世；瑞典君主制

现在，彼得的历史和一个同样伟大的名字交织在一起，他就是瑞典的查理十二世（Charles XII）。1697年，当查理的父亲去世，将王位交到他手上的时候，他只有15岁。①

---

① 瑞典政府此时已经是绝对的君主专制国家。1693年，瑞典国会宣布瑞典国王为“统帅一切之王，对世俗之界不承担任何责任，他拥有基督教国王一样按照自己的意志加以统治的权力”。

当时的瑞典属于欧洲强国中的一员。瑞典的强大起始于宗教改革运动。古斯塔夫·阿道夫的光荣传统给瑞典王位留下了耀眼的光环。这位伟大君主的理想就是建立一个把波罗的海沿海所有地区都囊括在内的强大国家。从某种意义上来讲，这个伟大的构想已经实现。波罗的海实际上成为了瑞典的内湖——正如罗马帝国时期的地中海，瑞典也渴望成为整个北欧的主人。

但不幸的是，瑞典无法维持这样的海上霸主地位，在领土和贸易扩张的过程中难免要遭到几个邻国尤其是俄罗斯、波兰和丹麦的干扰。在这种情况下，这些冲突就埋下了艰苦漫长的我们称之为“瑞典战争”的种子——本质上，就是各国争夺波罗的海控制权的战争。

年轻没有经验的查理登上瑞典王位，令那些一直对瑞典虎视眈眈、垂涎三尺的敌人似乎等来了把瑞典赶回北欧半岛的千载难逢的机会。于是丹麦的腓特烈四世（Frederick Ⅳ），萨克森选帝侯、波兰国王大力的奥古斯都（Augustus the Strong），俄罗斯的彼得大帝结成联盟进攻瑞典，目的就是要将他们早已觊觎良久的瑞典领属地区进行瓜分。

190.纳尔瓦战役（1700）

但是同盟者低估了年轻的查理。尽管查理时常有愚蠢之举，但是他却拥有突出的才能；尽管缺乏伟大统帅的品质，但是他的军事才能仍然令人钦佩。

查理手下有一支沿袭古斯塔夫· 阿道夫的严明军纪的军队。查理首先率军全力进攻丹麦，两个星期之内就让丹麦国王签下停战协议；随后他又带领由8000人组成的军队抗击在芬兰海湾包围了纳尔瓦（Narva）城俄罗斯的2万军队，并让俄罗斯人遭受了耻辱性的失败。

191.彼得堡的建立（1703）

在纳尔瓦战役中羞辱了俄罗斯沙皇的查理随即南下，向波兰进发，查理要给参与密谋的波兰国王奥古斯都以教训。当查理忙于和波兰作战时，彼得已经从纳尔瓦战役失利的阴影中走出，重新集结力量并逐渐成为波罗的海瑞典领地的主人。位于波涅瓦河口（Mouth of the Neva）的沼泽地成为建立圣彼得堡（St. Petersburg）的基础，彼得希望将这里建成俄罗斯帝国的西大门。①

① 彼得大帝为首都选址时完全想复制阿姆斯特丹，因为他在那里待过很长时间。

彼得选择作为自己帝国新首府的涅瓦河口地势低洼，容易遭受洪灾，因此要完成修建任务需要大量的人力物力。但是彼得从来不会向困难低头，他从全国各地征集了大批工人砍伐整片森林拉到新都的所在地堆积起来，全力修建，几乎魔术般地在沼泽地上建起了一座新城。圣彼得堡作为首都，直到今天仍然是见证彼得大帝不屈不挠精神的最伟大丰碑。

192.查理十二世入侵俄罗斯；波尔塔瓦战役（1709）

在击败奥古斯都之后，查理准备再次将矛头对准俄罗斯沙皇。他率领4万人侵入俄罗斯并最终包围了波尔塔瓦城（Town of Poltava）。彼得率军驰援波尔塔瓦，双方在城前展开决战，最终，瑞典人几乎全军覆没，查理带领几个逃脱的随从南下，前往土耳其寻求避难。①

193.俄罗斯对波罗的海的统治被确认；彼得大帝去世及其功绩

1721年，干扰欧洲多年的瑞典战争终于在签署《尼斯塔德条约》（*Peace of Nystad*）后画上了句号。根据条约，俄罗斯从瑞典人手里得到了波罗的海东部的全部土地。俄罗斯对波罗的海毫无争议的统治令俄罗斯的重要性和影响力大为增强，并奠定其欧洲一流强国的地位。

不过彼得大帝的统治也行将结束。瑞典战争结束4年之后，54岁的彼得大帝由于过分的放纵和操劳染上高烧去世。性格中从来不懂得审慎和深谋远虑的他，对自己的皇位安排没有留下任何遗嘱或指示。

或许整个欧洲都没有人能够像彼得大帝那样在俄罗斯社会和历史上留下如此深刻的印迹。他在广袤的俄罗斯大地上撒下了西方文明的种子，凭借自己巨人般的力量，让俄罗斯从一个亚洲化的蛮荒之地跻身于西方强国之林。

194.叶卡捷琳娜二世（1762—1796）；瓜分波兰

从彼得大帝去世到18世纪末，俄罗斯的最高统治权大部分时间都由女性操控，

---

① 查理在土耳其流亡了5年，在此期间他的所作所为完美诠释了他“北欧疯子”的称号，随后他回到了瑞典。不久，查理就在一场战役中战死。查理去世时只有36岁。也许我们通过查理的传记作者伏尔泰对他的描述能够更好地理解他，伏尔泰认为查理更像一个晚生了1000年的北欧海盗之王。他确实是“最后的维京人”。

其中最著名的就是叶卡捷琳娜二世（Catherine II），当时开明君主中最突出的代表人物之一。但是，尽管拥有出众的才干，叶卡捷琳娜也有着性格上的缺陷，那就是不择手段且挥霍无度。

叶卡捷琳娜继续奉行彼得大帝的政策，她将俄罗斯面向西方的门户打得更开。叶卡捷琳娜对法国哲学思想推崇备至，竭尽全力将法国的哲学思想在俄罗斯的土地上传播。除了国内的改革，叶卡捷琳娜统治时期最令人关注的事件就是征服克里米亚（Crimea）和参与瓜分波兰。

1783年，叶卡捷琳娜征服克里米亚，并将其纳入俄罗斯的领土。拥有克里米亚半岛令俄罗斯有了通向黑海的立足点，这里曾经在彼得大帝手中得而复失。俄罗斯人的统治延伸到黑海是整个东欧的伟大时刻，正如历史学家弗里曼（Freeman）所说，“这条曾让如此多的图兰入侵者（Turanian invaders）涌入雅利安人大陆的通道被永远地阻断了。”

叶卡捷琳娜二世

叶卡捷琳娜不顾国家间的交往法则使用诡计成功地在西方将俄罗斯的版图进一步扩张。以牺牲波兰为代价，叶卡捷琳娜与普鲁士的腓特烈大帝（Frederick the

Great of Prussia）、奥地利的玛利亚·特蕾莎女王（Maria Theresa of Austria）密谋将波兰瓜分。第一次瓜分在1772年，几个国家都拿到了自己所得的一份。尽管波兰爱国人士努力改革，但是其国内的无政府状态仍然让几个国家强盗般的掠夺得逞。①

很难恰当地说谁是这起瓜分别国领土公案里最该受到谴责的人。玛利亚·特蕾莎是这笔不齿交易中唯一在良知上有所顾忌的人，她自己也认为这样的瓜分行为是彻头彻尾的强盗行径并长期反对，但是当她最终意识到根本无力阻止别人执行瓜分政策的时候她也不得不屈服并拿走了自己的一份。

1793年，俄罗斯和普鲁士对波兰进行了二次瓜分；1795年，在镇压了波兰爱国者科希丘什科（Kosciuszko）领导的起义后，俄罗斯、普鲁士和奥地利三个国家对波兰进行了最后一次瓜分。从此之后，波兰被瓜分完毕，并在欧洲版图上被抹掉了。

在瓜分波兰的过程中，俄罗斯获得的领土令她的版图向西推进到了中欧文明腹地。用叶卡捷琳娜的话讲就是，波兰成为了她今后造访西方的“门垫”。

到叶卡捷琳娜统治结束时，俄罗斯毫无疑问已经成为欧洲最强大的力量之一，并在以后的所有欧洲事务中拥有足够的发言权。

---

① 波兰宪法是中世纪封建无政府时代的残余。在王权和封建贵族的较量中，贵族获得了胜利，他们将王权削弱成由选举产生的影子国王的地位。无政府状态的一个特别来源就是在宪法中规定国会任何成员都有权力对任何提案投反对票，这样，每个贵族实质上就是一个国王。但是必须要补充的是，国家的无政府状态不能作为波兰的分裂分子减轻自己罪过的借口，因为他们用尽了各种办法来阻止改革并增强无政府状态，那符合他们的利益并有利于进一步推行他们的计划。另外，1791年，波兰起草了一部新的宪法，如有机会，波兰或许会成为一个强大的国家。

第十二章　普鲁士的崛起与腓特烈大帝

（1740—1786）

195.普鲁士的发端

普鲁士王国的核心是德意志北部的一个小国，被称作“马克”或“勃兰登堡侯国”（Mark or Electorate of Brandenburg）。在15世纪初期，霍亨伦索家族开始统治普鲁士——一个注定会在后来欧洲历史中发挥重大作用的家族。从17世纪开始，由于和强大的军事国家普鲁士公国合并，以波兰为其宗主国，其在波罗的海沿岸的重要性大大增强。①

196.大选帝侯腓特烈·威廉（1640—1688）

在“三十年战争”即将结束时，强人腓特烈——更为人所知的称号为“大选帝侯”，成为这个二元国家的君主。根据《威斯特伐利亚和约》，腓特烈得到了新的领土，这极大提升了他在德意志王公中的权力和影响力。

大选帝侯腓特烈统治普鲁士将近半个世纪，给自己的继任者留下了一个高度集权的国家。腓特烈是绝对君主专制制度最理想的代表。像所有绝对专制的统治者一样，腓特烈的信仰是军队，通过创立常备军为普鲁士奠定了军事强国的基础。

197.勃兰登堡选帝侯是如何获得普鲁士国王的头衔的

大选帝侯腓特烈的儿子腓特烈三世（1688—1713）一直渴望获得国王头衔，而他的父亲为普鲁士取得的地位和影响力足以让他追求这样的地位。他留意到自己身

① 自1525年以后，普鲁士公国一直是由霍亨索伦家族的一支世袭所有。

边的其他没有他强大的王公都享有这样的尊荣，他觉得自己也应该“要成为国王，戴上王冠”。

然而，腓特烈需要得到神圣罗马帝国皇帝的同意，这有一定的难度，因为奥地利王室的天主教顾问们坚决反对一个新教徒选帝侯加冕为王。但是西班牙王位继承战即将爆发，皇帝迫切需要得到腓特烈的帮助。因此，皇帝同意腓特烈在普鲁士公国获得新的头衔和尊荣——不像勃兰登堡，不在神圣罗马帝国的范围之内——条件是他要在王位继承战中给皇帝以军事援助。因此，1701年初，腓特烈在哥尼斯堡加冕成为国王。之前他是勃兰登堡选帝侯和普鲁士公爵，现在他成为了勃兰登堡选帝侯和普鲁士国王。

于是，欧洲众国王中诞生了一个新国王，哈布斯堡家族有了对手霍亨伦索家族。这在德国甚至欧洲历史上都是一个里程碑式的事件。从此时开始，德意志的历史线索就成为普鲁士国王权力不断增长、稳步发展并逐渐掌控了日耳曼民族事务的过程。

198.腓特烈·威廉一世（1713—1740）

普鲁士首位国王的儿子和继位者腓特烈·威廉一世（Frederick William I）是一个非凡的人物。他坚强、凶暴、残忍而满脑子奇怪的想法。他对大个士兵有着狂热的喜爱。腓特烈·威廉一世不计代价并克服了很大的困难召集了他所能找到的高个子男子加入军队，这些高个子士兵被称作“波茨坦巨人”。不仅他自己领地的高个子都加入军队，甚至整个欧洲的高个子都被他利诱招募进来。对威廉一世来说，没有比高个士兵更好的礼物能够打动他了。另一方面，最让他恼火的就是对他招募士兵的干预。荷兰人曾绞死了他招募的两个高个子士兵，后来荷兰人想要普鲁士为他们的一所大学物色一个著名的学者时，腓特烈·威廉怒气冲冲回复道：“杀我高个军士，还想找我要教授？”

尽管粗鲁、残忍、凶暴，但是腓特烈·威廉作为统治者能力出众。他为巩固普鲁士国力做了大量的工作，去世时为继任者留下了一个大幅度扩张的领土和一支训练有素的8万人的军队。历史学家卡莱尔（Carlyle）曾称他为普鲁士第一伟大教官。

199.腓特烈大帝即位（1740）；他的青年时代

腓特烈·威廉的继承人是他的儿子腓特烈二世，史称“腓特烈大帝”（Frederick the Great）。围绕他的名字，在法国大革命之前46年发生了很多吸引世界注意的事件。

腓特烈从小就受到残忍父亲的粗鲁对待。他的妹妹威廉敏娜讲述了兄妹二人受到野蛮父亲的折磨。他们的父亲将王宫变成了对兄妹俩来说不折不扣的地狱。腓特烈·威廉会在餐桌上突然将盘子砸向兄妹俩，这让他们总是处于恐惧之中。腓特烈对音乐、艺术和阅读的喜爱让他尤其吸引父亲的注意，用威廉敏娜的话说就是父亲“用拳头和棍棒来表达对他的喜爱”。

腓特烈有着杰出的军事才干，他的父亲为他准备了自古罗马军团以来最有效的战争工具。腓特烈亲自参加了两场让普鲁士跻身于欧洲一流军事强国的战争，它们分别是“奥地利王位继承战”（War of the Austrian Succession）和“七年战争”（Seven Years’War）。

200.奥地利王位继承战（1740—1748）

腓特烈即位的这一年，恰逢哈布斯堡家族直系的最后一位男性皇帝查理六世（Emperor Charles VI）去世。在去世前不久，查理六世向所有欧洲强国发布了《国事诏书》（*Pragmatic Sanction*），其中规定，如果他死后没有儿子继承王位，那么，他所有的领地都应由他的长女玛利亚·特蕾莎（Maria Theresa）继承。① 但是查理六世刚一去世，很多君主就宣布自己对哈布斯堡家族有着全部或部分的继承权。在此前，各方已是剑拔弩张，腓特烈的父亲已经在《国事诏书》上签字，但是他在没有宣战的情况下就率兵进入西里西亚并将其据为己有。腓特烈的行动纯粹属强盗行径。他对自己的后人也坦承之所以如此做，有几个动机，渴望增强自己领地实力，为自己和普鲁士赢得欧洲的尊重，以及“取得功名”。

很快，几乎整个欧洲都卷入战争。英国、新教尼德兰（荷兰），最后还有俄罗斯，都作为特蕾莎的盟友参与进来，而战场也扩大到印度以及英国和法国在美洲的殖民地。麦考莱（Macaulay）曾对腓特烈点燃的战火有过形象的描述，他说：“腓特烈曾经承诺保卫邻国，但是他却掠夺了这个国家，黑人在科罗曼德尔海岸（Coast of Coromandel）投入战斗，而印第安人在北美洲的五大湖区互相厮杀。”

战争持续到1748年，各方最终签订了《亚琛和约》（*Peace of Aix-la-Chapelle*），从而结束了战争。卡莱尔对和约条款的总结令人印象深刻，他一语中的：“对于腓

---

① 当然玛利亚是不能戴神圣罗马帝国皇冠的。

特烈，他得到了西里西亚；而对于其他人，他们什么也没有得到。”

201.七年战争（1756—1763）

在随后8年的和平时期，玛利亚·特蕾莎忙于和欧洲主要国家建立联盟来对抗觊觎自己领土的不择手段的掠夺者。俄罗斯、瑞典、许多德意志邦国和法国都最终加入到特蕾莎的同盟中来。腓特烈在最开始，除了英国，几乎没有任何盟友，而在战争即将结束时，俄国曾短暂地站在了他的一边，因此，他几乎一直是在单独对抗欧洲大陆一半的国家。①

这场漫长的战争在欧洲历史上被称作“七年战争”。刚开始时，七年战争和美洲历史上所称的法国印第安人战争（French and Indian War）交织在一起。有一段时期，幸运女神站在了腓特烈一边。在著名的罗斯巴赫（Rossbach）、洛伊滕（Leuthen）和曹恩道夫（Zorndorf）会战中，他先后击败法国、奥地利和俄罗斯，震惊了整个欧洲，最终欧洲不得不承认普鲁士军队的首领是历史上最为杰出的军事统帅之一。

但是，好运最终远离了腓特烈。在这场持久的战争中，双方军事力量的不均衡导致普鲁士人员匮乏，不可避免的毁灭似乎即将降临在腓特烈和他的国家身上。但是就在这个时候，俄罗斯最高统治者的去世却让局势出现了转机。1762年，俄罗斯的伊丽莎白女皇（Empress Elizabeth）去世，彼得三世（Peter III）即位。彼得是腓特烈的狂热崇拜者，他即位后立即将俄国军队从盟军中撤出，加入到了普鲁士的一方。双方的联盟仅仅维持了几个月，彼得就被妻子叶卡捷琳娜二世废黜并谋杀，随后叶卡捷琳娜即位。叶卡捷琳娜采取了中立政策，召回了俄国军队；但是，就是这短短几个月的联盟，给了腓特烈决定性的优势。在俄国军队撤出之后，英国和法国也乐于停战并签订《巴黎和约》（*Peace of Paris*，1763）。不久，另一项和平协议②在奥地利和普鲁士之间签订，扰动欧洲多年的最可怕的战争之一终于结束。特蕾莎最终落在了腓特烈的手中。

七年战争是历史上具有决定意义的战争之一。除了英法的印度问题，它还解决了两个重要的问题。首先，它解决了，或者至少接近最终解决了奥地利和普鲁士

---

① 当时普鲁士的人口约有500万；而反对普鲁士联盟国家的人口有1亿左右。

② 《胡贝尔图斯堡和约》（*Treaty of Hubertsburg*）。

之间的问题——到底谁才是德意志的领导者。七年战争使得普鲁士取得了和奥地利平等的地位并预示着她地位的上升。第二，它解决了英法在美洲的争议，这个问题有点类似于欧洲的奥地利和普鲁士之间的地位问题。它决定了北美洲应该属于盎格鲁–撒克逊民族，而不是拉丁民族。

202.腓特烈牺牲波兰来扩张自己的领土

在七年战争结束后的10年时间里，如前所述，腓特烈和俄国的叶卡捷琳娜二世还有奥地利的特蕾莎联手对波兰进行第一次瓜分。

腓特烈高度评价了在这笔交易中所得到的领土对普鲁士的价值，在他的《我自己的时代记录》（*History of My Own Times*）中，他说："这是我们可以做出的最重要的占有之一，因为它将波美拉尼亚（Pomerania）和东普鲁士连接起来，并且让我们成为了维斯瓦河的主人，我们可以保卫自己的国家并且可以对维斯瓦河实施掌控，整个波兰贸易都是在这条河上进行的。"普鲁士的这种扩张是依靠腓特烈吞并西里西亚那样的不正当的手段取得的。

203.腓特烈的政治思想和治国理念

如前文所述，在所有外交事务上，利己主义是腓特烈的唯一准则；他所做的一切都是为了扩张普鲁士领土和为自己增添荣耀；他从来不考虑公理、正直和名誉。下边是腓特烈自己所推崇的法则："如果可以，我们也愿意诚实正直；但是如果欺骗是必要的，那么就让我们做个骗子。""君主的永恒法则就是尽其所能地扩张自己的领土。""是让人民在这个世界上消失好呢？还是让君主违反和约好呢？到哪里才能找到对这样的问题犹豫不决回答的笨蛋呢？""如果荣耀之人没有权力制定规则来允许烧杀抢掠，那么他为何会发动战争呢？"

正是腓特烈大帝这种不道德的政治思想和治国理念后来被新近的霍亨索伦家族成员（德皇威廉二世）继承和实践，成为了1914年世界大战的根本原因。

204.作为开明君主的腓特烈

腓特烈对待下属和对待自己君权的道德标准完全不同。他对王位有着极高的看法并发挥其尽可能的作用，他被看作是18世纪的开明君主之一。

在战争间隙的和平时期，在他统治的后半期——《胡贝尔图斯堡和约》签订之后的时期，腓特烈努力开发自己国土上的资源，提高人民的物质生活水平。他开凿运河，修建公路，排空沼泽地，鼓励农业和制造业的发展，想尽一切办法来提高政府的管理水平。

但是腓特烈的注意力并没有全部放在人民的物质财富方面。他是一位哲学家并自认为是一个诗人，每天都要花上几个小时的时间放在哲学和文学的追求上。有人说他“和伏尔泰一起分享了18世纪知识界的君主地位”。他身边聚集了一大批当时最杰出的作家、科学家、哲学家，其中就有和他“共主知识界”的伏尔泰（Voltaire）。腓特烈将伏尔泰哄骗到柏林，为他的宫廷增光添彩，并让他改正和批评自己的诗歌。某一段时间，腓特烈对自己的这一招徕感到非常骄傲，他为自己众多的头衔中增加了一个“伏尔泰的所有者”而高兴。但是，这是一个不相配的友谊；两位“君主”很快就发生了争吵，伏尔泰被很不体面地赶出了王宫。

腓特烈是一位自由思想者。他的异教信仰让他对所有宗教漠然但又包容。正如卡莱尔记录的那样，腓特烈曾经说过：“在这个国家，每个人必须拥有自己到达天堂的方式。”他把自己招徕的精英都安置在他最喜爱的、距离柏林很近的波茨坦的无忧宫，这些精英集合了众多的异端邪说者、不可知论者、异教徒和无宗教信仰者。这个团体代表了18世纪文学和哲学界的最高思想成就，他们的思想和学说为法国大革命铺平了思想道路。

1786年，就在政治和社会大动荡的前夕，腓特烈去世了。卡莱尔称他为“最后的君王”（Last of the Kings）。他当然不是名义上最后的君王，但是他是最后一个被称为“大帝”的君王。就在他死后的第3年，法国大革命爆发，它终结了君主时代，开创了人民时代。

第十三章　18世纪的英国

205.18世纪英国历史的准则

希利（Seeley）教授说："英国在新大陆和亚洲的扩张，就是对英国18世纪的历史最好总结。"

这场扩张运动实际上就是16世纪开始的海上贸易的延续，通过为英国带来先与西班牙、后与荷兰的激烈竞争，进而决定了英国大部分时期的历史发展方向。在17世纪结束前，英国实际上已经超越了另外两个商业竞争对手。英国在18世纪最大最危险的敌人是法国。谈及1688年到1815年这个时期的历史时，希利教授说："这个时期的历史整个就是英国和法国的激烈竞争史，是两个国家的第二次百年战争。"

从英国历史角度来看，讲述英国和法国之间在贸易和殖民世界的较量是本章的主要内容。然而，为了更加全面地勾勒出这个世纪的英国历史，我们也会谈及其他一些具有特殊意义的事件，尽管这些事件和英国的扩张运动并没有什么直接的联系。

206.西班牙王位继承战争（1701—1714）

关于这场战争的起因和结果，我们在叙述路易十四时期的历史时已经讲过了。我们这里要回顾的是这个阶段英国在领土扩张上的收获；即旧大陆的直布罗陀海峡和米诺卡岛，以及新大陆的新斯科舍连同纽芬兰和哈德逊海湾。

其中有着特别意义的是，英国和西班牙签订的条约让英国从法国手里为自己国家的商人拿到了名为"阿西恩托"（Assiento）的契约。根据这份契约，英国的臣民享有每年运送4800名奴隶到西班牙美洲殖民地的专有权30年。① 奴隶贸易像过去的香料贸易一样利润丰厚，此时，英国像过去的西班牙和荷兰一样，成为欧洲贸易国家的主要竞争对象。这份契约的取得，让英国成为世界上最重要的奴隶贸易强国。

同时，根据这份契约，英国从西班牙手里获得每年运送一艘商船前往西班牙美洲殖民地的权力。

因此，作为18世纪的第一场战争的结果，英国实际上控制了地中海，垄断了在西班牙美洲殖民地的奴隶贸易，并开始在新大陆攫取法国的领地，且获得海上霸权。美国历史学家马汉（Mahan）说道："在这场战争之前，英国是世界上的海上强国之一；而在战争之后，英国成为海上霸主，其他国家不能望其项背。"

207.英格兰议会和苏格兰议会的合并（1707）

在安妮女王统治期间，英国国内最引人注目的事件是英格兰议会和苏格兰议会的合并。② 当时，英格兰只把苏格兰当作外国来看待，不仅英国殖民地将苏格兰商人排斥在外，就是在英格兰国内市场，也同样不让苏格兰商人染指。

苏格兰对英格兰的敌意变得强烈，甚至威胁说要打破连接两国之间的王朝纽带。英格兰政府也意识到了局面的危险，最终本着合理妥协的精神与苏格兰人谈判。最终，双方同意两国的议会合并，建立完全的自由贸易关系，英格兰的所有殖民地向苏格兰商人开放。在此基础上，两个王国合并成一个，那就是大不列颠王国（Great Britain，1707）。从这个时候起，两个国家由坐落于威斯敏斯特的一个议会共同代表。

这种联合对双方都有利，因为它不仅是外在的联合，同时也是内在的结合。英格兰再也不用像过去的10个世纪里那样担心北方的邻国会对他们发动突袭和入侵。而对苏格兰来说，她能够进入英格兰的本国和殖民地市场，参与到英格兰的制造业和商业活动中来，这让她的力量和资源得到极大的扩张。双方联合的10年后，苏格兰第一艘商船正式从克莱德湾（Clyde）开启其穿越大西洋的旅程。今天，克莱德

---

① 教皇分割线和与葡萄牙之间的协定使得西班牙人被挡在了非洲之外，西班牙不得不依靠中间人来从非洲进口奴隶。荷兰人在法国之前拿到了契约。关于此时期奴隶贸易和西班牙属美洲殖民地经济状况的描述，参见梅瑟《西班牙在美洲殖民统治的建立》，第11章。

② 英格兰和苏格兰两个国家的王位在1603年斯图亚特家族继承英格兰的王位时合并到一起。

是世界上最重要的造船业中心之一，而克莱德河口的格拉斯哥（Glasgow）也是世界上最为繁忙的港口之一。

208.君主政治影响力的丧失；首相和内阁

汉诺威王朝[①]的第一个国王乔治一世（George I）对人民的语言和事务几乎一无所知，因此，他被迫委托自己的大臣来管理政府。乔治二世（George II）亦是如此。乔治三世（George III）出生在英格兰，重新获得了过去国王的一些影响力，但是他是能对政府决策拥有个人影响力的最后一位英国国王。

国王失去的权力被转移到了首席大臣的手里，这个首席大臣普遍称之为首相（Prime Minister），他的任职不是取决于君主的喜好，而是依靠议会下院的支持。这种权力转移不是一下子完成的，但是到18世纪中期基本上已经全部完成了，当然，国王对这样的事实并不总是完全认可。在今天的英国政府中，首相是实际上的、完全获得认可的最高行政官。国王是名义上的君主，所有的实权都在首相手里。

罗伯特·沃波尔（Sir Robert Walpole）是第一位现代意义上的英国首相，在他任职期间，内阁最终具备了现在的形式。内阁实际上是由议会成员组成的委员会，内阁的诞生要取得议会下院的支持，首相作为内阁领袖，与内阁成员荣辱与共。当内阁不再取得议会下院多数席位的时候，内阁成员就要辞职，国王就要任命新的首相，但实际上是由下院占据多数席位的党派任命，新首相再组建新的内阁。

209.宗教复兴；循道宗的崛起

现在我们暂且把政治事件放一放，来关注一下这个时期的英国宗教生活。

汉诺威王室统治初期，英格兰的思想和道德生活还是斯图亚特王朝复辟时的样子。整个国家仍然受反清教徒政权制度的影响，憎恨“圣者”的统治。整个教会上层普遍对信仰不忠；宗教成为玩笑和戏谑的谈资。教会已死；上层传教士都玩忽职守，布道冷漠，流于形式；而下层传教士也是冷漠无情而又残忍无比。酗酒成为整个教会的习气。整个国家都陷入了对物质享受的追求，精神和理想上的事情无人关注。

---

① 汉诺威王朝的君主包括乔治一世（1714—1727）、乔治二世（1727—1760）、乔治三世（1760—1820）、乔治四世（1820—1830）、威廉四世（1830—1837）、维多利亚（1837—1901）、爱德华七世（1901—1910）和乔治五世（1910— ）。

社会生活的这种状况从来都会引起有识之士的强烈抗议，现在也是如此。大约在1730年，牛津的一群满腔热情的年轻人组成一个小团体，其中就有约翰·卫斯理（John Wesley）、查理·卫斯理（Charles Wesley）和乔治·怀特腓德（George Whitefield），这个团体的目的是在真正的宗教生活上相互帮助。因为其严格而循规蹈矩的生活方式，他们被嘲弄地取了一个外号：循道宗信徒（*Methodists*）。

这场起于牛津的宗教运动是英国宗教复兴的起点。约翰·卫斯理是组织者，怀特腓德是演说者，而查理·卫斯理是为运动鼓吹的诗人[①]。他们和援助者们露天集会向那些忽视了宗教生活的人们布道。他们在田野里、街道边、大树下、矿井旁进行布道。他们狂热的规劝和布道如同当初的十字军布道者一样效果惊人。

约翰·卫斯理

起初，宗教复兴运动的领导者们并没有想过要建立一个不同于英国国教的教会，只是希望在英国国教中组建对宗教真诚热情的教众，就像今天教堂的基督教奋进协会（Christian Endeavor Societies）那样。然而，他们的热情和过度的举止还是冒犯了那些冷漠无情的保守派，因此最终受到了排挤和迫害，不得已脱离国教成立自己的教会。

宗教复兴运动，像17世纪的清教主义运动一样，给英格兰的生活留下深刻印象。正是因为这场复兴所产生的真正的宗教情感、社会净化、道德真诚和人性进取，使得今天的英国与乔治一世和乔治二世统治时期的英国截然不同。

210.七年战争（1756—1763）

在18世纪中期，在美洲的法国和英国殖民者之间爆发了一场被称为“法国印第安人战争”的大战。这场战争和欧洲历史上著名的“七年战争”混合在一起，因此无论是从欧洲还是美洲的角度，我们都需要了解一下这场战争。

战争开始时，英国遭受到重大打击。布雷多克（Braddock）率军征讨迪凯纳堡（Fort Duquesne）的途中，在荒漠上遭受重创，这也是英国几次时运不济的军事惨

① 查理·卫斯理创作了超过6000首赞美诗，很多作品直到今天仍深受喜爱。

败之一。[1]在欧洲大陆，英国丢失了米诺卡岛，从而失去了对地中海的控制。英国人从来没有陷入过如此深的绝望之中，从来没有对自己如此地失去信心。切斯特菲尔德伯爵（Earl of Chesterfield）写道："我们在国内和国外都被摧毁。我们不再是一个国家了。"

老威廉·皮特

当老威廉·皮特[2]，著名的"伟大的下院议员"（Great Commoner）成为英国事务的首脑时，英国人的沮丧陷入了最低谷。皮特是英格兰民族出现的最伟大的人物之一。腓特烈大帝如此评价皮特："英格兰终于出现了一个真正的男子汉。"而皮特则同样高度地评价自己："我相信我可以拯救这个国家，没有其他人可以做到！"他表达了自己对挽救国家不幸的能力的充分自信。

与法国的战争现在不仅在美洲和海上进行，英国还以新的活力在印度和欧洲与法国开展。就美洲而言，战争的转折点是年轻的英国少将沃尔夫（Wolfe）率军在魁北克高地（Heights of Quebec）大败蒙卡尔姆（Montcalm）率领的法国军队（1759）。这场胜利让英格兰得到了魁北克，这是扭转新大陆局面的关键。

在印度，英国也在与法国和她当地盟友的战斗中获得胜利。[3]魁北克战役爆发前两年，在英国东印度公司任职的罗伯特·克莱武上校（Colonel Robert Clive）率领1100英国士兵和2万名土兵[4]在著名的普拉西战役（Battle of Plassey，1757）中一举击溃当地人的6万步骑兵，从而在半岛东北部地区奠定了英国庞大殖民帝国的基础。

1763年，英法签订《巴黎和约》（*Peace of Paris*），七年战争宣告结束。法国

---

① 布雷多克的失败发生在1755年，双方还没有正式宣战。

② Elder William Pitt，后来的查塔姆伯爵（Earl of Chatham）。

③ 这里的情况与新世界的情况有些类似。法国和英国之间长期较量，但也只局限于贸易领域，而不是作为帝国建设者之间的较量。到18世纪中叶，他们开始征服整个国家，并为领土主权打基础。

④ 对欧洲雇佣军中当地士兵的称呼。

将自己在加拿大和北美洲位于密西西比河东部除新奥尔良和周边地区外（这一区域连同密西西比河以西地区早已经割让给西班牙）所有领地都割让给英国，包括纽芬兰附近的两个小岛，法国只保留在这里晒鱼的权力。法国在印度作为英国的主要竞争对手也退出了竞争。[①] 英国的殖民地霸主和海上的霸主地位现在完全地确立起来。尽管后来遭受了沉重的损失，但英国还是将这种地位一直保持到了第一次世界大战后。

211.美国独立战争（1775—1783）

法国印第安人战争是美国独立战争的序曲。法国的势力在美洲被推翻，使得英国在美洲的殖民者不再像过去那样依赖英国，因为新大陆唯一的危险对手已经被消灭。精明的政治家早已预言：当殖民者不再需要英国的帮助来对抗法国，一旦与母国联系的纽带与他们的利益相冲突，他们便会斩断这根纽带。

很快，殖民地与母国就发生了冲突。议会中的多数人认为殖民者应该承担英国在保护殖民地上产生的开支，因此坚持要求对美洲殖民者征税。但是美国殖民者却认为英国议会里没有自己的议员，拒绝纳税。英国政府不承认殖民者的说法，美洲的殖民者便拿起武器捍卫自己祖辈经过艰苦斗争从英国国王手里获得的权利和自由。

法国政府趁机抓住美洲殖民者与母国发生战争的机会报丢失加拿大的仇[②]，并向殖民者提供援助。西班牙和荷兰也加入进来，对抗他们曾经的敌人——英国。

战争随着《巴黎和约》的签署而结束（1783）。英国承认13个殖民地的独立，大英帝国开始了在新大陆与自己殖民地的分离。同时，英国被迫重建或割让原属于法国和西班牙的岛屿和领地。从七年战争后诞生的强大帝国似乎遭到重创，难以恢复。不仅英国的敌人，甚至连英国人自己也认为，英国在美洲的帝国统治结束了。

但加拿大和印度仍然属于英国，随后，澳大利亚也归英国所有。英格兰仍然是海上霸主；她的贸易统治地位丝毫没有动摇。身处1783年失去美洲殖民地的境地，没有英国人可以预见到第二个强大的大英帝国能够在第一个大英帝国统治的废墟上再次崛起。

---

① 法国位于印度东海岸的贸易据点本地治里被归还给法国，并一直作为贸易据点存在；但是她的政治权力就像在北美洲一样，已被战争摧毁了。

② 还有许多其他令人钦佩的动机激励很多像拉法耶特这样的法国人站在了美国爱国者一边进行战斗（第230条）。

212.爱尔兰的立法独立（1782）

在美国独立战争进行期间，爱尔兰利用英国政府的颓势要求获得立法独立。自从诺曼时期以来，爱尔兰就拥有自己的议会，但是它的议会依赖于英格兰国王并从属于英格兰议会。英格兰议会根据自己的法律对爱尔兰实施管辖权。对此，英裔爱尔兰的爱国者做出顽强抵抗，并起草了《权力宣言》（*Declaration of Rights*），在宣言中，爱尔兰人要求爱尔兰的立法独立。对爱尔兰人反抗的担心让英格兰答应了爱尔兰爱国者的要求，并承认爱尔兰议会的独立。

213.废除奴隶贸易

与卫斯理和怀特腓德领导的宗教复兴运动密切相连的是某些博爱运动。这些博爱运动不仅在英国，而且在全人类的道德和社会生活史上都占据着重要的地位。其中最著名的就是非洲奴隶贸易的废除。

我们已经注意到，在18世纪开始时，英国从西班牙手里拿到向美洲殖民地输送黑奴专有权的契约。对于这一极不公正的贸易，当时的人并没有在道德上加以反对。但是宗教复兴运动的影响之一，就是诞生了很多真正的博爱情感。这种情感在取缔非人的奴隶贸易中得到充分表达。

取缔奴隶贸易运动的领导者是托马斯·克拉克森（Thomas Clarkson，1760—1846）和威廉·威尔伯福斯（William Wilberforce，1759—1833）。对贩卖奴隶者反人类暴行的揭露激起了民众的愤慨，并促进了民族良知的苏醒。最终在1807年，经过20年的斗争，取消奴隶贸易的法律终于获得通过。① 这标志着英国议会史上最伟大的道义胜利，因为它激发了民族道德情感，而这种情感是推动议会两院改革的主要力量。②

214.工业革命

我们现在将目光从政治、宗教和道德领域转向工业领域。英国人的生活在18世纪后半叶经历了一场伟大的革命。英国在商业上的统治地位为工业革命铺平了道

① 丹麦期望英国能够谴责奴隶贸易。英国在1802年废除了奴隶贸易。而在美国，1808年后买入奴隶是违法行为。1820年以前，大多数文明国家都禁止了奴隶贸易。

② 另一场重要的人道主义运动就是监狱改革。这主要是受到博爱主义者约翰·霍华德（1726—1790）的推动。霍华德毕生致力于监狱条件和管理的改革。

路。人口和商品的外流为英国的产品创造了世界市场，而英国也成为了“世界工厂”。自然而然，生产制造得到鼓励，创造发明受到极大刺激来改进工业技术的发展，结果就出现了历史上前所未有的工业革命。

为了获得正确的观点以及能够更好理解工业革命的重要意义，我们有必要首先注意一下这样一个重大的事实：在信史时代，人类的文明在很多行业和诸多领域都取得了重大的进步，但是自文明发端诞生以来，工业领域的发展几乎处于一种静止的状态。在18世纪中期，所有工业技术几乎还和六七千年前的古埃及和古巴比伦时代相差无几。

所有这一切突然被几项发明所改变。1767年，哈格里夫斯（Hargreaves）发明了多轴纺纱机，也叫珍妮纺纱机。从人类历史开始甚至是从史前很长一段时期里，在纺织过程中，所有的纺线都是一次只能纺一根。而完善后的多轴纺纱机只需要一名工人就可以同时纺织几百根线。① 自多轴纺纱机发明后的20年的时间里，在英国就有400到500万纺锤被使用。

这时，生产无限数量的纺线变成一种可能。接下来，还需要能够把这些纺线织成布的机器。很快，卡特赖特（Cartwright）的动力织布机（power loom）就让这一切成为可能（1785）。下面就需要能够让织布机运转的动力了。就在这时，詹姆斯·瓦特（James Watt）推出了他发明的或者说是改进了的蒸汽机（1785）。未改良的蒸汽机最初被应用在采矿业，现在它被引入到工厂里。

工业革命的原动力——多轴纺纱机、动力织布机和蒸汽机——开始投入使用。19世纪上半叶，蒸汽机应用到交通运输领域后，给世界带来了蒸汽铁路和蒸汽轮船。

这些工业发明和发现标志着人类文明史进入了一个新纪元。我们必须回到史前时代，去寻找像它们一样在这一领域对人类进步产生如此重大意义的发明创造。从埃及的美尼斯（Menes）到英国的乔治二世这段时期里，没有任何发明创造能和工业革命时期相提并论。火的发现、金属工具的发明和动植物的驯化，这些史前人类的发明和成就对人类社会的影响，每一项都值得称道，而工业革命中的发明对人类的影响，与前面几项相比，有过之而无不及。

---

① 1779年，阿克莱特和克朗普顿将其完善。

215.工业革命对英国的重要意义

我们能够注意到工业革命在历史进程中是极为重要的一段。它对法国大革命和拿破仑战争的进程和结局都有着决定性的影响。它为英国提供了精良的武器装备，并让英国在这个巨大的战争时代起着举足轻重的作用。杰夫雷勋爵（Lord Jeffrey）在为瓦特写的悼词（写于1819年）中说道："是我们的改良蒸汽机，在欧洲的战争中冲锋陷阵，保持并提升了英国在政治领域里的实力和竞争力。"蒸汽机为英国创造的财富让英国足以一再地发动对拿破仑的战争，并且无与伦比地决定了拿破仑掌权期间事情发展的方向。[①]

216.结论

随着法国革命的爆发，我们必须从法国的视角来看待英国的这段历史。确实，在拿破仑执掌法国政权之后的半代人的时间里，所有欧洲历史都围绕着拿破仑的独特性格为中心展开。因此，现在我们要将英国历史同法国大革命和拿破仑帝国联系在一起。

我们这里需要指出的是，拿破仑战争在英法战争的阶段实际上是双方第二次百年战争的继续和终结。已经攫取了法国最高统治权的拿破仑竭力去打破英国在商贸方面的至高地位并为法国重新夺回其在殖民世界被英国取代的地位。但是这场庞大的战争就像英国参与的所有其他战争一样（除了唯一的让她失去美洲殖民地的那一次），面对老对手法国，英国最终将更多的殖民领地占为己有，并让其海上霸权和贸易地位有了更为坚实的基础。

---

① 英国工业革命要比她侵略欧洲大陆早了几十年，部分原因是英国的商业霸权和世界市场对英国制造商的开放，还有一部分原因是英国煤矿和铁矿储量的充足。

第十四章　仁慈君主约瑟夫二世皇帝统治下的奥地利

（1780—1790）

217.神圣罗马帝国皇帝约瑟夫二世的理想和目标

和腓特烈大帝同时代的君主中最令人难忘的要属特蕾莎女王的儿子约瑟夫二世（Joseph II）。约瑟夫在1765年就成为神圣罗马帝国皇帝，等到母亲特蕾莎1780年去世时他继承了奥地利公国的王位。尽管不是开明君主中最伟大的，但是他却是最好的一个。

约瑟夫二世的目标是使奥地利公国成为一个理想的国度。在他看来，这样的理想国家拥有地理和道德思想上的统一性；换句话说，这样的国家科学全面发展，权力都集中在君主手中，所有省得到相同的治理，所有的人民操同样的语言并具有同样的理想、传统和愿望。

218.约瑟夫二世的改革

当时奥地利的君主制却和理想相反。约瑟夫希望将奥地利打造成和法国一样在地理位置上紧凑，语言和风俗习惯上相同的国家。他消除了很多以种族、语言和历史沿袭为基础划分的区域，致力于政府管理的统一性和简单化。他将奥地利划分为13个省，再将这13个省分割成更小的叫作“圈”（Circle）的单位。他在几个邦国取缔了农奴制。他关闭了超过2000座教堂，将其财产投入到建立学校、医院和其他公共设施上。他颁布了著名的《宽容法令》（*Edict of Toleration*，1781），给予所有基督教派别以相同的权利。他在自己国家所有的城市里创办学校，所有的学生以同样的方式学习同样的内容。他建设图书馆并鼓励科学研究。他减轻中世纪严格的司法惩罚使法律遵从理性。他强化制造业，并身体力行，辛勤劳作，据说他比自己国家的任何男性每天工作的时间都要长，为臣民和下属树立了良好的榜样。

219.他处理与奥属尼德兰和匈牙利的关系

为了进一步实现他的计划，约瑟夫试图将几乎独立的奥属尼德兰（Austrian

Netherlands）松散地合并到奥地利——大约相当于奥地利君主政体下一个省的规格。他漠视各省的制度、法律和传统习惯，干涉人们的宗教信仰，用符合自己教育思想的新的教育制度来取代现存的教育体系。对各种事务的干涉引起了奥属尼德兰人的愤怒，尼德兰人奋起反抗，并宣布从奥地利国王那里独立出来（1790）。

与此同时，约瑟夫也试图用对待尼德兰的方式武断地处理匈牙利问题，目的是使这些地方德意志化。这样的举动也将匈牙利臣民逼到了反抗的边缘。局势变得岌岌可危，除了农奴保留了约瑟夫赋予他们的自由权利，躺在病榻上的约瑟夫被迫取消了所有的改革措施并让一切恢复了原来的样子。

220.约瑟夫改革失败的原因

约瑟夫二世是历史上最为可悲的人物之一。心力交瘁的他死于1790年，直到去世他都一直耿耿于怀：自己为了让臣民过上满意幸福的生活而劳累一生，理应得到他们的爱戴，但是他给他们带来的却是动荡和不幸，他得到的不是人民的感激，而是忘恩负义。

除了取消农奴制和修订法律外，约瑟夫的大部分改革都遭遇了失败。这不是因为他所做的改革不是国家所需要的，而是如果没有智慧和耐心，只凭借良好的意愿是不足以促成改革的，约瑟夫缺少的正是耐心和智慧。腓特烈大帝如此评价约瑟夫：“约瑟夫是一个好人，但是他总是急于求成。”缺乏耐心开始和等待结果，可以从他修建公园的方式中体现出来：他花费巨大的代价去种植已经长成的树木，而不是悉心栽下幼苗。

约瑟夫还缺乏智慧，改革者必须要考虑到人民的信仰、习惯和人类种族的偏见。就像传记作家帕加内尔（Paganel）评论的那样：“只有在上帝的手中，人才能像黏土一样被任意塑造。”

221.自上而下的改革和自下而上的改革

约瑟夫二世是最后的仁慈君主之一。[①] 欧洲因这些仁慈君主而受益。在欧洲

① 改革派的绝对专制君主统治时期，一个突出现象就是耶稣会衰落。1759年，耶稣会士被驱逐出葡萄牙；1764年，他们在法国遭到镇压，3年后被驱逐出法国；1767年，他们被驱逐出西班牙；1773年，耶稣会被教皇取缔（1814年重建）。耶稣会衰落的一个原因就是它阻碍了君主专制国家的中央集权政策；它成为了一种独立于中央政府之外的国中之国。

大陆的多个国家，他们的一些改革持久地、确确实实地改善了人们的生活条件。但是开明君主的改革受阻也正是因为他们是君主，他们的执政理念将人民排除在参与改革之外，但是所有真正的改革都必须是自下而上而不是自上而下的。正如巴克尔（Buckle）在他的《英国文明史》（*History of Civilization in England*）一书中写道：“除非改革是来自大众的思想，人民自己有改革的主动性和积极性，否则没有改革能够获得真正良好的结局。”

改革也不应该完全寄托于一个人身上。这也是君主改革运动的致命弱点。当仁慈君主去世，很多改革也就随着他们生命的终结而终止了。

约瑟夫二世去世前一年，法国革命就已经开始了。各国人民和他们的君主过去都一直寄希望于他们的哲学家和政治经济学家，但是，这个时候他们自己成了改革者的角色。我们会看到他们在这样的新角色里取得的巨大成功。

第二部分　法国大革命和拿破仑时代（1789—1815）

第十五章　法国大革命

（1789—1799）

第一节　革命的原因；1789年议会

222.序言

法国大革命是法国人民反抗君主专制和阶级特权的一场革命。“自由、平等、博爱”是革命的口号。革命的过程中虽然以这样的名义犯下了可怕的罪行，但是这并不能与革命的真正精神和目的混淆在一起。1789年法国人民的革命要求在本质上和1642年、1688年英国以及1776年美国殖民者发起的独立运动的革命诉求是一样的。只有本着这样的观点，我们才能以同情心和同理心来看待法国历史上这个动荡时期的人物和事件。

223.革命的原因

法国大革命爆发的主要原因有波旁王朝的荒淫暴虐和奢侈无度，贵族和上层神职人员享受的不平等特权，下层人民的悲惨生活状况，以及法国哲学和文学的革命品质和革命精神。但是必须要补充的一点是，美国革命的影响。我们将简述一下这几个革命要素。

224.波旁王朝的专制统治

当我们再次说到统治法国的波旁王朝时，这个王朝的统治已经变得如此暴虐和压迫，令人无法忍受。法国每个人的生命和财产都由国王随意处置。很多人在根本不知道自己犯了什么罪的情况下就被投进了监狱。国王甚至签署空白的逮捕令交给自己的亲信，让他们对付各自的敌人。

国王独自征收的赋税，沉重打击了穷人而非富人，因为贵族和神职人员都拥有免于纳税的权利。由于征税体系的严苛和腐败[1]，从纳税人那里搜刮的钱财只有一半或2/3进入国库。

各项税赋中最为沉重的就是盐税，而食盐为国家所垄断。在某些地区，每个家庭被迫为家中每个7岁以上成员每年购买七磅食盐。

通过残酷和浪费手段搜刮的公众财富用于维持宫廷荒淫奢侈的生活，而他们这种奢靡的生活方式甚至让土耳其苏丹王自愧不如。

与此同时，路易十四以后的所有的公共事业和国家利益都被完全忽视。据估算，路易十五“花在后宫的钱比任何政府部门的都要多”。路易十六（Louis XVI）倒是渴望改革。凭借着良好的改革意愿，路易十六就配得上最好的仁慈君主的称号。但是不幸的是，他缺乏一个改革者的基本品质；他软弱无能而又优柔寡断。另外，他的改革开始得太晚了。那时的局势已经不可收拾，法国陷入了革命的暴风骤雨中。

225.贵族

大革命前，法国约有2到3万个贵族家庭，10到15万贵族人口。尽管拥有法国1/5的土地和享有众多的封建特权，但是他们却几乎不用缴纳任何税收。

高等贵族主要是国王的随从和他宫廷里的头面人物，他们一年中的大部分时间里在巴黎和凡尔赛过着奢华的生活。尽管被剥夺了一些古老的特权，但是他们仍然保持所有过去的荣耀和傲慢，固守自己的封建特权和免税优待。他们从领地上可怜

---

① 大部分税收被分包出去，也就是说，大量资本家与政府签订收税的合同，然后再向国王的臣民收税。这些所谓的包税资本家按照合同的规定向政府交纳一定数量税收收入，超过这部分的税收收入就是他们的利润。

租户那里残酷搜刮的地租，再加上国王赏赐，足以让他们挥霍无度。而低等贵族越来越多地生活在自己的庄园里，很多人过着跟农民相去不远的卑微与贫困的生活。

226.神职人员

上层神职人员形成了一个腐朽的僧侣统治集团（hierarchy）。法国1/3的土地掌握在他们手中，而如此广阔土地的收入几乎完全被免除赋税。主教和修道院长通常来自贵族阶层，他们加入教会并非出自虔诚的信仰，而是被其巨额的收入和社会地位所吸引。他们的职位都由皇室任命，而他们往往把来自教产和农民上交什一税的巨额收入挥霍在奢华的宫廷生活当中。

“显贵的高级教士”和民众以及低级教士之间的关系应当注意，否则，大革命中某些重要阶段便无法被理解。虽然也有例外，但这些高级教士中大多数人都是心胸狭隘、自私自利之辈，很多人毫无廉耻之心，作为一个阶层，他们已经失去了民众的全部敬意和尊重。他们不仅败坏了自己的名声，而且使教会和整个基督教都丧失了信誉。人们对这些高级教士的憎恨转到他们已经无法代表的教会身上。

低级的神职人员主要由卑微的教区牧师组成，他们大部分来自农民阶层，生活同样贫困。他们的收入与主教和修道院长相比少得可怜。他们对宗教的虔诚和克制的模范生活方式与上层神职人员的荒淫无耻形成鲜明的对比。他们对下层民众有着天然的同情，因为他们本来就来自他们中间，因此，他们与普通民众一样，对这些上层教士的自私傲慢有着相同的厌恶之心。

227.平民或第三等级

在两个特权阶层之下，是没有特权的平民阶层，也被称作第三等级（Third Estate）。这个阶层包含了除贵族和神职人员外的所有人，也就是说，占了人口的绝大部分，大约有2500万人。这个阶层主要分为两个等级：即中产阶级和农民阶级。

中产阶级人数相对较少，主要包括富裕的零售商贩、商人、律师和其他专业性人员组成。它构成了法国最为开化的人群。大革命初期的大部分领导者都是来自这一阶层。

农民构成了第三等级的绝大多数。尽管法国农民早已经从中世纪的农奴制中获得解放，很多人已经成为耕种自己土地的主人，但是他们当中的绝大多数还是要向封建领主缴纳道路费、船舶费和其他市场费用。另外，他们必须使用领主的磨坊来研磨粮食，用他的葡萄汁压榨机来压榨葡萄，用他的烤炉来烘焙面包，这些都需要缴纳高额的费用。在封建时代初期，这些东西本来都是为农奴提供便利的，现在却成了领主进行压迫垄断和敲诈勒索的工具。

尤其令人恼火的是，农民在耕种土地方面也得受制于过去的封建制度。农民被禁止在农田周围竖立篱笆保护自己的庄稼，因为篱笆会影响领主打猎的路线；农民也不被允许轰走以他们的蔬菜为食的野生鸟兽；他们甚至被禁止在某些季节进行耕作，因为这会干扰山鹑筑窝繁殖。另外，农民必须时刻忍受领主的狩猎队伍践踏他们的庄稼，而且还要为自己没有成为狩猎目标心怀感激。

经常生活在悲惨的贫困状态下，庄稼的一次歉收就能让农民陷入绝对的饥饿状态。人们经常会在树林或道路两边看到死去的妇女和儿童的尸体。费奈隆（Fénelon）在1693年向路易十四的进言，说给路易十六也同样合适：“您的臣民正死于饥饿，您应该给予他们衣服和食物，而不是剥夺这些可怜人的钱财。法国简直就是一个大医院，充满了痛苦但却缺乏食物”。

另一位目睹了这一切苦难的人这样描绘农民的形象：“有人看到了某些凶猛的动物，他们遍布在田野之上，有男有女；他们皮肤黝黑，脸色乌青，每日经受烈日烤晒，精心照料着土地，不知辛劳地劳作；他们也会发出响亮的声音，当他们站起身抬起头，你会看到人的脸庞，他们是真的人类。他们日落而息，终日靠黑面包、水和菜根度日；他们免除了另一群人的播种、施肥和收获的辛劳，到头来却吃不上自己耕种出来的粮食。”①

在18世纪，大部分法国农民的生活条件确实有了很大的改善，在法国革命的前夕，法国农民的出境要比中东欧农民要好很多。自耕农的数量变得庞大，而且稳步增长，在很多地区都比以往增加了。然而再也没有这个时期更能激发农民的反抗精神。其中的原因并不是因为法国农民的生活状况更加恶劣，而是更加令人憎恨——之所以更加令人憎恨，是因为1789年的法国农民更加开化，他们对自己遭受的不公有着更加强烈的认识，相比于之前的麻木无知，他们更加了解自己作为一个人的权利。正如黑格尔所断言的那样，如果没有文艺复兴，法国大革命就不可能发生。②

---

① 拉布吕耶尔，《人性与世态》。

② 在17世纪英国革命和第18次美国革命的进程中，揭示了历史发展规律的真相。在这两场革命中，激发人们起而反抗的，并非暴政强加在人们身上的实际负担，而是人们的智力的开化。在这种情况下，对他们的权利最轻微的侵犯，都是不可容忍的。

228.法国哲学的革命精神；代表作家

18世纪的法国哲学是无拘束的、具有怀疑精神的和革命性的。它的突出特质就是对现存的社会和政府体系里存在的不平等强烈抗议。代表其普遍精神和趋势的伟大作家有孟德斯鸠（Montesquieu）、伏尔泰（Voltaire）、卢梭（Rousseau）、狄德罗（Diderot）和达朗贝尔（D' Alembert）。①

孟德斯鸠（1689—1755）是英国政治制度的伟大崇拜者。他早年在英国生活了两年，因此而受英国思想的影响并对英国的立宪政体怀有喜爱之情。他最重要的作品《论法的精神》（*Spirit of Laws*）对18世纪后期开明君主尤其是对法国大革命时期的制宪者有着显著的影响，这些制宪者采纳了他政府三权分立的基本思想，即行政、立法和司法必须分离和独立，掌握在不同的部门手中。

伏尔泰（1694—1778）是那个时代思想趋势的化身，他强有力地表达了人们的所思所感，在使用讽刺手法进行写作方面没有人能与他争锋。他被称为“写作艺术的魔法师”。他在凝聚思想方面才华出众；能够把复杂的哲学思想用格言警句表达出来，为法国人提供了一个世纪的哲理格言。他热爱正义，用卡莱尔的话说，因为它应该被爱。他的目标是消除不公、偏见和迷信，建立平等，让正义和理性在人类事务中占据统治地位。他不相信天启教（Revealed Religion）；倡导人们遵从内心正确和理性的感觉。②他对普鲁士的腓特烈大帝和其他改革派君主与大臣的影响很大。实际上，他的作品像撼

伏尔泰

---

① 热爱自由和怀疑一切的哲学思潮源头来自英国。从路易十四去世到英国资产阶级革命开始，英国成了法国文学界和哲学界朝拜的圣地。关于法国人对英国圣祠崇拜的结果，巴克尔曾经写道：“他们在自由之地寻找自由的决心，引起了法国和英国才智之士的交融，从他们的影响来看，这是18世纪历史上最重要的事实。”（《英国文明史》第1卷，第12章）。对法国哲学和科学领域产生深刻影响的英国科学家和文学家中，主要有艾萨克·牛顿（1642—1727），约翰·洛克（1632—1704），沙夫茨伯里伯爵（1671—1713）和博林布鲁克子爵（1678—1751）。伏尔泰的很多作品都是对牛顿的科学思想和洛克的哲学思想的一种普及和推广。

② 伏尔泰的一些门徒将他的思想发展成了无神论；但是伏尔泰本人是一个自然神论者，他对无神论的抨击和对基督教的抨击是一视同仁的。

动了整个法国一样撼动了整个欧洲，并为法国大革命做了思想和精神上的准备，决定了法国革命的进程。某种意义上，他宣称“我在这个时代做的事要比路德和加尔文大得多”，是非常有道理的。

卢梭（1712—1778）像伏尔泰一样，对现存的制度不抱任何信心和希望。对他来说，社会和政府似乎都是强者设计出来奴役弱者的产物。他抱怨现有的制度：“人生而自由，但却处处受到束缚。”因此，他愿意消除这一切不自由的东西。他希望人们能够放弃做作复杂的生活方式，重新回到他所说的“自然状态下”的简单。他将野蛮人的生活方式理想化，并宣称这些未开化的部落其实比文明社会的人们幸福得多。他描绘了人们在自然状态下的田园生活，伏尔泰在读了他的作品之后给他写信说自己渴望能够继续以爬行的方式生活。

卢梭

卢梭最伟大的作品是《社会契约论》（*Social Contract*）。根据他的观点，国家是平等的人们自愿建立的团体或兄弟会。由此产生了人民的统治并废除了不平等和阶级压迫。卢梭的作品对世界各地的自由慷慨的人们具有非凡的影响力。美国《独立宣言》的起草者从他作品中吸取了很多思想，甚至摘录其成语。法国在美国独立战争期间给予美国殖民者的援助并促使他们对共和理想充满热情也都是卢梭思想直接影响的结果。法国大革命中的理想主义者和梦想家也全部受到了《社会契约论》的“人类新福音”（New Gospel of Humanity）思想的指引和影响。

狄德罗（1713—1784）和达朗贝尔（1717—1783）是百科全书派（Encyclopedists）的领袖，28卷百科全书的编纂者。编纂百科全书的主要目的是将世界上所有科学和历史事实进行收集和整理，让这些知识成为社会生活和整个宇宙的哲学基础，并取代建立在权力基础上的旧的思想和信仰体系。

229.启蒙哲学的影响

这一充满质疑精神哲学，其趋势和影响就是对政府和教会制度产生憎恨和蔑视，并培养对已有社会秩序的不满。

对于冲动而又充满想象、深受不平等和压迫之害的法国人民来讲，这些革命理论家的思想很容易被接受。他们提出的恢复人民权利的伟大构想强有力地激发了法国人民想象天赋，它曾引导着法兰西人民走到了恢复圣墓教堂（Holy Sepulcher）远征的最前沿。

这种无拘束、充满质疑精神和革命性的哲学思想一旦占据了法国人民的头脑，注定迟早会在他们的行动中得到表达和体现。拉马丁（Lamartine）说："人类思想就像神圣心识一样：在自己的幻想中创造一切。"我们将很快看到这种哲学思想创造了历史，也创造了它自身。

230.美国革命的影响

美利坚合众国的成功建立是法国大革命的最有利的近因之一。在法国革命爆发的前夕，亚瑟·扬（Arthur Young）写道："如果政府处置不力，美国革命就是为法国奠定了另一场革命的基础。"莫尔斯·斯蒂芬斯教授（Professor H. Morse Stephens）写道："如果没有美国独立战争的成功，法国革命能否这样发生，甚至能否发生都可能是一个疑问。"法国人民对美国殖民者为追求独立而发起的斗争深深同情，很多法国贵族，如拉法耶特（Lafayette），主动用他们的剑为爱国者们服务；民众的普遍情感和希望看到大英帝国解体的复仇想法最终导致法国政府公开派出法国军队支援美洲革命。

自由战争的最终胜利在法国唤醒的热情和喜悦不下于美国。新生国家共和主义者的质朴，与凡尔赛宫的奢侈与做作形成了鲜明的对比，并引起了法国人民的无限向往。在美国这个新生的国家身上，法国人看到了他们哲学思想创造的世外桃源。这不再是梦想。他们亲手帮助新大陆的殖民者将梦想变成了现实。在这里，人的权利得到恢复，并被证明是正确的。现在，法国人民帮助美国殖民者实现的自由，让他们迫不及待地要在法国实现。

231.路易十五统治的结束；"我死之后，哪怕洪水滔天"

聚集已久的暴风雨即将在法国爆发。1774年，路易十五去世。在他执政的早期，法国人民亲切地称他为"受人爱戴者"（Well Beloved），但是很快，初期的爱戴和赞美就变成了憎恨和鄙视。傲慢专横的路易十五生活懒散而又挥霍无度。在统治法国的20年间，他完全处于臭名昭著的蓬帕杜夫人的影响之下。

路易十五愚蠢奢靡的生活成为法国不容忽视的问题，这场历史大剧中的主角们对此十分清楚，这可以从国王与他亲信间的漫不经心的谈话中可见一斑："我死之后，哪怕洪水滔天！”但是他死之后，洪水真的来了。在他去世之前，暴风骤雨的隆隆雷声已经奔腾而来。

232.路易十六即位（1774）；财政问题；贵族会议（1787）

路易十五将摇摇欲坠的法国王位传给了20岁的孙子路易十六。路易十六刚刚娶了美丽的、无忧无虑的奥地利女大公玛丽·安托瓦内特（Marie Antoinette）。据传，当这对年轻夫妇得知国家的重担落在他们肩上后，他们第一个动作便是跪下向上帝祈祷：“上帝呀！请指引和保护我们；我们尚且年幼，还无法统治这个国家！”他们或许可以向上帝祈祷，但是现实中却无人伸出援手。

如何筹措资金成为政府紧急和迫切需要解决的问题。法国处于破产的边缘。国王先后任命杜尔哥（Turgot）、内克尔（Necker）和其他杰出的政治家来做自己的财政大臣，但是他们的政策和修补措施都于事无补。宫廷的传统、长期确立并存在的制度的僵化和特权阶层的残忍自私，使得税收改革和缩减财政开支的措施都不可能实现。法国的债务变得愈发沉重。人民谴责王后生活奢侈，并称她为“赤字夫人”。

1787年，国王召集由大领主和高级教士组成的贵族（Notables）开会，这些贵族自从1626年以后从来没被国王召集过。然而他们都是无能之辈，给不了任何有效的建议，他们拒绝放弃自己的封建特权，并拒绝为他们的财产交税，摧残平民阶层的公共财产负担根本得不到减轻。因此，贵族会议的召开没有产生任何实际效果。

233.三级会议的召开；议会选举；陈情书

作为最后的手段，国王下令召开三级会议（States-General），以图集举国智慧来解决当前的问题。这个几乎被遗忘的国民大会由三个阶层的代表组成——贵族、教士和平民。

1788年12月，国王宣布号召法国人民选举三级会议的代表，以这种方式处理法国事务，已经中断了177年了。自认神授君权的皇室一直认为没有必要寻求人民的意见。古老议会的重新召开，实际上宣布了绝对君主专制制度在法国的失败。然而，之前从来没有人认识到这种失败有多么的彻底、多么难以挽回。

与三级会议代表选举相关的，是国王的顾问又做出了一个重大决定，这个决定实际上涉及君主制的命运。平民阶层意识到自己是这个国家的绝大多数，坚持要求自己代表的数量加倍，与另外两个阶层一样多。财政大臣内克尔同意这样的要求。

平民阶层代表的人数达到了600人，而贵族和教士的代表各有300人。

当选代表得到授意，起草声明和改革主张，对三级会议的构成和方向进行改革。许多这些声明和改革文件被称作陈情书（*Cahiers*），它们由律师和其他人撰写为模板，然后被大量复印并广泛散发；不过，这些文件成为对1789年法国人民疾苦、改革思想和诉求的珍贵记录。陈情书中的一个共同的要求就是国家要通过他们的代表来进行管理。第三等级（Third Estate）的代表要求取消封建地租和徭役，各个等级之间的税负平等。总之，这些要求成为了平民阶层追求平等、公平的请愿书。

234.三级会议变为国民会议

1789年5月5日，是个值得纪念的日子，三级会议的代表在凡尔赛宫集会。全国上下都满怀希望和期盼地将目光投向这里。如果法国的局面还能通过人类的智慧挽救的话，那么它将开始了。

一开始，特权阶层和平民阶层就在选举方式上产生了分歧。三级会议的传统就是每个等级在自己的会议厅议事，而后按等级（一个等级1票）对所有议题进行投票。[①] 但是平民现在要求过去的这种做法应该抛弃，投票应该按照代表人数来进行；因为如果按照等级来投票，平民的双倍代表人数将毫无意义，只不过是个笑料而已，而教士和贵族阶层联合起来总会在投票上超过他们。整整5个星期，双方不断争吵，一切陷入了僵局。

最终，平民阶层由于有公众的支持而勇敢地采取了决定性的革命措施。他们宣布自己阶层就是国民会议（National Assembly），然后邀请另外两个等级加入他们的审议，让他们知道：如果他们不这样做，国民议会就会考虑在没有他们参加的情况下讨论国家事务。

国王、贵族和高级教士对平民阶层的大胆举措感到震惊。陷入绝望无助的国王中止了反叛代表的席位，并派人守住议会大厅的门口。但是平民阶层聚集在网球场——没有座位、谷仓一样的建筑，宣誓要团结在一起，直到他们制定出法国的宪法。这一举动非常像英国长期议会议员的做法，他们决定没有他们的同意，议会不得解散，这实际上开启了英国革命的进程。

---

① 换句话说，每一个等级代表的多数票决定该等级的意志，而两个等级的多数票则决定着所有代表的意志。

后来，第三等级的代表被网球场拒之门外，他们便在凡尔赛的一个教堂里集合。在这里，两名贵族和大量的教士加入了他们。三个等级看似就要联合起来了。而宫廷党则竭力阻止这种事情的发生。一个皇室会议，或者说是三个等级的联合会议召开了。受到顾问们的影响，路易十六以英国斯图亚特王朝的口吻发表了演说，他警告平民等级不要攻击其他阶层的特权，然后下令三个等级的代表都退回各自的议事大厅。教士和贵族服从命令，而平民阶层却不为所动。

在这个关头，典礼官有些傲慢地质问平民："你们听到国王的命令了吗？"平民阶层的领导人之一，举止和声音都有些像朱比特的米拉波，立即转身对使者，以这样值得纪念的话回复道："去告诉那些派你来这里的人，我们根据人民的命令来到这儿，我们会一直待在这里，除非刺刀将我们赶走。"可怜的典礼官被愤怒的米拉波吓坏了，想立刻夺门而逃，边走边退，就像过去习惯于向国君告退的样子。他的直觉是对的。他确实面对的是统治者，法国新生的统治者。

第三等级很快就获得胜利了。意识到再去反对平民的意愿将是徒劳而又危险的，国王命令那些没有加入的贵族和教士也加入其中，这些人遵照做了。这样，三级会议变成了国民会议。

国民会议中的三个等级的联合只是将无声革命结果做一次正式的等级，在之前的几个世纪里，这场无声的革命已经逐渐将由教士、贵族和第三等级组成的封建时代的法国变成了1789年的法国，不是由等级组成，而是由已经成为了在法律面前自由平等公民的个体组成。

第二节　国民会议（1789年6月17日—1791年9月30日）

235.国民会议里的重要人物

拉马丁宣布国民会议是"人类最壮观的机构，代表的不仅是法国，而且是全人类"。国民会议之所以影响巨大，不在于其中的每个个体的能力或才华，尽管当时法国的精英都聚集于此，而在于它手里掌握的巨大利益。虽然如此，但国民会议里仍然还是有很多响当当的名字不容忽视。

米拉波

在贵族里有爱国的、心胸开阔的拉法耶特，他因在美国独立战争中的突出贡献而赢得了国人的钦佩。他的影响力也许超过了这个时代任何的法国人。

同样出身于贵族却成为平民阶层代表的米拉波，是一个脑袋很大、放纵不羁、肆无忌惮的人，他是一个冲动的演说家，是法国革命的代言人。他在演说时言辞激烈，但提建议时却很温和。他想纠正人们的错误，但是又不想损及王位。他希望改革，而非革命。米拉波非常自信，渴望成为领袖，但因为他过去的生活，刚开始时并没有人信任他。亚瑟·扬评价米拉波："他的性格是他致命的负担。"虽然他的私德有亏，但是米拉波的领导才能最终为他赢得了人们的认可，他曾做过国民会议的主席。但他放荡的生活方式最终损害了他的健康。1791年，米拉波去世，临死前还在为法国的未来担忧。

第三等级里有一位代表必须引起我们的注意，他就是罗伯斯庇尔（Robespierre），他当时还籍籍无名，但迟早我们会足够熟悉他。

平民阶层里的另一个杰出代表是西哀士神父，他是在制定宪法方面才能卓著。法国非常需要他的这种才干。西哀士曾经凭借一部《第三等级是什么》（*Qu' est-ce que le tiers-état?*）的宣传册轰动整个法国。在书中，西哀士回答了这个问题，"一切！""之前第三等级是什么养的？""无关紧要！""它希望如何？""举足轻重"。

236.巴黎革命公社的起源；国民军

在这几周的时间里，首都巴黎处于一种沸腾的酝酿状态。市政当局优柔寡断而又胆小懦弱，城市各个区的领导人取而代之，自己组建了临时的市政府，对首都进行管辖。巴黎革命公社就诞生于这种动荡和混乱之中，巴黎革命公社的权力逐渐让国民会议黯然失色。

在自行设立的巴黎革命公社的指引下，巴黎市民自己组建了一支警察部队。法国其他的城市纷纷效仿，建立了自己的市民组织。这些迅速组建的武装力量取名为国民军（National Guards），将注定在大革命的进程中发挥举足轻重的作用。

237.巴士底狱风暴（1789年7月14日）

整个巴黎的形势处于一触即发的状态。国王免去人民高度信赖的内克尔的职务，点燃了革命的熊熊大火。7月14日早晨，大批民众袭击了古老的国家监狱巴士底狱（Bastille），在他们眼中，这是君主专制的象征。几个小时后，巴士底狱落入人民的手中。它的管理者和守卫都被杀死，头颅被挑在长矛尖上游街示众。遭人痛恨的巴士底狱的护墙被夷为平地，人们在原地跳起胜利的舞蹈。地牢的钥匙被拉法耶特作为打破君主专制的战利品送给了美国总统华盛顿。拉法耶特还专门写了一封信，信中说："美国的原则打开了巴士底狱，这一点是毋庸置疑的，巴士底狱的钥匙被送到了正确的地方"①。

巴黎民众摧毁巴士底狱不仅为法国的波旁王朝，也为各地的专制政权敲响了丧钟。摧毁巴士底狱的消息传到美国时，美国人民对此感到欢欣鼓舞，在那里，自治政府的思想和原则是普遍受到欢迎的。当消息传到英格兰时，伟大的政治家福克斯（Fox）认为这对自由有着重大意义，他宣称："这是全世界发生的最伟大事件，这是最好的结果。"

路易十六却对此有着截然不同的感受。当消息传到凡尔赛宫，路易十六大喊："这是反叛！"得到的回复却是："不，陛下，这是革命。"伟大的法国革命真的开始了。

238.废除特权（1789年8月4日）

当攻占巴士底狱的消息传遍法国时，很多地方的农民也效仿巴黎，摧毁了各地的监狱，推翻、焚毁了贵族的城堡。农民的主要目的是打破封建庄园主的特权，烧毁压迫他们的封建契约，因为这些契约是贵族阶层欺压他们、愚弄他们和征收各种苛捐杂税的证物。农民的恐怖行动让贵族们开始穿过法国边境外逃。

凡尔赛的国民会议也受到了人民革命的影响。特权等级意识到，为了能够在民众的愤怒中幸存下来，他们必须放弃那些封建特权，因为这些特权是人民痛苦和愤怒的主要原因。在国民会议上，两位年轻并拥有自由思想的贵族宣布他们愿意放弃他们的封建特权和豁免权。这种爱国主义的慷慨举动唤醒了一种快速蔓延的热情。高卢人的冲动得到了最好的证明。每个人都愿意为了共同的目标做出牺牲。贵族和

① 这一生锈的纪念品今天仍然可以在弗农山庄的展柜中看到。

教士相互较劲，看谁在放弃地租、公路税和封建税方面牺牲最大。① 一夜之间，被推翻的封建制度的垃圾被彻底清除。

239.《人权宣言》（1789年8月26日）

废除封建制度之后，国民会议的下一个工作就是起草《人权宣言》（*Declaration of the Rights of Man*）。这也是效仿美国革命者的做法。

《人权宣言》的主要思想包括：（1）人人平等——“人生而自由、平等”；（2）人民统治——“所有权力从根本上属于全体国民”；（3）法律公正——“法律是共同意志的体现……应该对所有人公正”；（4）个人的自由神圣不可侵犯——“除非违反法律，否则人们不应被逮捕和投入监狱”。

240.教会财产国有化（1789年11月2日）；《教士公民宪法》（1790年7月12日）

在《权力宣言》颁布后不久，一群巴黎民众将国王从凡尔赛带到了巴黎。他们这么做的目的是将国王作为人质，让贵族和外国君主不敢轻举妄动，从而为国民会议准备新的宪法争取时间。

在此之后的两年里，革命风暴相对缓和下来。国王在杜伊勒里宫（Tuileries）被秘密囚禁。国民会议对国家和教会都进行彻底的改革，并加紧起草新宪法。其中最重要、影响最为深远的一条议案就是没收教会财产，这类似于16世纪德意志和英格兰新教改革者的主张。② 所有教会财产，主要是土地，价值估计超过10亿法郎，根据法律变为国家的财产。③

教会财产的国有化后，需要制定相应的条款来确保教士的生活。不久之后，一部名为《教士公民宪法》（*Civil Constitution of the Clergy*）的法令出台，它规定政府

---

① 过路费和使用费是领主分别对道路、渡口、桥梁和市场，以及对碾米、榨葡萄汁和烤面包等行为拥有的收费的权利。这些税费后来都被无偿废除。其他令人厌恶的封建税费，则被农民缴纳某些固定的费用所代替。

② 见第26和第64条。

③ 国民会议发现将这样庞大数量的房产立即以合理的价格卖掉几乎不可能。随后国民议会以国有化的土地作担保发行纸币，这种纸币被称作“指券”。这种做法几乎无一例外地会造成通货膨胀。法国发行的指券直到贬值到无法流通为止，这一点和美国独立战争时期大陆会议发行的大陆纸币的情形几乎如出一辙。

应该为神职人员提供合理的薪水。所有的教士、主教和教区牧师都应由选举产生，所有神职人员都要宣誓支持新宪法。

法国的天主教会成为国家教会，自然引起了国家的分裂。在134名主教中，只有4名主教愿意在宪法前宣誓。从这时起，法国教士成为革命最坚定的敌人。

241.国王逃跑和被捕（1791年6月20日）

国王企图逃离法国与外逃的贵族会合成为革命进程中一个全新的转折点。趁着夜色，王室成员乔装打扮后逃离杜伊勒里宫，他们乘坐邮政马车逃往边境。只需要几个小时，他们就可以安全地与逃往在外的贵族会合，但是国王波旁家族的特征出卖了他，王室成员全部被捕并被带回了巴黎。

王室出逃成为君主制度的致命打击。它加深了民众对国王的不信任。很多人认为逃跑行为等同于国王自动退位，人们开始谈论共和。刚开始的时候，共和的声音还不是很响亮，但不久之后，那些没有高喊“共和万岁”的人就被送上了断头台。

242.俱乐部：雅各宾俱乐部和科德利埃俱乐部

为了更好理解法国革命的进程，我们有必要谈谈两个俱乐部，它们在这个阶段崭露头角，并注定成为比国民议会还要有权势的组织，成为开创恐怖统治（Reign of Terror）的主要工具。它们就是雅各宾俱乐部（Jacobins）和科德利埃俱乐部（Cordeliers）。[①] 这些俱乐部建立的目的是防止保皇派的阴谋得逞和时刻保持革命的火焰不熄灭。

243.新宪法

国民会议的使命即将终结。1791年9月14日，国民会议制定新宪法，它成为维持法国君主立宪政体的法律依据。新宪法获得了国王的批准。维持两年的国民会议随后休会。法国革命大剧的第一幕就此结束。

---

① 雅各宾派因其第一次会议在巴黎的一家古老的修道院召开而得名；科德利埃派则因其在一家方济会修道院集会而得名。科德利埃派只建立了一家巴黎俱乐部；而雅各宾派则在法国组建了无数的分支机构。

第三节　立法会议（1791年10月1日—1792年9月19日）

244.立法会议的成员；立宪派和吉伦特派

新宪法为被称为立法会议（Legislative Assembly）的国家立法机构的成立做好了准备。立法会议由几个团体或党派组成，这里我们只专注于讨论立宪派（Constitutionalists）和吉伦特派（Girondins）。立宪派，就像他们的名字一样，支持新宪法，拥护有限制的君主制。吉伦特派，因其重要的领导人主要来自吉伦特省而得名，希望在法国建立像美国一样的联邦共和国。

245.立法会议的特性

一些看似微不足道的小事足可以说明新的立法会议的特性。起初，立法会议的成员为如何称呼国王“既不伤害国家尊严也不伤害王室尊严”而苦恼。一些人支持用“陛下”来称呼国王，但是这招致了其他人的强烈抗议，他们宣称“法律和人民才是唯一的陛下”。他们最终决定以“法兰西国王”称呼路易十六。

另一件困扰共和成员的烦心事是国王在出席立法会议时所坐的镀金王座如何处置。最终的决定是：搬走金座，用普通椅子代替，并与立法会议主席的位置并列。

再有就是，国王出现时大会成员的起立仪式也遭到反对。最后的决定是，大会成员今后在开会时，国王如果出现，仍然保持坐姿不动，也不需要脱帽致敬。

246.与古老君主制战争的开始（1792年4月20日）

欧洲的君主们对法国大革命的进程保持最大的关注。他们将路易十六的命运看作自己的命运。如果法国人民被允许推翻世袭的君主制度，那么谁还会尊重神授的王权？

奥地利已经做好了战争的准备——他们已经同普鲁士达成攻守同盟——这令革命者感到忧虑，并最终促使立法会议向奥地利宣战。不久之后，普奥联军就穿过了法国的边境线。这被看作是持续1/4世纪的系列战争的开端，在这系列战争中，法国在面对欧洲盟军时，几乎一直是孤军奋战，他们也展示了热情和天才所能创造的奇迹。

247.对瑞士卫队的屠杀（1792年8月10日）

战争开始时，普奥联军轻松战胜了立法会议军纪涣散的军队，普军总司令布伦瑞克公爵（Duke of Brunswick）迅速向巴黎挺进。布伦瑞克公爵发出了一份傲慢的公告，在这份公告里，他命令法国国民向他们国王投降，并威胁说如果巴黎人民敢对王室造成任何伤害，他们将摧毁整个巴黎，这一傲慢举动激怒了法国人民。

民众的怒火首先在巴黎爆发。巴黎民众的数量随着法国其他地区挑选的人员的到来而不断扩大。从法国南部来了“600名马赛敢死队员”。他们高唱自己“要比一万长矛军还要有力量”的《马赛曲》①（*Marseillaise Hymn*）——后来它成为大革命的军歌。

8月10日清晨，整个巴黎的民众开始聚集。作为皇家卫队的残余力量，守卫杜伊勒里宫的几百名瑞士卫队受到攻击。王室人员为了安全起见，逃到附近的立法会议会议厅。在大厅的走廊和台阶上，双方发生激烈的交战。瑞士卫队“像他们阿尔卑斯山的岩石一样”顽强，但是他们最终还是被击败。在会议大厅里，在附近的长街短巷里，瑞士卫队士兵被全部杀掉。②

卢塞恩垂死的狮子像

① 这首著名的战斗歌曲由一位年轻的法国工程师鲁热·德·利尔在1792年创作完成。

② 瑞士卫队被杀的人数超过700人。他们的忠诚和奉献精神被位于瑞士卢塞恩的欧洲最令人印象深刻的纪念像所铭记，那就是“卢塞恩垂死的狮子”。在悬崖的凹处，一只被长矛刺穿的奄奄一息的狮子用爪子护卫着波旁百合花。这个栩栩如生的狮子像由一块天然的岩石雕刻而成。设计师就是丹麦著名的雕刻家托瓦尔森。

248.九月屠杀（“清空监狱”）

普奥联军急忙进攻巴黎，为被屠杀的瑞典卫队复仇并营救国王。整个巴黎都亢奋起来。丹东（Danton）高呼：“我们要给保皇分子以震撼人心的恐怖力量来阻止我们的敌人。”为了达到这个目的，革命者采取了最为残忍的手段。革命者决定将所有关押在巴黎监狱里的保皇派杀掉。100多人担当刽子手，所有罪犯在接受草率的判决后被交到这些刽子手手中。这次恐怖的“九月屠杀”（September Massacre）的受害者大约有800—1400人。欧洲之前从来没有听说过这样“清空监狱”。① 这是法国大革命中最大的罪恶。

249.联军在瓦尔密的失败（1792）

与此同时，在狂野的战斗中，胜利的天平也倒向了革命者一方。法国军队在北部成功地遏制了联军的推进，并在瓦尔密（Valmy）一举将其击溃，取得决定性的胜利。联军仓皇撤出法国边境。随着法国军队的胜利，立法会议宣布解散，国民公会开始。

第四节　国民公会（1792年9月20日—1795年10月26日）

250.国民公会中的党派

国民公会由749位代表组成，著名的自由思想家托马斯·潘恩（Thomas Paine）也是代表之一。国民公会里有两大活跃的党派，吉伦特派（Girondins）和山岳派（Mountainists），后者因在开会时都坐于会议大厅的最高处而得名。国民公会里没有君主主义者；所有人都是共和派。没有人敢提君主制。

山岳派是国民公会里政策的制定者。他们的领导人是巴黎的代表丹东和罗伯斯庇尔。山岳派在人数上少于吉伦特派，但在力量和勇气上却在吉伦特派之上，此

---

① 现在得知之前估计的数字都有所夸大。见史蒂芬斯，《法国大革命史》，第2卷，第146页。

外，他们还得到巴黎民众的支持。山岳派的领导人希望组建一个强大的政府，并且认为如有必要可以采取恐怖手段。

251.共和国的建立（1792年9月21日）；革命宣传的开始

国民公会的第一个行动就是废除君主制。废除君主制的动议甚至根本没有经过讨论就通过了。其中一个代表高呼："所有人都赞成废除君主制，还有什么好讨论的？宫廷是罪恶的温床、腐败的中心；国王的历史就是国民的殉道史。"

所有的贵族头衔都被废除。每个人都被简单地称作公民。在大会辩论的时候，国王被称作公民卡佩，大街上擦鞋匠被称作公民擦鞋匠。

共和国建立后的第二天（1792年9月22日）被看作是一个新时代的开始，是"元年"的第一天。这一天被看作是自由的生日。不久之后，受法国军队胜利的鼓舞，国民公会号召所有国家起来反抗专制统治，并表示会对所有希望获得自由的人民提供援助。

对欧洲各国人民反抗国王、建立共和政府的号召将法国的革命运动变成了革命宣传，这很自然地让所有旧制度的拥趸和既得利益者无比仇恨。革命的宣传成为建立反对共和国的新的反法同盟及1793年战争的主要原因。

252.对国王的审判和执行死刑（1793年1月21日）

国民公会的下一个工作就是对国王进行审判和处决。国王被带到法庭上，被指控同法国的敌人共谋、反对人民的意志及导致了8月10日的大屠杀。国民公会宣判立即对国王执行死刑。1793年1月21日，不幸的国王在和妻子孩子见过最后一面后被送上了断头台。随着断头台的刀落下，国王的人头也掉了下来，人群中爆发出"共和万岁"的呐喊，回声在附近的杜伊勒里宫空荡的大厅上空回荡。

253.反法同盟；旺代爆发的反抗革命运动

处决国王和前一年的革命宣传惊醒了欧洲所有的旧君主，他们对法国革命者充满了切齿之恨。包括英格兰、奥地利、普鲁士、荷兰、西班牙、葡萄牙、撒丁王国、托斯卡纳（Tuscany）、那不勒斯（Naples）和神圣罗马帝国的联军集结起来，试图摧毁法国的共和运动。超过25万的联军同时在法国的各个方向的边境上威胁着她。

外部面临强敌，但是法兰西共和国更大的危险来自国内的敌人。法国西部旺代地区（La Vendée）的农民对国民公会的征兵法令感到愤怒，同时他们对教会和国王仍保持着忠诚，于是，他们发动了发对革命者的叛乱。

254.革命法庭（1793年3月10日）和公共安全委员会（1793年4月6日）的创立

法国军队在北部的战败和反法同盟军队的挺进，在巴黎平民中引起了巨大的骚动，他们要求国民公会应该通过建立法庭专政来震慑国内的敌人，法庭专政是一种可以审判所有反对共和国罪行的法庭。

丹东承认法庭专政有可能会对很多受到不公怀疑的人造成伤害，但是他坚持建立这样的法庭，认为和平时期为了不伤及无辜可能会让有罪的人逃脱，而在公共安全受到威胁的时候宁可错杀一千，也不放过一个有罪的人。正是根据这样的原则，法国进入了可怕的统治之年。

不久之后，公共安全委员会（Committee of Public Safety）又建立起来，由国民公会的9名成员组成。该委员会被赋予了独裁权。独裁权的行使期限为一个月，但下个月又会重新生效。

为了理解法国革命的后续进程，我们需要对这两个机构的特点有所了解，并要理解恐怖统治时期的残暴专制是如何施行和维持的。

255.吉伦特派的垮台（1793年6月2日）

每个角落都出现了令人沮丧的势头，面对反法同盟的军队，共和国的军队节节失利，旺代反革命党不断取得胜利，不利的消息纷至沓来。山岳派敦促国民公会采取极端措施，他们提议富人们应该动用自己的车辆来运输士兵到前线，政府的作战开支也应该强制富人去承担。

吉伦特派反对这样的措施。巴黎的暴动者布满整个城市，高喊着“打倒吉伦特派！”的口号。吉伦特派的一位演说者发出警告：“如果人民的代表被侵害，巴黎就会被摧毁，很快，不明真相的人就会被迫询问巴黎应该站在塞纳河的哪一边。”

吉伦特派最终还是被压倒了。一大群暴动者包围了国民公会大厅，要求交出成为共和国敌人的吉伦特派领导人。31位吉伦特派领导人被交出，并被逮捕，这是恐怖统治开始对很多这些领导人实施清算的前奏。就这样，巴黎暴动者清除了法国国民公会里的异己分子，就像英国革命时的普莱德清洗一样。

256.夏绿蒂·科黛；马拉被刺（1793年7月13日）

逮捕吉伦特派领导人标志着法国革命的转折点。几个逃脱的吉伦特派领导人企图在法国各省煽动反抗巴黎革命领导人的反叛。内战一触即发。

就在这个时候，来自诺曼底地区科昂市的一位名叫夏绿蒂·科黛（Charlotte Corday）的年轻女子考虑前往巴黎刺杀在她心目中是山岳派领导人的马拉（Marat）来解决法国的人权遭受剥夺的恐惧和内战的问题。她假装有十分重要的情报要向马拉报告，在获准进入马拉的房间后，成功地刺杀了马拉。科黛为此被送上断头台。

恐怖统治时期（1793年9月—1794年7月）

257.大公共安全委员会；它的施政纲领

国内的暴乱和国外势力的入侵造成的危险局势需要法国拥有一个强有力的行政部门。这个部门适时地出现了。国民公会重组了公共安全委员——它现在被称为大公共安全委员会（Great Committee of Public Safety），中止了宪法，赋予新的委员会以最高的行政权力。在一年的时间里，委员会里的12名成员——罗伯斯庇尔是最引人注目的——对法国所有人的生命财产行使绝对的统治权。委员会的施政纲领非常简单，用恐怖进行统治。因此，这一时期称为“恐怖统治时期”（Reign of Terror）。

为了理解法国的这段历史，我们必须从恐怖统治者的角度来看待问题。委员会绝大部分成员都是极有个性的人——其中有些成员可以说是毫无人性，他们滥用权力，犯下了令人发指的罪行——对他们来说，人们被某种原则和理想所统治，似乎是正确而恰当的。他们被自己说服，任何反对革命的行为都罪当诛杀，只有通过对所有国内的反叛进行迅速镇压才能令法国解除无政府和外来入侵的状态。出于同样的原因，法国绝大多数人对政府的这种恐怖统治采取了默许顺从的态度。

258.王后玛丽·安托瓦内特被处死（1793年10月16日）

最早成为恐怖统治时期断头台刀下之鬼之一的，是法国的王后玛丽·安托瓦内特。由于反法同盟接受法国王太子作为法国国王以及同盟军队不断的胜利，令法国革命者将目光再次转向了法国王室的幸存者。①

---

① 王太子当时不过是一个8岁的孩子，他在1793年1月被欧洲诸强国承认为法国国王。那个时候，他还在坦普尔的监狱中。王太子死于1795年，狱卒的虐待是直接导致或至少加速其死亡的原因。

玛丽已经被关进监狱9个月，然后被带到了革命法庭（Revolutionary Tribunal）接受审判，随后被送上了断头台。一辆普通的马车把她拉到了断头台前，她的丈夫在这里受刑还不到一年。出现在刑场的王后衣衫不整，因为饱受痛苦的折磨而头发花白，脸庞由于终日忧伤也布满了皱纹，与当日作为光辉的凡尔赛宫廷中心人物的美丽佳人相比，简直判若两人。围观人群里发出一片怜悯和叹息之声；但是人群的同情很快被制止，早已安排好的一群可怕的暴徒围着囚车狂吼乱叫。

断头台

我们无须谈论玛丽·安托瓦内特的过错，尽管她身上有不少缺点；但是她的耐心、无畏和所遭受的痛苦已经足以为她的过错赎罪。

259.处决吉伦特派（1793年10月31日）和罗兰夫人（1793年11月8日）

断头台每天都被新鲜的血液所浸染。在王后被处死的两个星期后，20位吉伦特派的领导人，自从被国民公会逮捕后一直关押在牢房里，现在也被送到断头台斩掉了脑袋。紧随他们之后的，是几百名吉伦特派的成员。

紧随王后而被处死的人中，罗兰夫人（Madame Roland）最为著名，她被指控是吉伦特派的盟友。发生在断头台上一个小插曲会让我们记住她。据说在即将行刑之际，她的眼睛正好看到位于绞刑架旁边的自由女神雕像。罗兰夫人高喊：“自由！多少罪恶假汝之名！”

事实也的确如此。人类历史上最丑恶的罪行都是以最神圣的东西为名——自由、正义或信仰犯下的。

260.新历法

革命法庭通过断头台快速地清除共和国的敌人，而国民公会则忙于改革法国的古老制度和传统。他们憎恨国王和贵族为了提升自己地位和奴役大众而创立的一切。他们决心将一切旧的东西推到，让世界重新开始。

国民公会已经计划推出新的度量衡体系，这种新的体系被称为米制（Metric）①；引入了一种新的纪年方式。月份都有了符合自己特点的新名字。每个月被分为三个时段，每个时段称为一旬；每天也被划分为十个时段。每旬的第十天取代了旧历的安息日。在新纪年方式中没有作出安排的五天被定为节日。

261.试图废除基督教（1793年11月7日）

旧的纪年方式被废除后，革命者想进一步废除基督教。巴黎革命公社的一些领袖宣布直到“人间的国王和天上的国王都被废黜”，革命才会停止。极端主义者试图通过国民公会的法令取缔基督教，但国民公会谨慎地将这些问题交给人民自己来决定。无神论的革命领导人决心通过教会本身来达到目的。他们说服法国主教戈贝尔（Gobel）放弃自己的职位，随后整个法国的许多神职人员都效仿戈贝尔的做法，放弃了自己的职位。

巴黎和其他城市的教堂都被关闭，教堂圣坛上的财宝都被收归国有。就连教堂的大钟都被熔炼成火炮。圣母玛利亚和耶稣的头像都被打倒，马拉和其他爱国者的半身塑像取而代之。解放全世界的重担现在不是落在了十字架身上，而是落在了断头台身上，断头台取代了圣十字架并获得了“圣断头台”（Holy Guillotine）的称谓。在很多地方，古老宗教的象征被彻底摧毁；一些公墓的所有标志都被去除，而公墓的门口刻着这样的文字：“死亡是永恒的睡眠。”

262.理性崇拜的开始（1793年11月10日）

人们的疯狂在理性崇拜（worship of reason）上达到了顶峰。作为致敬和崇

① 这是一项令人赞赏的改革，必须被看作法国大革命的有益成果之一。

拜的对象，一座美丽的女性雕像作为理性女神的人格化而被安放在巴黎圣母院（Notre Dame）的圣坛之上。整个法国都纷纷效仿巴黎的做法。教堂成为新的崇拜的圣殿。安息日已被取消，教堂的礼拜活动每十天举行一次。在这一天，市长或其他公众领袖登上讲坛向公众发表演说，演说大部分是关于新的消息——共和国军队的胜利、革命的非凡成就、生活在一个没有国王和神王压迫的时代的荣幸等等。

263.赫伯和丹东被处死（1794年3月和4月）

在革命发展的过程中，雅各宾派分裂为三个派系，首领分别是丹东、罗伯斯庇尔和埃贝尔（Hébert）。为了拥有最高的统治权，罗伯斯庇尔决心除掉另外两位领袖。埃贝尔及其党派成为了第一个被打击的对象，丹东及其追随者与罗伯斯庇尔一起将他们摧毁。接着，丹东及其党派成为了下一个被打击目标。丹东最后向行刑者说："把我的头展示给法国人民，他们不会每天都看到这样的头的。"

罗伯斯庇尔

罗伯斯庇尔现在成为了最高统治者。他的野心实现了。"他孤独地站在圣山令人敬畏的最高峰。"但是他命运的转折很快就到来了。

264.对至高力量的崇拜

罗伯斯庇尔除掉自己最强有力的敌人后的第一个行动就是给法国带来新的宗教，以取代理性崇拜。罗伯斯庇尔希望将基督教作为一种迷信一扫而光，但是他却在自然神论那里停了下来。他认为国家不可能建立在无神论的基础之上。他说："如果上帝不存在，人类就有必要把他创造出来。"

1794年5月7日，罗伯斯庇尔在国民公会上发表著名演说来为上帝和永生辩护，随后在演说的结束部分呼吁法国民众接受下列法则："（1）法国人民认识到至高力量和灵魂永恒的存在；（2）他们认识到对至高力量的崇拜是人类履行自己的使命；（3）这些使命中排在第一位的是抵制错误的信仰和暴政，惩罚暴君和叛国者，拯救不幸的人，保卫受压迫者，尽可能对他人行善，对所有人公正。"国民公会以最大的热情接受了这些法则。已经变为理性女神崇拜场所的教堂现在又开始对至高力量产生了新的崇拜。

265.巴黎恐怖的高潮（1794年6月和7月）

就在罗伯斯庇尔创立新的崇拜的同时，以他为精神领袖的大公共安全委员会以从罗马最恐怖的日子过去以后再也没有见过的恐怖主义来统治法国。巴黎与各地的监狱里塞满了嫌犯，有20万囚犯挤在了共和国的这些巴士底狱中。在巴黎，为了给新进来的罪犯腾出空间，每天都要处死很多囚犯。革命法庭可笑地每次审讯10个、50个甚至更多嫌犯的速度加紧工作。身份和才华都是不可饶恕的罪过。法庭主席审讯一个嫌犯："不是贵族吗？"答道："不是。""好了，下一个！"这就是法官的裁定。就这样，每天审讯的名单不断增加。

断头台的行刑场景似乎可以从但丁的《地狱篇》（*Inferno*）中找到影子。断头台旁为观者准备了长凳，就像剧场里安排的座位一样。巴黎市场的被称作"断头台复仇女神"（Furies of the Guillotine）的女人们一边欣赏着断头台上血腥的杀戮，一边忙着手里的针线活。在短短7个星期（6月10日至7月27日）的时间里，在巴黎被推上断头台的人数就达到了1376人，平均每天28人。

266.各省的恐怖统治

巴黎的恐怖达到如此程度，下边各省的情况更为可怕。一些作为反革命中心的城市成为了革命者复仇的示范点。在南特市，恐怖统治达到了顶峰。大公共安全委员会在这里的执法官是一个叫作卡里耶的人，开始时他还让犯人单个地被枪决或断头台砍头；但是后来他发现这样的速度太慢了，便设计了更加迅速的行刑手段，被称齐射（battues）和溺刑（drownings）。齐射就是将受害者集中在一块，然后用大炮或步枪进行扫射。溺刑指的是将一百多人塞进废船之中，然后将船拖到卢瓦尔河（Loire）将船凿沉。

利用各种行刑手段，卡里耶在4个月时间里屠杀了高达5000人。这些屠杀最令人发指的地方，是被杀的人群中有相当数量的妇女和儿童。

267.罗伯斯庇尔的垮台（1794年7月28日）；对恐怖主义者的惩罚

恐怖统治持续了9个月后引起了反抗。共和国军队的胜利和各地国民公会权力的建立使人们认为每天发生的大规模屠杀既残忍又没有必要。他们开始对屠杀感到厌恶，对被处死的人表示同情。罗伯斯庇尔成为了人民清算的第一个目标。国民公会宣布他和追随者都是共和国的敌人。罗伯斯庇尔被逮捕，后来被巴黎的暴徒营救，随后又被逮捕并直接送上了断头台，同他一起被处死的还有他的几个朋友和巴黎革命公社的绝大多数成员。

罗伯斯庇尔和他的追随者被肃清后，人民的反抗仍然继续进行。人民要求惩罚恐怖主义者。雅各宾俱乐部被关闭，这个曾经集结和指引很多城市暴徒的机构终于解散。基督教崇拜再次被建立起来。

268.恐怖统治的影响

恐怖统治对法国的影响达到了恐怖主义者想要得到的效果。它有效地震慑了法国国内所有反对革命的力量，维护了法国的统一，使她能够将外敌赶出法国领土。

在法国境外，恐怖统治的影响对革命分子的真正目的并非有利。它破坏了一些慷慨人士如英国的柯勒律治（Coleridge）、华兹华斯（Wordsworth）和骚塞（Southey）的幻想，使得早期对革命者抱有同情的人士在情感上完全翻转。他们不再是革命的积极支持者，而变成了保守派和所有改革创新最坚定的敌人。法国革命在它最好的朋友眼中名誉扫地，它在人们心中成为无神论和恐怖主义的代名词，直到今天，在很多人心中法国大革命除了亵渎神灵和制造恐怖屠杀外毫无意义。

269.拿破仑保卫国民公会（1795年10月5日）

事实证明了革命政府的缺陷，尤其是它将立法权和行政权连接在一起由同一伙人掌握。国民公会现在着手制定新的宪法，新宪法将行政权授予一个由5人组成的督政府（Directory）。它还成立了两个立法机构，分别是五百人议会（Council of Five Hundred）和长老议会（Council of Ancients）。

新宪法的某些特点令巴黎的暴徒感到不满。动荡不安的首都的街区再次聚集了大群的暴徒，1795年10月5日，一支4万人的暴徒军队进攻杜伊勒里宫，国民公会当时正在那里开会。在暴徒行进的路上，他们遇到了“霰弹飞溅”，暴徒们四散奔逃。将霰弹枪枪口对准这群暴徒的人是一位年轻的炮兵军官、科西嘉岛（Island of Corsica）出生的拿破仑·波拿巴（Napoleon Bonaparte）。大革命终于为法国带来了一个能够控制和指挥它巨大力量的天才人物。

第五节　督政府（1795年10月27日—1799年11月9日）

270.共和国由守转攻

在督政府的统治下，之前一直采取防御政策的共和国开始进入进攻。法国大革命已经实现了废除君主专制和等级特权的目标，现在，它可以专心地完成其在开始时给所有人以自由的承诺。

如果法国所有邻国的人民在思想上和情感上不准备接受新的秩序，法国大革命绝不会影响如此之广。但是欧洲各地遭受压迫太久而难以抑制的对平等和自由的渴望激励了各国人民。法国军队所到之处，人们夹道欢迎，把他们看作解放者。因此，法国可以让自己被一连串的共和国所簇拥。法国征服欧洲靠的不是军队，而是她的思想。雨果说过："军队入侵可能招致抵抗，而思想入侵却无法抵抗。"

确实，很多新建立的共和国只是昙花一现，因为民主思想取得完全胜利的时机还不成熟。但是自由思想已经取得了重大胜利。我们后来会看到，重新建立的君主政权再也不敢像那些被革命推翻的政权那样专制了。

271.督政府的计划

奥地利和英国是唯一仍然对法兰西共和国抱有敌意的强国。① 督政府决心给予这些宿敌以沉重打击。为了实施这一计划，两支各由7万人组成的大军在两位年轻将军莫罗（Moreau）和茹尔当（Jourdan）的统帅之下在中莱茵地区集结，直接入侵德意志。第三支大约42000人的部队在法国东南部的尼斯（Nice）附近集结，拿破仑担任统帅，他的任务是将奥地利人赶出意大利。

272.拿破仑在意大利的征战（1796—1797）

接到命令后，27岁的拿破仑的热情被在意大利军事行动上可以大展拳脚的激情所点燃，他急忙奔赴驻扎在尼斯的军队。他发表了短小而富有煽动力的演讲来激发士兵的战斗激情，拿破仑在他的著名演讲中说道："士兵们，你们现在食不果腹，衣

① 普鲁士、西班牙和其他一些国家与法国签订了《巴塞尔条约》，承认了法兰西共和国（1795）。

不蔽体。我要带领你们进入世界上最为肥沃的土地；在那里，你们会发现大城市、富裕的行省、荣耀、辉煌、财富。意大利的战士们，现在你们还缺乏勇气吗？”

如果把这篇演讲与国民公会颁布的法国将要援助各国人民追求自由的法令放在一起，你就能看拿破仑在法兰西共和国军中激发的情绪与前面的是多么的迥然不同。他向法国士兵描绘了这样一幅图景：意大利是一个可以去掠夺的满是富裕城市的国家，是一片法国人可以征收无数贡品的土地。这篇演讲标志着短短的几年内，法国的解放部队向欧洲灾祸的转变。

在积雪还未化尽的山路前，拿破仑调动了他已在热那亚附近海岸集结的军队，然后强行通过了亚平宁山（Apennines）与滨海阿尔卑斯山（Maritime Alps）之间的结合处。这一战绩超越了迦太基人。拿破仑高呼：“汉尼拔穿过了阿尔卑斯山，而我们是翻转了阿尔卑斯山。”

接下来，法国取得了对奥地利和其盟军的一系列的胜利。作为这一系列战役的结果，意大利北部的相当大的一片区域组成了一个名为奇萨尔皮尼共和国（Cisalpine Republic）的联邦，而热那亚也成为了利古里亚共和国（Ligurian Republic）。

273.《坎波福米奥和约》（1767年10月17日）

当拿破仑在意大利取得一连串惊人的胜利的时候，莫罗和茹尔当却在德意志遭遇惨痛的失败。完成意大利使命的拿破仑登上东阿尔卑斯山，向维也纳进军。法国军队逼近维也纳，令神圣罗马帝国皇帝弗朗茨二世（Francis II）开始倾听和平的建议。双方达成停战协议，随后签订了重要的《坎波福尔米奥和约》（*Treaty of Campo Formio*）。

根据其中的条款，奥地利将自己的比利时省割让给法国，作为奥地利取得已经纳入法国领土的除伊奥尼亚岛之外的威尼斯地区的补偿。拿破仑已经对在东方建立一个法兰西帝国的愿景神往不已。希腊群岛成为连接法国和其未来东方属地的纽带。

《坎波福尔米奥和约》签订以后，拿破仑迅速前往巴黎，在那里他得到了自从古罗马征服者以后从未有过的胜利欢呼。

274.拿破仑的非洲行动（1798—1799）

督政府表面上对拿破仑给予了热情的迎接，但他们内心深处却担心拿破仑会成为第二个恺撒大帝。他们决心让拿破仑承担一项法国境外的使命。这次任务是对英格兰进行他们一直在思考的进攻。拿破仑认为这个任务难以实现，于是提出反对，不过他提议去征服埃及。这将使法国掌控东方的贸易，并将英格兰和她的印度的殖民地隔开。督政府同意了这个建议。看到拿破仑从法国土伦港（Port of Toulon）起航前往埃及，督政府终于松了一口气。

躲过英格兰舰队在地中海上的巡逻，拿破仑在埃及登陆。金字塔已经进入法国军队的视野，但是他们受到了著名的马穆鲁克骑兵的顽强抵抗。拿破仑发表了最为欢快的演说之一来激励士兵的斗志。他指着金字塔高呼："士兵们，4000年的历史正在注视着你们。"接下来的战斗在历史上被称作"金字塔战役"（Battle of the Pyramids）。拿破仑赢得了胜利，打开了通往开罗的道路。他刚刚进入开罗城就接到了他的舰队在尼罗河口被英国海军上将纳尔逊（English admiral Nelson）摧毁的消息（1798年8月1日）。

1799年春，奥斯曼土耳其政府派军队重新夺回埃及，拿破仑率军进入叙利亚与土耳其人交战。最终，他包围了阿卡（Acre）。土耳其人在守卫阿卡的过程中得到了著名的英国海军准将西德尼·史密斯（Sir Sidney Smith）的援助。拿破仑希望迅速拿下阿卡的努力化为乌有。后来拿破仑说："我在阿卡错过了自己的命运。"夺得叙利亚的阿卡港，拿破仑便能效仿亚历山大，率领自己的士兵一直打到喜马拉雅山（Himalayas）脚下。感到失望的拿破仑放弃了对阿卡的围攻，带领军队回到埃及。

275.泰伯利亚、赫尔维蒂和帕登诺帕共和国的建立（1798—1799）

现在，我们必须回过头来了解一下欧洲的情况。1798年是大革命以来对法兰西共和国非常有利的一年。在1798年和1799年的1月份，法国建立了三个新的共和国。

首先，法国在罗马煽动了一场叛乱，让教皇成为阶下囚，并宣布成立罗马或泰伯利亚共和国（Tiberine Republic）。随后法国又介入瑞士的革命，他们入侵了瑞士各州，并将这些州联合起来成立了赫尔维蒂共和国（Helvetic Republic）。不久之后，法国军队将那不勒斯国王赶出了意大利，使他逃往西西里岛，将半岛的国土变成了帕登诺帕共和国（Parthenopean Republic）。就这样，三个新的共和国加入了法国大革命创立的联邦。

276.反击；拿破仑推翻督政府（1799年法国雾月18日和19日）

共和国的很多工作很快就遭受了挫败。受尼罗河战役中纳尔逊摧毁法国军舰胜利的鼓舞和对督政府侵略的恐慌，欧洲的大国，包括俄罗斯——沙皇对法国将势力推进到东方而尤为恼火，因为俄罗斯统治者一直把东方看作是他们的势力范围，于是组成了一个新的反法同盟。

战争在1799年初开始，在意大利、瑞士和荷兰同时展开。南方的战争对法国人来说是灾难性的。他们被赶出了意大利，几乎连法国南方的边境线都守不住。奇萨尔皮尼、泰伯利亚和帕登诺帕三个共和国被废除。

尽管法国军队在其他地区取得胜利，但是在意大利却遭受了沉痛的打击，这导致督政府失去了人们的支持。人们指责督政府出于嫉妒将拿破仑流放海外，而拿破仑才是唯一可以拯救共和国的人。混乱和分裂在法国各地蔓延。

法国国内局势动荡的消息传到了刚刚从叙利亚回到埃及的拿破仑耳中，他立即做了一个大胆的决定。在将埃及军队的指挥权交给亲信将领克莱贝尔（Kléber）之后，拿破仑乘船返回法国，一句意味深长的话透漏出他的意图，“法国由律师统治的时期结束了”。

拿破仑受到了法国人民最狂热的欢迎。绝大多数法国人本能上感受到目前的紧急状况需要有一个独裁者。一些督政官加入拿破仑的阵营，与他密谋推翻政府。在五百人议会那里受到了抵制，拿破仑率领一队掷弹兵将代表们赶出了议会。

法国大革命最终出现了他们的克伦威尔。拿破仑现在是法国的主人。法兰西第一共和国走到了尽头，被人们特别指称的法国大革命结束了。从这时起，法国开始了执政府（Consulate）和法兰西第一帝国（First French Empire）的历史——这是一段拿破仑像太阳一样升起于奥斯特里茨（Austerlitz），而最终在滑铁卢（Waterloo）落下的生涯史。

第十六章　执政府与拿破仑帝国

（1799—1815）

第一节　执政府（1799—1804）

277.含蓄的军事独裁统治

推翻了督政府以后，新的宪法——1789年以来的第4部宪法——已经备好并提交给人民来批准，最终以300多万人支持，不足2000人反对获得通过。新宪法将执政权授予三位执政，任期10年，而第一执政实际上行使全部的权力，其他两个执政只不过是第一执政的顾问。拿破仑自然是第一执政（First Consul）。

政府的其他职能由参议院（Council of State）、议政院（Tribunate）、立法院（Legislature）和元老院（Senate）行使。但是，所有这些机构的成员都直接或间接地由执政任命，所以整个政府的权力实际上掌握在执政或者第一执政手中。法国仍然被称为共和国，但是共和之名和形式只不过是如路易十四个人的、绝对的统治的面纱。简而言之，此时的法国就是军事独裁政府。

278.第一执政的战争

拿破仑继续从督政府时期开始的与奥地利和英国的战争。当向两个国家提出的和平建议遭拒后，拿破仑开始集结部队。他计划给欧洲大陆上唯一强大的敌人奥地利以双重打击。大批军队在莱茵河畔集结为入侵德意志做准备。这支军队交由莫罗指挥。另一支军队计划在意大利偷袭奥地利军队，它们在阿尔卑斯山脚下秘密集结，拿破仑亲自担任这支军队的统帅。

1800年春，拿破仑率领4万大军越过阿尔卑斯山，突然出现在皮埃蒙特

拿破仑·波拿巴

（Piedmont），令奥地利将领大吃一惊。在著名的马伦哥（Marengo）战役中，奥地利军队虽然在人数上远远多于法国军队，但却遭到惨败，意大利北部再次被拿破仑踩在脚下。齐萨尔皮尼共和国得以重建。

马伦哥战役几个月后，莫罗率军在霍亨林登（Hohenlinden）对奥地利取得决定性的胜利，这为法国打通了前往维也纳的通道。皇帝弗朗茨二世不得不在吕内维尔（Luneville）签订和约（1801）。这份和约最重要的作用是促成了德意志主体的重建。但是，由于中欧重组直到奥斯特里茨战役（Battle of Austerlitz）之后才完成，我们会推迟到事件发生的时间再对它做详细介绍。在法国和奥地利签署和平协议之后的第二年，法国也和英国签订了《亚眠和约》（*Peace of Amiens*）。

279.开明君主拿破仑

与奥地利和英国的和平协议的签署让拿破仑腾出精力来对法国国内的事务进行改革和完善。正是这方面的成就令拿破仑真正的功成名就。用拿破仑传记作家斯隆教授（Professor Sloane）的话说，拿破仑是“世界上最伟大的社会改革家之一”。如果我们把拿破仑看成18世纪开明君主的继任者，我们就会更好地理解他作为改革者的作用。他的使命是继续和完善开明君主的工作，使改革圆满，管理和巩固法国革命的社会成果。

治愈革命给法国造成的创伤是拿破仑的首要目的之一。流亡的保皇党人已被邀请回国，4万个家庭回到法国，许多波旁王朝的支持者在第一执政手下效力，监狱的牢门也被打开。过去的一切都被忘记和原谅，再也没有党派纷争，所有人都是法国人。大赦的英明决定有助于恢复法国人的信心并给法国带来国内的和平与繁荣。

但是法国大革命给法国造成的最大创伤是《教士公民宪法》所造成的宗教分裂，这将法国分成两个敌对的党派。另外，自1794年以后，政府已经不再为牧师提供薪水，造成很多教区完全没有固定的宗教活动。为了应对这种状况，拿破仑与罗马教廷签下协议《宗教事务协约》（*Concordat*，1801）。第一执政在两个党派中公平地任命大主教和主教，两个党派指的是革命中顺从革命的一方和反对革命的另一方，国家恢复给神职人员发放薪水。① 教皇被看作是法国教会的领袖，有权对政府提名和任命的教职人员加以确认。《宗教事务协约》填平了革命在法国教会里造成的鸿沟，并将天主教归到第一执政的政府管辖之下，第一执政被称作“新君士坦丁”（New Constantine）。

拿破仑在恢复在革命中大受损伤的法国物质财富和利益方面的努力同样取得成功。他修缮和建造公路、桥梁，开挖运河、疏浚河道、改良海港。拿破仑促成在阿尔卑斯山上修建的军事公路成为工程技术的奇迹，并且直到在山中打通隧道之前，一直作为意大利和北欧之间交流沟通的主要通道。

法国的公共建筑和名胜古迹已经荒废不堪。拿破仑恢复旧建筑并建造新的场馆。他为巴黎和其他主要城市修缮了公共大厦和纪念场馆。这些作品中很多直到今天仍然是法国的骄傲。

拿破仑没有忽视教育。通过建立学校，资助图书馆、博物馆和艺术馆，并最终创立法兰西大学（University of France），拿破仑为法国的教育制度注入了活力，其影响力直到今天仍然能感受到，并且为法国在今天的世界艺术、科学和文学领域的突出地位起到了重大作用。不过需要记住的是，第一执政在教育领域的成就是建立在国民公会奠定的基础之上的。

但是拿破仑作为第一执政或皇帝的所有功绩中对法国文明进程影响最突出、最持久、最深远的是其编纂的《民法典》（*Civil Code*）或称《拿破仑法典》（*Code Napoléon*），这让他的名字同历史上最伟大的立法者之一的查士丁尼（Justinian）的名字并辉。

编纂这部法典是第一执政最早期的成就之一。拿破仑在执掌政权之后立即任命一个由5位杰出法学家组成的委员会来承担这项任务，而这项任务早在立宪会议和国民公会的时期就已经开始。② 这些法学家辛苦工作4年之久（1800—1804）。拿破仑经常同他们会面并通过睿智的评判和建议来帮助他们。

---

① 法国神职人员包括新教牧师和犹太教拉比的薪水都由国家财政支付。这一做法一直持续到1905年政教完全分离时《宗教事务协约》被废除才得以终止。

② 现在，人们认为《民法典》并不像一些作家宣扬的那样是一个新鲜的事物。立法是开明君主们比较喜爱的做法（比如俄罗斯的叶卡捷琳娜二世、奥地利的约瑟夫二世、普鲁士的腓特烈大帝等）。《民法典》几乎就是康巴塞雷斯为国民公会准备的《民法典草案》的翻版。

法典由法国古代典籍和罗马法，尤其是革命纲领和立法组成。这些素材经过类似于查士丁尼大帝时期的立法者当初对新的、旧的、异教徒的和基督教的等素材的压缩、整合和修订创立著名的《民法大全》一样的过程才编纂完成。

《民法典》对西欧自由主义的发展的影响非常有利。它将革命的成果保留下来，去除了来自封建时期的不平等、令人厌恶、压迫人的旧传统、法规、诏令和法律条文。它从法律的视角厘清了贵族和农民之间的平等地位。其法理和直接条款很快被引入到欧洲的半数国家。

280.拿破仑成为终身第一执政（1802）

元老院和参议院里的大多数成员对拿破仑都是完全效忠的，通过这两个机构向法国人民提议拿破仑应该成为终身第一执政，这样，他所追求的恢复和改革的宏伟工程就能不受干扰地进行下去。全体法国人民几乎完全同意这样的提议。就这样，拿破仑向帝位又迈进了一步。

第二节　拿破仑帝国；解放战争（1801—1815）

281.拿破仑称帝（1804）

密谋刺杀第一执政和敌人日益增加的活动令法国发起了增加拿破仑权力、确保他的安全和政府稳定的运动，而这需要将拿破仑推上帝位。元老院授予拿破仑法兰西皇帝头衔的诏令被提交到人民面前，而最终以一致性支持获得通过。1804年12月2日，加冕仪式在巴黎圣母院教堂进行，教皇庇护七世（Pope Pius VII）受邀从罗马赶来参加加冕仪式。教皇将圣油洒在跪下的拿破仑的头上，并授予他帝王权杖；但是当教皇要把皇冠戴在拿破仑头上的时候，拿破仑阻止了他，他从教皇手里接过皇冠，自己戴在了头上。①

① 从此时起，波拿巴仿效王室的一贯做法，用自己的名“拿破仑”作为王朝的名字。而“拿破仑”这个名字注定要在历史上占据着极其重要的位置，我们后面将对这个名字逐渐加以了解。

“君权神授”的思想进入新法兰西帝国后有了新的含义，这可以从拿破仑加冕一年后法国牧师对法国年轻人的布道中可以看出来。当时新的教理问答中是这样说的：“皇帝是上帝的仆人和权力的代表，是其在世间的化身，忠于皇帝就是忠于上帝。”

282.法国大革命创立的共和国变身成为王国

此时的法兰西共和国已经完全变成了不加掩饰的帝国。拿破仑搬进了杜伊勒里宫，创建了一个和波旁王朝时期几乎一模一样的宫廷。

最初的共和国已经变身成为帝国，我们可以确信法国大革命期间创立在法兰西共和国周围的共和国集群将很快经历类似的转变。在共和国成为帝国不到两年的时间里，周围有3个按照革命理想和由军队建立的联邦共和政体摇身一变，成了法兰西帝国的附属国或者被直接并入了法国。总之，这些国家实际上已经是拿破仑帝国的封地，成为新罗马帝国的行省或附属国。

就这样，齐萨尔皮尼共和国或意大利共和国变成了王国，拿破仑在米兰佩戴伦巴第人的“铁王冠”而加冕为王①，并以意大利国王的头篡夺其政权（1805年5月）。就在同一年，拿破仑将利古里亚共和国并入法兰西帝国。然后，他又如法炮制，将巴达维亚共和国（Batavian Republic）并入荷兰王国，并将王冠戴到他最喜爱的弟弟路易头上。

就这样，大革命的政治工作没有完成，政治自由被夺走了。拿破仑说：“当它挡住我前进的道路时，我就会把它推到一边。”然而公民的平等则被保留了下来。

283.法兰西帝国和古代的君主专制

绝不要以为当法国将自己和周边国家变成帝国和王国时，欧洲列强会无动于衷。拿破仑建立的强大帝国是对整个欧洲的威胁，而法兰西帝国要比法兰西共和国还要可怕，因为这是一个军事独裁的政权，而其强大的权力又掌握在拿破仑这样一个具有杰出才干的人的手里。他们组织了一个又一个的反法同盟，来对抗他们心目中的“篡位者”（Usurper），而英国就是这些同盟的“军需官”（Paymaster）。盟国的目的，开始是将法国赶回到她原来的疆土之内，后来就变成要将拿破仑作为

① 这里，拿破仑再次效仿查理曼。他说：“我就是查理曼，因为我像他一样统一了法国和伦巴第。”

欧洲欧和平的破坏者和很多国家的压迫者赶下台。

从1804年拿破仑加冕称帝到1815年滑铁卢战役，整个欧洲对抗法国的战争几乎从未停息。这是巨人之间的战争。自从薛西斯一世后，整个欧洲再也没有见到被军事力量燃起的炮火弄得如此风雨飘摇。拿破仑手下有众多军事才能出众的将领，他带领法国军队创造了众多的军事奇迹。他的出色成就令人炫目，令世界震惊。

详细阐述拿破仑从奥斯特里茨战役到滑铁卢战役需要大量的篇幅，我们在这里就简单地摘取其军事生涯中的几个片段来勾勒出他是如何到达权力和名望的顶峰之后又迅速滑落的。

284.拿破仑准备入侵英格兰；将路易斯安那卖给美国；布洛涅的军营（1803—1805）

在拿破仑加冕之前，英国和法国之间的战争就重新开始了。拿破仑为这场战争做的准备之一就是以1500万美元的价格将他刚刚从西班牙手里得到的路易斯安那卖给了美国（1803）。之所以这样做，是因为海上军事力量的不足让他不可能守得住这片遥远的领地。

这片资源丰富的巨大土地交易是历史上最为重要的领地交易之一。拿破仑似乎已经认识到这笔交易对美国发展的重要意义。他说："我为英国准备了一个强大的对手，这个对手迟早会让她低下高傲的头颅。"

早在1803年，拿破仑就开始在英吉利海峡法国这一侧的布洛涅（Boulogne）集结大批军队，并建造了大量的平底船，准备入侵英国。当时法国的媒体不断地喊出口号——"摧毁迦太基"。拿破仑说："我们控制海峡6小时，就能成为世界的主人。"为了用历史的记忆激励法国士兵的爱国热情，他将著名的纪念诺曼人征服英格兰的贝叶挂毯（Bayeux Tapestry）带到了巴黎。

拿破仑的战斗准备令整个英国感受到了自西班牙无敌舰队以来最为惊恐的时刻。小威廉·皮特（Younger Pitt），当时英国政府的首脑，不遗余力地寻找强国来组建一个同盟共同对抗法国。1805年初，英国和俄国结成同盟，有希望成为欧洲同盟的核心。奥地利和其他国家也很快加入了这个同盟。

285.对奥地利的战役：奥斯特里茨战役（1805年12月2日）

拿破仑得到奥地利和俄国军队都在抓紧行动的情报，他立刻解散了布洛涅的军队，急派"大军"——名副其实——穿过莱茵河，在乌尔姆（Ulm）奇袭并俘虏了奥地利大军。随后，他又胜利穿过维也纳，来到奥斯特里茨，在这里，拿破仑大败

8万人的俄奥联军，取得他一生中最为重大的胜利之一。奥地利被迫割让了大片领土，其中就包括威尼西亚（Venetia），拿破仑将其并入意大利王国。

286.重组德意志；莱茵邦联；神圣罗马帝国的终结（1806）

拿破仑在马伦哥和霍亨林登战役之后就开始对德意志主体部分进行重组，这时除普鲁士和汉诺威（Hanover），重组工作已基本上完成。拿破仑的意图是在德意志西部建立少数邦国——因为私利要与自己绑定在一起，但又强大到能够成为自己的盟国——从而在法国和奥地利与普鲁士之间形成一道屏障。后来，因这个目的成立的两个邦国，都被保持得比较弱小且依附于法国。

按照这个计划，拿破仑最后将组成德意志体系的300多个邦国缩减为40个左右。其中宗教邦、帝国自由城市和小王公的小国成为主要的受害者，他们的大部分土地被强行授予那些留下来邦国的王公。其中最受宠的是巴伐利亚选帝侯（Elector of Bavaria）和符腾堡公爵（Duke of Württemberg），他们都被拿破仑封为国王并获得了足够多的领地来适当地维持他们的尊荣。巴登侯爵（Margrave of Baden）被封为大公，他的领地得到扩大。所有这些王公都和拿破仑家族联姻。

这些最受宠的邦国连同其他的邦国——共有16个，宣布从古老的神圣罗马帝国中独立出来，成立一个名为莱茵邦联的政治联盟，拿破仑是这个联盟的保护者。①神圣罗马帝国皇帝弗朗茨二世意识到自己的权力实际上已经被废除，于是放弃神圣罗马帝国皇帝的头衔，开始采用奥地利皇帝弗朗茨一世作为最高头衔。②

就这样，神圣罗马帝国在查理曼之后维持了将近千年，最终灭亡。如果从恺撒·奥古斯都开始算起，罗马帝国存在了1800年，是最长寿的人类秩序之一——如果把这种存在看作生命的话。

287.特拉法尔加战役（1805年10月21日）

拿破仑在德意志的辉煌胜利却被其舰队遭受的重创蒙上了一层阴影，这场灾难就发生在奥地利在乌尔姆投降后的第二天。纳尔逊勋爵在西班牙海岸的特拉法尔加（Trafalgar）海角与法国和西班牙的联合舰队相遇——此时的西班牙是拿破仑的盟

---

① 莱茵邦联最后包括37个邦国，总人口约1500万。

② 弗朗茨二世已在1804年8月采用奥地利皇帝的名号，恰在拿破仑加冕成为法兰西帝国皇帝之后。

友——然后，他几乎完全摧毁了法西联合舰队，而这位英勇的海军上将却在胜利的那一刻倒下了。

这场决定性的战役让英国掌控了海上霸权并将其从法国入侵的威胁中解脱出来。甚至拿破仑一直习惯于称作“小水沟”的英吉利海峡自此以后也成为拿破仑的野心无法逾越的鸿沟。拿破仑或许可以统治欧洲大陆，但是海洋和岛屿的统治权却对他说了不。

288.与普鲁士的战争：耶拿-奥尔施泰特战役（1806）

奥地利之后，普鲁士是下一个挨到拿破仑重拳的国家。普鲁士国王腓特烈·威廉三世（Frederick William III）出于自私审慎的考虑，一直对反对拿破仑的同盟敬而远之，而他也因为这样的政策得到了很多好处。当奥地利军队被拿破仑痛击的时候，普鲁士并没有积极支援；但是当威廉三世意识到与自己打交道的人不可信任的性格以及难以忍受的侮辱时，他鲁莽地向奥斯特里茨的胜利者宣战了。

兵贵神速，拿破仑迅速在耶拿（Jena）和奥尔施泰特（Auerstädt）两场同时开打的战役中痛击普鲁士的军队。普鲁士的大部分领土迅速被法国军队占领。普鲁士的将军们——至少他们中的很多人暴露了令人难以置信的无能和懦弱。很多坚固的城堡没放一枪就缴械投降了。首都柏林也被法国军队长驱直入。

腓特烈大帝的宝剑、柏林勃兰登堡城门驶过的胜利战车和很多从柏林城的博物馆还有艺术馆中掠夺的珠宝，都作为战利品被运回巴黎。

289.与俄罗斯的战争：埃劳战役和弗里德兰战役（1807）

沙皇亚历山大派出支援腓特烈·威廉三世的俄罗斯军队，仍然在维斯瓦河（Vistula）以东普鲁士的领土上同拿破仑军队作战。

在1807年初，拿破仑在一个狂风怒号的冬日向在埃劳（Eylau）的俄罗斯军队发起进攻。这是一场血腥的战役，双方的伤亡都超过3万人。在同年夏天，拿破仑再次在弗里德兰（Friedland）与俄国军队交战，这次法国军队大获全胜，俄罗斯沙皇被迫请求停战。

290.《提尔西特和约》（1807）；分割世界

拿破仑在提尔西特（Tilsit）同俄罗斯沙皇进行了几次会晤。第一次谈判是在俄国边境的涅曼河（Niemen）上的一艘小船上进行的。

拿破仑和亚历山大的这些会晤是欧洲历史上最富戏剧性的情节之一。旧秩序被打破，新秩序正在建立。谈判的主要话题是如何划分各自在世界的势力范围。“拿破仑向俄罗斯沙皇展示了他倾向于重建古老的东西帝国的想法。他们会是忠诚的盟友。法国要成为拉丁民族和欧洲中心的最高统治者；俄国将代表希腊帝国，并将势力扩展到亚洲。这些宏伟的设想吸引了亚历山大，他相信接受这样的构想是在继续推行彼得大帝和叶卡捷琳娜女皇的政策。拿破仑认为法国唯一担心和需要击垮的敌人是英国。”①

新的世界秩序将会以古罗马-拜占庭模式进行。但是在重新绘制欧洲中部版图上出现了麻烦。两位统治者尤其在如何对待和处理波兰的领土和普鲁士的问题上产生了利益分歧。重建已经解体的波兰符合拿破仑的利益，但是他这样做就会让沙皇亚历山大疏远法国；于是他只是将普鲁士所属的波兰国土的大部分并入他命名的华沙大公国，并将其赠予自己的附属国萨克森国王。②

为了实现拿破仑的帝国野心，波兰爱国者的希望被牺牲掉了。一个拥有1500万灵魂的国家被这些强盗国王像牲畜一样任意宰割。波兰爱国者曾满怀希望地跟着拿破仑东征西讨，就指望他能够统一和重建他们的祖国。拿破仑曾经给过他们希望。但是这些希望到头来却都残忍地破灭了。如果拿破仑能够做一个真正的解放者，他就不会犯下历史中的最大错误之一，而得到救赎的波兰民族会出于感激为他讴歌和树立一座人类最伟大施助者的不朽丰碑。

普鲁士，拿破仑本打算将其从欧洲版图上抹去。然而亚历山大的干预，让这个国家免于亡国。③但是，无论沙皇代表其盟友威廉三世的调停，还是美丽爱国的路易莎王后在提尔西特在拿破仑面前谦卑的恳求，都没有使得普鲁士从解体和深深的屈辱中幸免。除了割去其波兰省外，拿破仑还将易北河（Elbe）以西的所有领土都划出来，连同其他一些土地建立了一个新的威斯特伐利亚王国（Kingdom of Westphalia），并将它赐给了自己的弟弟热罗姆（Jerome）。这个由24个小公国和自由城市组成的王国，被拿破仑并入了莱茵邦联。就这样，普鲁士失去了整整一半的领土，剩下的实际上也只是拿破仑帝国的一个行省而已。

---

① 史蒂芬斯，《大革命期间的欧洲》，第249页。

② 在耶拿之战后，拿破仑将萨克森选帝侯扶上王位。

③ 亚历山大希望将普鲁士作为俄罗斯和拿破仑帝国之间的缓冲而保存下来。他对拿破仑向西推进直逼自己的领土而心存忧虑。

291.大陆封锁；《柏林敕令》和《米兰敕令》（1806—1807）

《提尔西特和约》签订以后，英国成了拿破仑唯一的敌人。拿破仑对这个强大而又顽强的所有反法同盟的操纵者所采取的手段，成为解读拿破仑从1807年的强盛到1815年的滑铁卢垮台这段历史的钥匙。这些手段被称作“大陆封锁”或“大陆体系”（Continental Blockade or System）。我们已经看到拿破仑的舰队在特拉法尔加遭受的重创，这让他所有偷袭不列颠海岸的希望都化作泡影。既然无法直接用武力打倒敌人，拿破仑决心通过贸易来打击英国。他颁布了两部著名的敕令：《柏林敕令》和《米兰敕令》（*Berlin and Milan decrees*）。拿破仑对英国商船关闭了欧洲大陆的所有港口，并禁止任何欧洲国家与英国进行贸易往来。拿破仑采取的这些政策确实破坏了英国的贸易，但是对法国而言，这也是一种自杀式行为，并最终导致了拿破仑帝国的衰落。

292.英国俘获丹麦舰队（1807年9月）

这个时期，重大事件接踵而至，都和拿破仑的大陆封锁政策紧密相关。

一些人认为拿破仑和亚历山大在提尔西特的谈判会让他拿下丹麦和葡萄牙并占有他们的舰队，这样他就可以更加有效地实施与英国的贸易战。但是，这样的举动并没有考虑到丹麦和葡萄牙都是中立国家。

英国的大臣们获悉了《提尔西特和约》的秘密条款。北欧的局势对英国人来说已经非常严峻了。法国督政府拿下荷兰后已经掌控了荷兰的贸易。拿破仑对普鲁士的战争也让他实际掌控了德意志北部所有的港口。如果现在再让拿破仑拿下丹麦，他便能够完全控制波罗的海上的贸易。

英国政府决定抢在拿破仑前面解决丹麦舰队。一支英国小舰队迅速进攻丹麦首都哥本哈根（Copenhagen），命令惊慌失措的丹麦人交出他们的所有船只和海军装备。英国官员解释说这些舰船和装备只是由英国“暂时保管”，等到他们和法国的战争结束会还给丹麦。

丹麦人对这样的要求断然拒绝，英国人随即炮轰哥本哈根，毁掉城里1800多栋房屋，并很快迫使丹麦人答应了他们的要求。所有丹麦船只和装备被英国人当作战利品带走。整个过程非常霸道，但是英国失去的比得到的要多，因为这一行径引起了欧洲大陆的极大愤慨，并让之前保持中立的丹麦与拿破仑结成紧密的联盟。

293.半岛战争的开始（1808）

拿破仑的大陆封锁政策在欧洲南部造成的结果之一就是和葡萄牙产生冲突。葡萄牙的摄政王拒绝了拿破仑关于英国贸易和财产的所有要求。拿破仑派了一名元帅率军攻占了葡萄牙。葡萄牙王室连同很多贵族逃往巴西。这时的葡萄牙实际上成为了拿破仑帝国的一个行省。

294.拿破仑让自己的哥哥约瑟夫成为西班牙国王（1808）；西班牙起义

西班牙成为下一个被法国非法占有的国家。拿破仑傲慢地干涉西班牙的内部事务——当然，必须要说的是西班牙政府也确实腐败无能——拿破仑诱惑软弱的波旁王朝国王查理五世（Charles Ⅳ）作为“亲爱的朋友和盟友”交出自己的王位，然后拿破仑转手就将王位给了他的哥哥约瑟夫（Joseph）。约瑟夫之前在那布勒斯的王位转给了拿破仑的妹夫缪拉（Murat）。① 就这样，爱冒险的拿破仑随意罢免和任命国王，将王位和王国玩弄于股掌之间。

但是勇敢的西班牙人民并不会向拿破仑带给他们的屈辱屈服。从比利牛斯山脉到直布罗陀海峡，整个西班牙都拿起武器战斗。葡萄牙人也揭竿而起，英国派遣亚瑟·韦尔斯利爵士（Sir Arthur Wellesley）——也就是随后的滑铁卢战役的英雄威灵顿公爵（Duke of Wellington）——率军前往支援。法国军队很快就被赶出葡萄牙，并被逼到埃布罗河（Ebro）以外。刚坐上西班牙王位8天的约瑟夫仓皇逃窜。

除了东征埃及遭遇挫折外，拿破仑还从来没有遭受这样的打击。约瑟夫之前警告他“你的荣耀将在西班牙触礁”，而警告很快就应验了。拿破仑意识到，如果想重塑法国军队的威望，他必须亲自出马。

295.爱尔福特会议（1808年9月—10月）

在发兵之前，拿破仑认为有必要与亚历山大进行会晤，目的是加深友谊和巩固双方在提尔西特结成的同盟，因为他十分清楚俄国沙皇一直对大陆封锁政策有些恼火。

会议在爱尔福特（Erfurt）进行。这次著名的会议标志着拿破仑到达其光辉生涯的顶峰。欧洲可能从来没有见到过这次会议所展示的帝国文治武功的荣耀。拿破仑借此机会招待四国国王，还有几十位王子和大使，以及这个时代最伟大的诗人和学者。从巴黎请来的演员们夜夜上演法国舞台的经典巨作来为这场“王的盛宴”助兴。

---

① 1806年，拿破仑将那不勒斯的波旁王朝废黜。

所有的人都对拿破仑竭尽献媚之能事，尤其是那些弱小的德意志王公更是如此。拿破仑同歌德（Goethe）和维兰德（Wieland）的见面颇为尴尬。两位伟大的诗人似乎为欧洲征服者的才华所折服，在拿破仑的脚下卑躬屈膝。拿破仑对歌德说："您真是一位人物。"歌德有点受宠若惊；而两个诗人都从拿破仑手里接过了法国荣誉勋章。①

在狂欢、花车表演、舞会和戏剧表演之外，拿破仑并没有忘记这次会议的主要目的。他和俄国沙皇之间在提尔西特建立的同盟得到巩固。为了报答拿破仑允许俄国吞并芬兰——亚历山大当时几乎完成了征服——以及对土耳其苏丹的多瑙河省份的非法占有，沙皇在拿破仑忙于对付西班牙之际牵制了奥地利并加强对英国的封锁。

296.拿破仑在西班牙（1808年11月—1809年1月）

爱尔福特会议之后，拿破仑急忙率军奔赴西班牙。他以10万大军南下，胜利地进入马德里（Madrid），重新把约瑟夫扶上西班牙的王位。随后，他告诉西班牙人，如果他们不尊重约瑟夫，他将亲自登上西班牙王位并教他们如何做好臣民。

接下来，拿破仑开始追逐约翰·莫尔爵士（Sir John Moore）率领的从葡萄牙进入西班牙的英国军队。② 但是欧洲另一个角落传来的威胁令他不得已将对付英军的重任交代给手下大将——著名的苏尔特元帅（Marshal Soult），而他自己则急忙返回巴黎。

297.拿破仑同奥地利的第三次战争（1809）

利用拿破仑在伊比利亚半岛（Iberian Peninsula）陷入麻烦之际，奥地利皇帝弗朗茨一世集结军队做好战争的准备，他希望能够夺回失去的一切，但是他似乎忘记了奥斯特里茨的惨败。拿破仑对一群外国大使说："冲刷着维也纳城墙的似乎是遗忘河，而不是多瑙河（Danube）。"

战争在1809年春天开始。在为期不长的系列战斗——其中最著名的就是阿斯

---

① 当然，在判断德国王公和德国作家们在爱尔福特会议上的表现时，我们应该牢记当时的德国的民族感情是多么的脆弱。关于歌德和其他德意志思想家对待民族主义的态度在304条会有所体现。

② 约翰·莫尔在一支实力强大的法国军队面前从西班牙腹地撤退，应该在史册上记上浓墨重彩的一笔，它与1万希腊雇佣军从波斯撤退，并为历史上最值得纪念的军事撤退之一。莫尔在西班牙北海岸科伦纳战役中战死（1809年1月16日），他的部队因他的军事才能和勇猛而幸存下来，被带上了英国的军舰。

佩恩-艾斯林战役和瓦格拉姆战役[Battles of Aspern（Essling）and Wagram]——之后，奥地利再次臣服于拿破仑的脚下。奥地利遭到进一步的瓦解，除了其他土地被夺走外，亚得里亚海沿岸的狭长海岸地带，被拿破仑作为伊利里亚诸省（Illyrian Provinces）纳入了法兰西帝国的版图。拿破仑现在实际上将从亚得里亚海海岸的土耳其边境到波罗的海的俄国边境的欧洲海岸线全都掌握在自己的手中。

298.教皇辖地和拿破仑帝国合二为一（1809）

拿破仑的大陆封锁政策让他和教皇产生了矛盾。教皇庇护七世拒绝实施对英国的封锁，并进一步想对拿破仑的其他命令不予理睬。因此，拿破仑宣布教皇“不再是俗世王公”，并占有了教皇的领地。庇护七世直接将拿破仑开除了教籍，而拿破仑则将教皇逮捕并关进监狱长达3年之久。

拿破仑随后将枢机主教团（College of Cardinals）迁到巴黎。与此同时，他还把教会的所有主要官员连同教会档案统统转移。上百辆装满书籍和档案的车辆驶抵巴黎。

拿破仑这么做的目的是想将整个教皇政府机构控制在自己手里。他曾经设想像君士坦丁大帝和查理曼那样掌管教会。后来在他失败后，他曾经如此评价自己当初设立统一独裁统治的构想：“巴黎本可以成为基督王国的首都，我也本应该统一掌控整个政治和宗教世界。”

299.拿破仑第二次婚姻（1810）

在战胜弗朗茨一世不久，拿破仑为了能够和奥地利女大公玛丽·路易丝（Marie Louise）结成新的同盟决定与妻子约瑟芬（Josephine）离婚。[1]约瑟芬不敢违逆拿破仑，只有委屈自己伤心地离开了皇宫。拿破仑希望通过和欧洲古老的皇室之一联姻来平息有人对他出身庶民的责难并能够留下继承人保证自己的统治能够世代传下去。

拿破仑建立王朝的渴望和野心在第二年儿子出生后似乎得到了实现，他的儿子被授予“罗马王”的头衔。这样，他的敌人们再也不会拿他的出身和没有子嗣来说

---

①　约瑟芬在1809年12月15日与拿破仑离婚；他与玛丽·路易丝的婚礼在1810年4月2日举行。约瑟芬得以保留皇后的头衔，并在马尔迈松保有自己的行宫，每年领取200万法郎的津贴。直到生命的最后，她和拿破仑都保持着良好的友谊。她于1814年5月20日去世。

事了。现在，他在法国的王位不但得到了巩固而且还能继续传下去。

300.荷兰和德意志北部海岸的土地被纳入拿破仑帝国（1810）

在拿破仑开始第二次婚姻的这一年，又有两片土地被纳入拿破仑帝国的版图之中。

荷兰国王路易·波拿巴（Louis Bonaparte）对哥哥的大陆封锁政策并不赞同，因为它毁了荷兰的贸易，因此决定放弃王位。于是拿破仑将荷兰并入法兰西帝国。

几个月后，拿破仑同样把德国海岸从荷兰到吕贝克的土地纳入了自己的帝国，目的是封闭这里的包括汉萨同盟城市不莱梅、汉堡和吕贝克同英国的贸易。

301.拿破仑帝国版图的最大化（1811）

这些新增加的土地，是拿破仑帝国领土的最后一次扩张。拿破仑现在看起来已经达到了人生的巅峰。[①] 马伦哥、奥斯特里茨、耶拿、弗里德兰、瓦格拉姆，一步一步地让拿破仑爬上了军事权力和荣耀的顶峰。

拿破仑帝国的版图从吕贝克到罗马，包括法国本土、荷兰、德意志西部和西北部、意大利西部、那不勒斯王国，再加上伊利里亚行省和伊奥尼亚诸岛。

帝国的四面是同盟国、属国和附庸。欧洲几个古老王国的王位都由拿破仑的亲属或最亲信的元帅们占据。他自己是意大利王国国王、莱茵河联邦的保护人以及瑞士的纠纷仲裁者。奥地利和普鲁士也都完全听命于他。俄罗斯和丹麦则是他的盟友。

这些曾经强大独立的欧洲国家现在都成了“科西嘉冒险家”（Corsican adventurer）的附庸。自从罗马帝国的皇帝以来，还没有谁能够像拿破仑这样支配过文明世界。

302.帝国弱点的暴露

尽管此时的拿破仑对外看起来如日中天、强大无比，但是他从奥斯特里茨战役开始后的巨大影响力已经走过巅峰，开始走下坡路了。有很多因素造成了帝国的脆弱和预示着其迅速解体。整个法兰西的建立和存在都是依靠着他个人的能力，而其能否持续则完全依赖于他的生命和权力的持续。

---

① 《提尔西特和约》很可能决定了拿破仑实际权力的极限。

另外，拿破仑的大陆封锁政策给欧洲沿海国家带来了无尽的痛苦和损失，在整个欧洲大陆范围内逐渐引起了不满。

还有，拿破仑的穷兵黩武几乎让整个国家的男性损失殆尽，后来部队里只能招募尚未成年的男子，而这些孩子根本无法承受拿破仑东征西讨的战争负担和疲劳。为了支付战争开销和开展公共建设，拿破仑征收繁重的赋税，这也造成了整个帝国人民巨大的痛苦和不满。

再有，拿破仑对庇护七世的粗鲁和不公的处理令整个天主教和他疏远，各地的虔诚的天主教徒对他也产生了极大的愤恨。

与此同时，被罢黜的王公和削职的贵族们自然也是对拿破仑建立新的政体和权力体系心怀仇恨，他们一直等待着机会来重新夺回自己失去的权力和特权。

原来将拿破仑当作法国自由平等思想的化身，当他推翻旧的王位，剥夺贵族阶层的种种特权时鼓掌欢迎的平民阶层和曾经的大批追随者们在拿破仑实行帝国统治、建立帝国法庭之后也开始反对他，尤其是拿破仑抛弃约瑟芬同最受欧洲憎恨的皇室之一联姻更是将这些人变成了他的敌人。

303.摧毁拿破仑帝国的新力量：民族国家

战胜拿破仑帝国，将欧洲从拿破仑的暴政中解脱出来的活跃力量是民族爱国主义情绪——这种情绪在被瓜分的国家、附庸以及独立被受到威胁的国家中都被激发了出来。到拿破仑入侵西班牙的时候，他已经同欧洲各国政府都发生了战争。过去这些政府很容易被拿破仑推翻，因为那时这些国家的政府并没有建立在臣民对国家的热爱和忠诚的基础上。

但是现在拿破仑希望实现自己成为整个欧洲主人的野心，让他对各个国家和民族的诉求不予理睬。法兰西帝国威胁要成为欧洲民族国家的坟墓。面对这种威胁，各国的爱国主义热情被唤醒。我们已经看到西班牙人民的反抗，后边我们还将看到德意志和俄罗斯爆发的类似反抗。

304.普鲁士重生

爱国主义运动在普鲁士得到了最热烈的体现。在耶拿战争中惨败的普鲁士成为法兰西帝国的附庸，遭受了各种屈辱和摧残。这唤醒了德意志内部沉睡已久的爱国热情。这种爱国热情的增长受到了各种因素的刺激和指引，其中科尔纳（Körner）和席勒（Schiller）还有其他诗人的爱国诗歌点燃了成千上万德意志人心中对祖国的激情。

教育成为加速民族觉醒和重生的另一个手段。1808年，哲学家费希特（Fichte）在柏林发表著名的演讲《告德意志民族书》（*Addresses to the German Nation*）。自从路德发表他的《致德意志基督教贵族公开书》以来再也没有如此打动德意志人民心灵的演讲了。费希特认为公共教育是唯一可以促进德意志民族道德和政治觉醒的手段。德意志青年必须接受教育为国民福祉无私奉献并享受为祖国牺牲的快乐。整个德意志的教育和哲学领域都被这种精神所感染。成千上万的德意志年轻人感受到对国家和国土前所未有的热爱。①

施泰因男爵

与此同时，诗人、哲学家和教师都通过他们的呼吁和特有方式在普鲁士社会创造了一种新的精神，杰出的爱国政治家施泰因男爵（Baron vom Stein）和哈登堡亲王（Prince von Hardenberg）实行的社会和经济改革唤醒和影响到了普鲁士人民大众。

当时普鲁士2/3的人口是农奴。施泰因的主要思想是国家的力量存在于人民的爱国热情之中；但是他的远见告诉他“爱国者不能出自农奴”。于是他实施了解放农奴，给农奴以公民权的政策。

通过著名的《解放法令》（*Edict of Emancipation*），农奴制被废除了。这项法令，由于其深远意义，获得了与林肯的《解放黑人奴隶宣言》（*Emancipation Proclamation of Abraham Lincoln*）以及亚历山大二世（Emperor Alexander II）颁布的解放俄罗斯农奴的法令同等重要的历史地位。

---

① 当时德意志的最伟大的思想家和作家都主张个人为了自己的利益而追求文化。在歌德看来，国家民族是最不值得关心的东西。歌德将民族爱国主义看作是狭隘的情感，在伟大的思想家眼里根本不值一提。诗人莱辛也称爱国主义为“英雄主义的懦弱之举”，而对国家的爱戴从未在他的头脑中出现过。同样对“英雄主义的懦弱之举”不屑的是哲学家黑格尔。所有这些伟大诗人和哲学家的思想意识中认为世界主义要比民族主义高尚得多——人们不应该将自己看作是一个微小的国家的公民，而应该是世界公民。

随着农奴制的废除，将普鲁士人民划分为不同阶层的等级特权也被废除。很多城镇获得了地方自治，为人民代表参与国家管理铺平了道路。

在施泰因和哈登堡进行社会改革的同时，战争部长沙恩霍斯特（Scharnhorst）按照法国模式对普鲁士军队进行重组。过去普鲁士军队在耶拿战场上遭受耻辱的失利是因为它主要是由农民和无能而又傲慢的贵族组成的。当时士兵哪怕稍有冒犯就会遭受鞭刑。新军队是由自尊自爱的公民组建而成，他们是真正意义上的国民军队，接受统一的军事管理。

这些改革对人民精神的影响是巨大的。它们促进了普鲁士政治和道德的重生。普鲁士在随后的解放战争中成为了德意志民族的领导者。普鲁士反抗拿破仑的起义构成了德意志人民最激动人心的历史篇章。

305.拿破仑入侵俄罗斯（1812—1813）

德意志和欧洲其他地区大起义的导火索是拿破仑入侵俄国时降临在他头上的厄运。各种因素交织，削弱了法俄两国的友谊并破坏了沙皇和拿破仑之间的同盟，但是双方相互失去信任并彼此疏远的主要原因还是拿破仑的大陆封锁政策。这一政策给俄国的贸易带来巨大损失，沙皇最终拒绝执行拿破仑的敕令，并加入了反法同盟。

拿破仑决心像对待其他欧洲国家一样用武力逼迫俄国俯首称臣。从所有的附属国召集军队后，拿破仑便率领这支大军穿过俄罗斯边境，这是名副其实的“大军”——人数达到40万。在斯摩棱斯克（Smolensk）做了单独的抵抗后，俄罗斯军队并没有正面迎战，而是向俄罗斯腹地撤退，而国家遭到了向前推进的敌人的破坏。最终，在距离莫斯科只有70英里的博罗季诺（Borodino），俄军停止撤退，开始与敌军展开浴血奋战。这场战斗血流成河，双方的伤亡达到了7万人，俄军的抵抗终于被摧毁，法国入侵者终于胜利地进入莫斯科。

但是拿破仑却惊讶地发现莫斯科城内的居民已经撤离；他在俄国沙皇空荡荡的克里姆林宫（Kremlin）安营扎寨两天后，在城市的各个角落同时燃起了奇怪的大火。大火烧了整整5天，直到莫斯科城市大部分地方都被烧为灰烬。

拿破仑此时的局势十分危急。他原本以为法国军队一旦进入莫斯科，亚历山大很快就会乞和。但是亚历山大对拿破仑的答复是，只要还有一个法国士兵站在俄国的土地上，他就不会和拿破仑进行谈判。

莫斯科的克里姆林宫

怀着沙皇会很快放弃自己的决定的希望，拿破仑又在已经被大火烧毁的莫斯科城停留到10月中旬，随后拿破仑下令撤退。这次延误是一个致命的错误，导致了历史上最大的悲剧。在撤退之前，法国军队的队列覆盖了距离帝国边境一半的地方，可怕的冬天袭击了他们。未带御寒衣服的士兵们遭受了恶劣天气的折磨和摧残，成千上万人被活活冻死，每个军营的营火周围都堆放着成堆的死尸。有时候一夜之间就有200到300名士兵丧命。而游弋在法国撤退大军周围的俄罗斯农民和哥萨克骑兵（Cossacks）日夜骚扰着法国人，几千法国士兵为此丧生。法军在渡过别列津纳河（River Beresina）时也是损失惨重。渡过别列津纳河之后不久，拿破仑意识到帝国的命运需要他回到巴黎，于是他将剩余的军队交给自己的元帅们率领，自己急忙返回巴黎。

法国及其盟军在这场灾难般的战争中死亡的人数高达25万人，而俄罗斯军队的死亡人数据估计大致相同。

306.解放战争；莱比锡战役，“民族会战”（1813年10月16日—19日）

拿破仑的好运和他的“大军”都被埋葬在俄罗斯的皑皑白雪中。他在俄国遭受的惨痛失利，再加上在西班牙的巨大损失，给欧洲各国带来了信心，他们认为是时候摧毁拿破仑了。第六次反法同盟组建起来，它包括俄罗斯、普鲁士、英国、瑞典和后来加入的奥地利。

拿破仑为准备最后一战付出了巨大努力。1813年春天，他集结一支新的部队，人数超过30万，但里边招募了大量的我们应该称之为男孩的未成年人。拿破仑的军队先后在吕岑和包岑（Bautzen）同俄罗斯与普鲁士联军交战，拿破仑在这两个战场上都取得决定性胜利。但是奥地利随后加入了联军，在萨克森的莱比锡（Leipzig），拿破仑受到了反法联军的猛烈进攻。这场著名战役卷入了如此多的国家，在历史上得名“莱比锡国家会战”（Battle of the Nations）。战斗持续了3天，拿破仑战败并被迫撤回法国。

联军开始向法国边境全面进攻。拿破仑竭力阻挡联军的入侵，但是徒劳无功。巴黎向联军投降（1814年3月31日）。随着反攻无望，拿破仑最信任的将军们背叛和抛弃了他。法国元老院，在曾经担任拿破仑外交大臣的著名外交官塔列朗（Talleyrand）的授意下，发布了废黜皇帝的法令，恢复波旁王朝的统治。拿破仑被迫退位，并被流放到位于地中海上的厄尔巴岛（Elba），在那里他被允许保留皇帝的称号，身边保留少许跟随他多年的士兵。但是厄尔巴岛对于曾统治半个欧洲的拿破仑来说似乎有点太小了，所以我们对拿破仑的不满不应该感到惊奇。

307.“百日王朝”（1815年3月20日—6月29日）

应法国元老院的邀请，路易十六的弟弟现在加冕成为路易十八（Louis XVIII）。反法同盟为这位新波旁王朝的国王安排了一份条约[①]，而反复无常的塔列朗作为路易十八的代表与同盟谈判。这份条约让法国回到了1792年的边境线。

按照之前的承诺，路易为法国制定了一部宪法，但是他的权力却不受任何限制。他称自己为“根据上帝的恩典作为法国和纳瓦拉的国王”。他总是暗指自己开始统治的这一年是他统治法国的第19年，这样就等于完全忽略了法兰西共和国和法兰西帝国的统治。这引起了人们的警觉，因为它令人怀疑自路易十六退位和被处死以来这段历史的有效性。一些人担心革命的所有成果都被抹杀，开始渴望拿破仑的回归，而这种愿望导致到处都在流传拿破仑将带着春天的紫罗兰回到法国。

1815年3月，欧洲各国代表齐聚维也纳重新设置被法国“洪水”毁掉的地标和

---

① 第一次《巴黎和约》，1814年5月30日。

边境线。有消息传来，说拿破仑已经逃离了厄尔巴岛来到了巴黎。开始时，会议代表们还不相信，只把它当成是玩笑，但后来还是不得不相信了报道的真实性。

利用对复辟的波旁王朝的普遍不满，拿破仑决心大胆恢复自己的皇位。他带领大约800名卫兵在法国南部的一个港口登陆，发表了极具鼓动性的演说后，拿破仑立即向巴黎挺近。在前往巴黎的途中，拿破仑受到了热烈欢迎。一个团又一个团的军队忘记了最近向波旁国王的效忠誓言，迅速加入了拿破仑的队伍。他的旧部更是兴高采烈。[①] 内伊元帅（Marshal Ney）被派去捉拿皇帝并保证把他装在笼子里带到巴黎。然而，当他看到自己的老长官时，便立即投入到他的怀抱，并以自己的宝剑和生命作抵押。路易十八被军队抛弃而无能为力，当拿破仑逼近巴黎的城门时，他舍弃王位，仓皇逃走。

拿破仑渴望与欧洲各国达成和平协议，但是欧洲各国却认为只要拿破仑坐上法国王位，欧洲大陆就无法保持和平。第七次也是最后一次反法同盟集结军队对抗“欧洲和平的破坏者”。

拿破仑希望在反法同盟的军队联合起来之前将他们各个击破，于是他率领一支13万人的大军迅速进入比利时，目的是摧毁那里的威灵顿公爵率领的英国军队和布吕歇尔（Blücher）率领的普鲁士军队。他先遭遇并击败了普鲁士的军队，随后在滑铁卢迎战英国军队。

滑铁卢战役无须多说，法国军队与英国军队激战一整天也没有决出胜负，随着夜幕降临，威灵顿渴望布吕歇尔或者深夜的到来。这时，布吕歇尔带领3万普鲁士军队扭转了战局。著名的禁卫军宁死不降[②]，发动了最后一次进攻后，把迄今为止所向披靡的方阵留在了失守的阵地上。

拿破仑被迫第二次退位[③]，而路易十八也第二次登上他不稳定的王位[④]。拿破仑逃往海岸，希望在那里乘船前往美国；但是英国警觉地封锁了那里，拿破仑被

---

① 拿破仑的回归得到了军队的欢迎，尤其是那些从俄国和德国返回的战俘，但是法国人民普遍不欢迎他回来。

② 卫队长康布罗纳将军对投降的命令做出了如此的回答：“禁卫军可以倒下，但绝不会投降。”这句名言的出处一直存有争议。

③ 他希望逊位给自己的幼子，并宣布他为“法兰西皇帝拿破仑二世”。

④ 反法同盟的军队与路易十八签订了第二次《巴黎和约》（1815年11月20日）。此时的法国不得不接受1789年时边界线，并付出了70万法郎的赔款。

迫向英国柏勒洛丰号战列舰的长官投降。拿破仑说："我来了，像地米斯托克利一样而来，将自己投进英国人民友好的怀抱。"

但是没有人会相信：如果让拿破仑获得自由，或者是只要他还在，即使被严密看守，欧洲大陆未来的安全和平静能得到保证。一些人甚至敦促将拿破仑作为反叛者和逃犯交给路易十八处死。但是，最终的决定是将拿破仑流放到南太平洋上的圣赫勒拿岛（Island of St. Helena）。就这样，拿破仑由英国士兵押送到圣赫勒拿岛并严加看管，直至1821年去世。

根据流放期间同伴的描述，拿破仑最后几年的事迹是历史上最让人怜惜的遭遇之一。他在52岁时去世。作为一个军事天才和统帅，他比历史上其他任何一个人给世界留下的印象都要深刻，占据的位置更为广大。"他的伟大无人可及！"①

---

① 德·托克维尔（De Tocqueville）。

第三部分　从维也纳会议到《凡尔赛条约》（1815—1920）

第十七章　维也纳会议与梅特涅

308.法国革命产生的思想

欧洲自推翻拿破仑统治后的社会和政治史，就是伟大的社会和政治动荡历史的持续。在整个时期起作用的主要力量就是法国大革命中留传下来的思想和原则。

作为历史中的革命力量，在探究法国大革命和法兰西帝国的发展过程中，有三条基本的思想原则。第一是平等原则，法律面前人人平等。革命者对这条原则有着宗教般的狂热。它被传播到整个欧洲。法国军队也被形容为“行军中的平等公民”。《拿破仑法典》就包含着这种平等思想，无论它在什么地方建立——尼德兰、西部德意志国家、波兰部分地区、瑞士、意大利——都起到了和在法国同等重要的影响。基督教倡导上帝面前人人平等，而法国革命则提倡统治者面前人人平等。前者是宗教领域的人人平等，而后者是民事领域的人人平等。

第二是人民主权原则。根据此项原则，政府的权力来自被统治者。法律应该是全体人民意志的表达。人民直接或通过代表参与政府管理。所有统治者或执政者都是人民的仆人并对人民负责。

第三是民族原则。这条原则要求每个民族都有选择自己的政府形式以及用自己的方式管理内部事务的自由。这一思想在法国革命进程中就已出现。它是受拿破仑对民族情感的蔑视和对民族主权的恣意践踏而被唤醒的。

309.这些思想是如何在全世界作为创造力起作用的

这些原则或思想是19世纪从法国大革命收获的宝贵的政治遗产。[①]它们充满了活力和力量。它们的实行，它们在社会制度、法律和政府中的具体体现，构成自拿破仑垮台后世界历史中的很大的一部分。

在这个时期里，1789年大革命的慷慨之情，所有人生来就拥有自由和平等的权力，对解放和提升当时未获自由和被践踏的社会秩序，对消除宗教、民事和民族阶级差别都起到了重大的作用。尤其是这个时期产生了大量的解放法令和条例。奴隶制、农奴制和中世纪各种形式的封建不平等，在新的平等精神的影响下，已经或正在从文明世界中消失。

主权在民的思想同样是这段时期改变历史的潜在力量。这个时期的一个主要特征就是代议制政府（Representative Government）取代君主专制。正是这种民主和自治政府的事业，激发了那个时代最为崇高的奋斗和自我牺牲精神。所有经历思想启蒙的人民，都热情地拥护这样的思想原则，为自己和孩子建立更美好的未来而奋斗。

作为同样强大的革命性力量的是民族感情，它既有创造力又有破坏力。在它的号召下，很多国家诞生了；但在一次世界大战的消耗下，它造成很多历史上的伟大帝国全部或部分解体，并按照民族关系重塑了或正在重塑国家的基础。简而言之，它大刀阔斧地重建了欧洲国家体系，并给欧洲和西亚的政治版图带来了全新的面貌。

但是这些思想并非是按照自由的过程产生的。它们在社会制度和政治形式上的体现，在大多数国家，都经历了暴力和革命的过程。这些自由思想是从与某些反对它的保守思想的不断冲突和争夺中得来的。而这把我们带到了19世纪历史的起点——著名的维也纳会议（Congress of Vienna）。

310.维也纳会议（1814年9月—1915年6月）

在拿破仑第一次退位之后，欧洲君主或亲自或派代表齐聚维也纳，讨论欧洲大陆的事务。我们后边会结合各国历史探讨他们各自与维也纳会议的关系，这里我们只简单地介绍一下这次会议的精神和总体的特点。

参加维也纳会议的代表们似乎只有一个目的——尽可能将一切恢复到法国大革

---

① 当然，这些思想并非新的学说。所有所谓的法国大革命思想，都是通过法国大革命为它们注入新的权威，并在世界上被赋予新的进程。

命之前的样子。他们根本不考虑人民，只关心各自的君主。民主思想完全被忽视，在绝大多数代表眼中，人民政权只不过是无序统治并且要尽可能地压制。当时一个自由政治家简洁而又真实地归纳了维也纳会议的特征就是“国家的交易和君主的狂欢”。

会议采用的第一个原则是合法性原则。根据这一原则，王位被看作是君主的财产。长期占有给了他们一个很好的、不可剥夺的所有权。

按照这一原则，拿破仑扶植的新当权家族都被毫不客气地排斥，而流亡在外的古老王朝都被恢复起来。其中最重要的恢复——由维也纳会议直接行动或由各国已经实现后再由会议确认——就是波旁王朝在法国、西班牙和那不勒斯的复辟。

这一原则只适用于世袭统治者，它并不适用于共和国或像威尼斯和德国自由城市那样的半共和制国家，也不适用于教会国家。拿破仑曾经剥夺其领土和王位的大量德意志教会国家便没有被恢复。但是教皇是例外的例外。庇护七世重新获得了教会国家的统治权。这是欧洲唯一留下来的宗教国家。

这一原则适用的另一个例外情况是，几百个德意志小国家，它们的领土在拿破仑对德意志进行重组时被送给了大的国家，这些小国家便没有获得恢复。

合法性的问题得到解决，下一个问题就是从拿破仑手里夺回的领土如何在各国之间进行分配。对于大部分君主来说，这才是他们最关心的议题。一个会议代表坦承道：“会议的真正目的是如何在征服者中间分割他们从被征服者手中夺得的战利品。”在分配领土和特权的过程中根本不会考虑关于民族性的权利和诉求，这些领土被分割国家的人民像牲畜一样被主人随意处置和分割。领土争端的解决是当时最重要的问题之一。

比利时和荷兰诸省在尼德兰王国的名义下被统一为一个单独的国家，被分给了奥兰治家族的君主。这样做的目的是在法国身边建立一个屏障以阻止法国未来可能的进攻。但是荷兰和比利时由于在民族、宗教和工业发展上的差异，实际上是两个不同的国家的事实却被完全忽略了。

曾经属于波兰的大部分领土被并入俄国。波兰人被告知他们必须放弃恢复他们民族独立的所有想法和希望。①

---

① 瑞典被确认占有挪威，丹麦由于与拿破仑结盟而失去了挪威。瑞典和挪威形成了一个双元君主制国家，两国各有自己的议会，但在同一个国王的统治之下。这种局面一直持续到1915年，挪威宣布联合的解体，并选择丹麦的查理亲王作为自己的国王，并从此成为一个独立的王国。

萨克森公国的一半领土，莱茵河两岸的广阔区域，以及其他一些土地都给了普鲁士，这就让普鲁士在德意志取得了比法国大革命之前更为主导的地位。

1814—1815 年维也纳会议

上意大利的伦巴第和威尼西亚连同其他一些土地给了奥地利。奥地利在意大利统治的延伸是维也纳会议对民族性法则最肆意的践踏，而当意大利统一和独立的时刻到来时，奥地利也就遭到了报复。

在德意志，维也纳会议建立在拿破仑设定的基础之上。被拿破仑从构成旧德意志体系的数百个国家中削减出来的42个独立国，其中的39个，包括普鲁士和奥地利，组建了一个类似于莱茵邦联的联邦。①

另一方面，在意大利，拿破仑的改革被废除，旧的秩序被重新建立起来。除了北部诸省，其他领土都被交到了奥地利手中，意大利半岛被分割成为诸多独立的国家，就像法国大革命前的状况。

英国从维也纳会议得到的是，保住了自己在拿破仑战争中岌岌可危的海上和殖民地霸权。她保留了从法国及其盟友手里夺来的地中海及东方的岛屿和海岸线，从法国手里抢夺的马耳他和毛里求斯（Mauritius），从荷兰手里抢得的好望角和圭亚那（Guiana）的一部分领土。英国还获得了伊奥尼亚岛的保护权，这使得她得以掌控亚得里亚海。而在西印度群岛，她也保留了从法国手里获得的两个小岛[多巴哥

① 关于德意志重组的细节，参见第360条。

（Tobago）和圣卢西亚（St. Lucia）]。①

尤其吸引德意志事务委员会注意力的第三件事，就是不同君主对自己臣民颁布的宪法。在精神和性情上，这些复辟的统治者大部分都是革命前的旧专制君主，现在他们重掌大权，却对所发生的一切感到害怕了。他们渴望按照旧的方式来统治国家；但是他们当中也有些人意识到世界局势已经发生了变化，过去的绝对专制统治已经无法安全重建。俄罗斯沙皇似乎对一些自由思想很感兴趣。

因此，宪法成为了维也纳会议的一个议题。路易十八被要求遵照《巴黎和约》（*Treaties of Paris*）的规定为法国制定宪法，盟国完全清楚，如果复辟的波旁王朝实行绝对君主专制，将会再次出现令整个欧洲动荡不安的麻烦。维也纳会议也建议德意志的王公们采用代议制政府[它们被称为“各等级代表大会”（Assemblies of Estates），而宪法的字眼被小心翼翼地回避掉了]。除了法国，在这个阶段实际上接受宪法的国家包括荷兰、瑞士、波兰和挪威。②

即使在宪法已经存在或是被准许制定宪法的国家和地区，法律赋予人民参与政府管理的权利还是很少的。这些宪法是贵族式的，在君主制的形式下，将政府交到了君主和少量选民团体手中。实际上，古老的专制统治几乎在每个地方被重建起来。③对独裁统治而言，世界又变得安全了。

但是法国大革命对君权神授的国王的敬畏的削弱却无法重新恢复。在欧洲试图重建专制政府就是试图重建一种对大衮（半人半鱼神）式的膜拜。然而，在维也纳的这些会议代表们对时代精神和趋势视而不见，他们确实将曾经被打倒的偶像再次树立起来，然而这些偶像在下个世纪的政治动荡中再次被打倒在地。国王们召开的是他们的和平会议，然而一百年后各国人民会拥有他们的和平会议——巴黎和会。

---

① 黑尔戈兰岛控制着易北河的河口，这时它被丹麦割让给英国。1890年，英国又将这个小岛割让给新成立的德意志帝国。

② 同英国一样，匈牙利从中世纪起就拥有自己的宪法。瑞典也在法国大革命时期拥有了自己的宪法。

③ 除了重建了欧洲的国家体系，维也纳会议还处理了几个普遍关注的次要问题，比如河流的水上运输、外来移民的权利和奴隶贸易等。关于最后一个问题，维也纳会议在英国的影响下，对奴隶贸易做出了清晰的判定，承认法国大革命所提出的人生而平等和自由的思想。维也纳会议还发表宣言谴责奴隶贸易，几个主要的国家同意竭尽全力限制奴隶贸易。这几乎是维也纳会议唯一同社会和道德力量站在同一战线上并塑造了新的世纪开端的行动。

311.梅特涅

梅特涅

1815年君主复辟的精神和掌控整个维也纳会议的精神都在奥地利首相梅特涅（Prince Metternich）身上得到了具体体现。梅特涅憎恨法国大革命，在他眼中，法国革命就是邪恶精神在世界上的随意游荡。他宣称民主精神就是无序精神，这种精神肯定会“将白天变成最黑的夜晚”。他把人民参与政府管理的要求看成是胆大妄为，他完全相信如果向这些要求让步就会导致可怕的混乱和流血事件。他认为世界唯一的希望就是过去的君权神授专制主义。

因此，梅特涅的制度是一种压迫制度。他的信条就是“保持一切不变”。梅特涅是一个异常精明、阅历丰富、对整个欧洲的公共事务十分了解的外交家，他对欧洲1815年到1848年的这段历史有着巨大的影响力。我们完全可以将这段历史称为“梅特涅时代”。正是因为有了梅特涅，旧时的专制政府在这个时期的欧洲非常盛行。

312.梅特涅和神圣同盟

梅特涅担任首相早期阶段的活动都与一个著名的联盟“神圣同盟”（Holy Alliance）联系在一起，这里我们有必要对该联盟的起源做个简单的介绍。

神圣同盟是在拿破仑垮台后，由沙皇亚历山大发起，主要成员有俄罗斯、奥地利和普鲁士组成的联盟。它表面上是为了维持欧洲的宗教、和平及秩序，将基督教教义化为政治上的实践。加入该同盟的几个国家的君主们都承诺会像父亲一样对待他们的子民，用爱来治理国家，致力于增加臣民的福祉。

所有这一切看上去都那么的神圣。但是很快，神圣同盟就变成了实质上维持政府的绝对统治，反对时代自由倾向的一个联盟。在维护宗教、正义和秩序的外衣下，该联盟的君主们联合起来压制自己臣民对政治自由的追求。

313.其他原则、运动和利益

为了避免读者对法国大革命之后的这段历史产生错误的印象，我们必须要提醒读者没有一个简单的公式足以概括任何一段历史。历史从来都是非常复杂的，因为很多思想和力量交织在一起，决定和影响着各种事件的发生。

维也纳会议之后的这段历史就具有特别的复杂性。来自法国大革命的思想赋予这个时代主要的特征，但是，贯穿于这个历史时期的，还有其他不同的思想、原则和利益，为这个时期，尤其是这个时期的后半段，增加了巨大的——思想、宗教、工业和殖民运动的复杂性。

文艺复兴的思想在这个时期的社会中有着广泛而强大的影响。各种思潮更加广泛地传播，现代科学作为文艺复兴的特殊产物，持续不断地为世界带来新的奇迹，为人类的研究和征服自然提供了新的工具。

宗教改革运动的真正精神也在发挥着作用。随着时间的流逝，信条更加自由，宗教更为包容，这些被看成是“过去4个世纪最有益的成果”①，让世界获得更快速的发展。

另外，这个时代还见证了由幸运的发现、灵巧的机械发明及诸多其他原因导致的无与伦比的工业发展。我们需要辟出专门的章节来对这个改变世界的运动进行简单的回顾。

这个时代还被欧洲各国不可思议的扩张运动所标记，这种扩张运动让整个世界掌握在那些在过去三个世纪里掌握了新的更高文明成果人们的手里。对于这样一场重要的扩张运动，我们也会在“欧洲的扩张”这一章做专门的讲述。

这个时期被人类历史上规模最大的一场战争（在第二次世界大战之前，第一次世界大战是人类历史上规模最大的一场战争）所终结，这场战争的最终结局影响广泛而深远，它标志着人类历史新纪元的开始。回顾这场惊人的战争的突出事件，总结这场战争的深层原因，以及简单概述由这场大灾难引起的世界的改变将会在我们接下来有限的篇幅里进行。

---

① 这是哈佛大学校长查尔斯.W.艾略特于1893年在芝加哥哥伦布纪念博览会水门上的题词。

第十八章　二次复辟后的法国

（1815—1914）

314.路易十八的统治[1815（1814）—1824]

“你们的国王，他的祖先统治你们的祖先长达8个世纪，现在，他回来把自己的余生投入到保护和安慰你们中去。”这是路易十八在滑铁卢战役后再次回到法国对法国人民的演讲。“百日王朝”的产生给了路易深刻的教训并让他学会了谦卑。正是由于这样的经历，路易在他后来的统治中尽可能理性地考虑法国革命带来的改变。但是，随着年龄的增大和态度上的不够坚决，他越来越对极端保皇派屈服让步，保皇势力有所抬头，法国政府进入恢复过去统治秩序的轨道上来。

315.查理十世的统治（1824—1830）；1830年革命

1824年，路易十八去世，查理十世即位，这种反动政策变得更加明显。查理似乎根本没有从过去的历史经验中吸取任何教训，他盲目、固执的执政路线让人们产生了这样一种说法：“波旁的国王什么也没学到，什么也没有忘记。”

我们没有必要详细地叙述查理做到了什么和没有做到什么。他的目的是消除大革命的影响，就像英格兰的詹姆斯二世消除清教徒革命的影响的做法一样。他漠视宪法，恢复教士的权力，重建严厉的出版审查制度，并通过王室公告来改变法律。他似乎执着于重新恢复法国君权神授的专制制度。他宣称自己宁愿伐木求生，也不愿效仿英国国王的做法。

查理执政的结局应该可以预见。巴黎人民起而反抗，街道上布满了路障，查理被护送到海边，在那里他乘船前往英国。

当时的法国并没有想要建立共和，她倾向于进一步试验君主立宪制度。奥尔良公爵路易·菲利普（Louis Philippe）代表波旁家族更年轻的一支，被推上了王位，并修订了宪法。在路易十八批准通过的宪法中，他自称“上帝恩典的法兰西国王”。新宪法宣布路易·菲利普为“根据上帝恩典和国家意志当选的法兰西人民的国王”。法国大革命的第一思想——人民主权——就这样在国家的根本大法中体现了出来。

316.1830年的“七月革命”对欧洲的影响；比利时王国的起源

法国过去被称作欧洲的恩克拉多斯（Enceladus）。这样的比喻值得我们去回忆一下这段神话故事。在希腊神话中，恩克拉多斯是一个巨人，他同奥林匹亚的朱庇特作战。在他们交战的过程中，密涅瓦（Minerva）帮助朱庇特，将埃特纳火山（Aetna）扔在恩克拉多斯的头上，把他永远压在大地上。西西里岛上的稳定受到了威胁，因为每当巨人疲惫地翻个身的时候，整个岛屿都为之震动。

法国，与君权神授的欧洲各国国王作战，在战争中遭受重创，被顽固的保守主义压在了大地上。每当巨人疲惫翻身时就会有火山喷发，整个欧洲大陆就像古代的西西里岛，摇摇欲坠。

巴黎的震动使得欧洲复辟的君主们不得安宁，梅特涅和其他维也纳会议上的政治复辟主义者精心培护的绝对君主专制体系一度受到了威胁。[①] 在尼德兰，1815年人为建立的新秩序被完全破坏。比利时人奋起抗争，宣布自己脱离荷兰而独立，采用了自由宪法，推选萨克斯-科堡（Saxe-Coburg）家族的利奥波德（Leopold）作他们的国王（1831）。独立的比利时王国就这样诞生了。欧洲所有大国承认了比利时在战争中保持独立和中立的地位。

317.1848年革命和法兰西第二共和国的建立

从即位到1848年，路易·菲利普的统治并不平静，但是也没有什么太大的扰动。但是，在此期间革命思想在法国民众中间传播，民主党派不断地积攒力量。最终，人民提出扩大选举权的主张。这时，法国只有20万选民，拥有一定的财产是获得选举资格的基本要求。政府始终如一地拒绝所有的选举改革。法国国王的首相基佐（Guizot）宣布“这个世界上根本不存在所谓的普选权”。

---

① 波兰曾燃起希望：人民揭竿而起，将俄国的卫戍部队赶出波兰。然而，沙皇的大军迅速反扑，1831年年底，波兰爱国者们再次倒在了俄国的铁蹄之下。这个不幸的民族再次陷入艰难的命运。他们的宪法被废除，波兰成为了俄罗斯帝国的一个省（1832）。

恩克拉多斯再次发威，法国出现了像1830年一样的震动。动荡的中心当然是巴黎。路易·菲利普大为震惊，逃往英国。菲利普逃离法国后，巴黎暴动者将国王的宝座拖出杜伊勒里宫，一把火烧掉。

法兰西第二共和国建立。新宪法确立了普选权。人民开始大选，拿破仑的侄子路易·拿破仑·波拿巴（Louis Napoleon Bonaparte）当选为新共和国的总统（1848）。

巴黎的“二月革命”（February Revolution）点燃了欧洲的自由之火。“毫不夸张地说，在1848年3月，每一天都有新宪法通过。”法国又一次对欧洲国家进行了难以抵挡的入侵——“思想入侵”。

318.第二帝国（1852—1870）

第二共和国只维持了3年。与他叔叔登上帝国皇位的步骤几乎完全一样，路易·拿破仑现在也获得称帝的尊荣，他的崛起把共和国碾得粉碎。

共和国总统和国民大会之间暗中较量，总统开始谋划政变——第二次雾月政变（Eighteenth Brumaire）。路易下令乘夜逮捕议会中一些反对他最有力的代表，随后解散了议会。他呼吁法国民众同意他的做法，得到了人民的异乎寻常的响应。700万人中的大多数投票赞同总统发动的政变，甚至为了奖励他的做法将他的任期延长到10年。这实际上就是1799年督政府的恢复。第二年，路易就变成了法兰西皇帝（1852），称号拿破仑三世（Napoleon III）。

拿破仑三世

路易·拿破仑的政变之所以能够成功，部分原因在于人们害怕再出现1793年那样的恐怖统治，另一部分原因就是他是拿破仑的侄子。恰恰这个时候，拿破仑这个名字在法国具有神奇的魔力，到处都在流传拿破仑的传奇经历。时间已经将第一帝国的创立者理想化了。

法兰西第二和第三共和国只是第一共和国的恢复和延续，同样，第二帝国也只是第一帝国的恢复和延续。它在起源、思想和政策上几乎和第一帝国完全相同。

路易·拿破仑宣布帝国意味着和平。但是事实却与此相反，这段历史时期充满着各种战争。其中法兰西第二帝国参加了三场重要的战争：克里米亚战争（Crimean War，1853—1856）、萨奥战争（Austro-Sardinian War，1859）和普法战争（1870—

1871）。前两场战争，我们会在后边涉及俄国和意大利的事务时专门讲述[①]，这里我们需要说的就是，这两场战争，每次都让路易·拿破仑在欧洲的威望获得极大的提升。

关于第三场战争——普鲁士和法国之间的战争，我们需要结合德国作为帝国力量的崛起来谈谈战争的起因；因此，这里我们只涉及与战争有关的主要事件。

战争一开始，三支庞大的德国军队就攻入法国。一支法国大军在著名的格拉沃洛特战役（Battle of Gravelotte）中被击败，在梅斯（Metz）被敌军团团围住。随后，法军在色当（Sedan）投降，连皇帝在内的83000名法国官兵成为俘虏。[②]

德国军队向巴黎进发，开始全力围攻这座城市（1879年9月19日）。成功守卫巴黎的希望很快就随着在梅斯的巴赞元帅率法军向德军投降而告破灭。173000名士兵和6000名军官成为俘虏，这是军事史上最大的全军被俘虏的战例。巴黎还在顽强抵抗，在严寒和饥饿的双重折磨下，又坚持了3个月之久；随着所有试图冲破包围努力的失败，巴黎终告失守，宣布投降。

319.《法兰克福条约》（1871）

根据巴黎投降后签订的条约，法国需要向德国赔偿50亿法郎（10亿美元）[③]，并将莱茵流域的阿尔萨斯和洛林的一部分割让给德国。这些地区的割让是对民族原则的践踏，因为这些被割让地区的人民尽管不全是法国血统，他们在情感上和归属感上都偏向于法国一方。他们成为了“丑恶的滥用武力”可怜的牺牲品。他们在波尔多（Bordeaux）的议会代表从大会席位上撤出时，发表了如下郑重而又具有预言性的抗议：“欧洲不能允许或批准将阿尔萨斯和洛林放弃。文明国家，作为正义和民族权力的守卫者，不能对遭受战火痛苦的邻居的悲惨命运保持冷漠和麻木。现代欧洲不能允许人民像牲畜

法兰西第三共和国第一任总统
路易·阿道夫·梯也尔

① 参见第353条和378条。

② 战争之后，路易·拿破仑在英国找到了一处避难所。他于1873年1月9日去世。

③ 最后一笔分期赔款于1873年交付后，德国最后一批占领军随即撤离。

一样被随意捕杀；她不能再继续对受到威胁的民族的抗议充耳不闻。我们郑重宣布：这样的没有经过我们允许的条约完全无效。此时此刻，我们从议会大厅撤出，我们内心深处最崇高的想法就是对自己的土地遭受暴力表达我们的关切。我们在阿尔萨斯和洛林的兄弟此时从大家庭中暂时离开，但是我们会心系法国，我们相信总有一天我们会再次回到这个位置上来。”①

320.第三共和国

取代了第二帝国的政府实行共和制。②从政府成立到第一次世界大战爆发前，法兰西第三共和国的局势有些动荡不安。总统和内阁经常变动，党派纷争经常上演。尽管面临这么多的棘手问题，共和政府还是稳步前进，与此同时，君主政体和帝王统治却在节节后退。像英国的斯图亚特王朝一样，波旁王朝和波拿巴王朝的君主们都流亡在外，再也没有回来。

第三共和国所面对的麻烦和问题都是君主专制和帝国时期的遗留问题。战争摧毁了法兰西第二帝国，遗留下来的最棘手问题就是阿尔萨斯–洛林问题。对德国分割法国的深深的愤恨和对德国军队进一步入侵的担心，迫使法国在1891年与俄国结盟，后来，这个同盟连同它所引发的重大结果而被遗弃。③

第二个遗留问题是君主专制主义者和帝国者留下来的实力强大的党派一直试图破坏共和的声誉，等待时机重新建立君主制或帝国统治。这些党派的阴谋在1886年导致共和国政府将所有波旁王朝和拿破仑帝国的王位继承人们统统逐出法国。

第三个遗留问题就是教育问题——因为人民的教育是共和政府的必然结果。在法国大革命之前，法国的教育主要是掌握在教会手中。大革命取缔了这些教会团体，将教育世俗化。君主专制的复辟带来了教会的恢复。此时的教育体系是一种混合体系，部分世俗化，部分教会化。自由民主人士强烈要求压制教会学校，实行完全的世俗化教育。反抗教会对教育和民事问题影响的最终结果是1895年政教的完全分离。这意味着罗马天主教会（新教和犹太教同样如此）与政府编制的脱离以及拿

① 乔丹，《阿尔萨斯-洛林》，第20—22页。

② 法兰西第三共和国的宪法与美国宪法不太一样，它不是一份单一的法律文件，而是由不同时期通过的法律组成。她的立法机构由参议院和下议院构成，两院的联合会议选举总统，任期7年，并组建内阁，对立法机构负责。选举为普选制。

③ 两国协约在1907年达成，后来英国加入进来，形成了三国协约。

破仑与教皇1802年签订的《宗教事务协约》的解除。①

共和国还面临着与旧制度的遗留毫不相关的麻烦。1889—1892年期间，整个法国都被斐迪南·德·雷赛布（Ferdinand de Lesseps）组建的公司的管理不善和失败造成的巨大丑闻所动摇。雷赛布曾经因成功地修建苏伊士运河而名声大震，他准备在巴拿马地峡（Isthmus of Panama）挖一条类似的运河。在花了2.6亿美金的巨款后，由于工作进展的不佳，该公司宣布破产。随后，公司在出资人的推动下采取了大规模的行贿和腐败手段。随后，他们被起诉。包括雷赛布本人在内的很多人遭受了严厉的惩罚。此时的雷赛布已经是年老体衰、行将就木，他每日惴惴不安。他辉煌一生到头来却经历如此令人唏嘘的结局，这一事件也成为法国近代史上最为著名的事件之一。②

至于法国在这个时期的工业发展和殖民活动，尤其是在非洲大陆的文明开化过程中所起到的作用，我们将有专门章节进行讲述。③随着1914年第一次世界大战的开始，法国历史开始与整个欧洲和世界的历史融合在一起。④

① 随着教会与政府的分离，由政府支付给牧师们的薪水也停发了。教堂留给天主教徒自由使用，但是主教的宅邸和其他宗教建筑都作为教育和非宗教活动的场所使用。

② 这一时期另一个不幸的事件就是阿尔弗雷德·德雷福斯冤案。德雷福斯是法国军队里的一名犹太裔炮兵上尉，他因被指控犯有叛国罪而受到军事法庭不公正的审判。这起事件非常复杂，这里不能全面介绍。

③ 见第二十四章。

④ 见第二十六章。

第十九章　从滑铁卢战役到第一次世界大战前的英国

（1815—1914）

321.四大主要事件

英国在滑铁卢战役和第一次世界大战爆发之间的这段历史包含了很多事件。用短短的一章来涵盖整个这段历史并不会有太多有意义的东西，除非它能够将众多的历史事实按照事件发生的原因合并为某种一致性，这样就能够将这些事件和几个广义的国家运动和趋势联系在一起。

按照这样的方式来探讨这段历史，我们会发现很多事件可以按照下边四个方向来分别加以总结：（1）民主运动；（2）宗教平等思想影响的扩大；（3）英格兰与爱尔兰的关系；（4）英国殖民帝国的发展。

我们这里只是沿着前三个方向将这个时期的重大历史事实与读者分享，至于英格兰殖民的发展我们会在后边的章节专门讲述。

第一节　民主运动

322.概述

1688年的英国革命将国家的权力从国王手中转移到议会手中。然而议会的选举权却只局限在很狭小的范围内。在本应参与国家事务的500多万英国人中，只有不到20万人拥有选举权，这些人主要是富裕的上层阶级。这个世纪英格兰的政治民主化进程主要在于扩大选民的范围，赋予每个有思想、正直的人以选举权，参与政府的管理。

323.法国大革命对英格兰自由主义的影响；改革与革命

法国革命刚开始时，为自由趋势注入了新鲜的动力。英国的自由主义人士密切关注着法国共和主义者的革命进程。政治家福克斯听到巴士底狱被攻陷的消息后开心不已，他从这一事件中看到了希望。年轻作家柯勒律治、华兹华斯和骚塞等人都被民主思想所感染，对政治自由和平等产生了极大的热情。但是法国革命者的过度野蛮化革命令英国自由主义者受到了惊吓，对自由思想突然出现了情感上的厌恶。自由主义思想被当成了危险、具有革命性的东西被排斥。

但是几年之后，随着拿破仑的倒台，法国革命的恐怖被人逐渐遗忘。自由主义思想开始在民众中传播。英国民众抱怨说英国政府宣称自己是人民的政府，但是实际上人民根本无权参与政府事务。

我们应该注意到英国政府和欧洲其他国家统治者对待自由主义思想的方式上的不同。在欧洲其他国家，民主精神的兴起遭受到了残酷和专横的压迫。统治者在管理政府事务上将人民拒之门外。我们已经在法国看到了这种政策的结果，后面也将看到在欧洲其他国家的结果。自由主义思想确实最终取得了胜利，但是这种胜利只有通过革命才能取得。

而在英格兰，政府对民众的民主要求并没有太大的抵制。它会适时地对不断发展的民主精神作出让步。因此在英国，并没有发生一系列的革命事件，我们看到的是一系列的改革措施，它逐渐让下议院越来越平民化，使得英国成为不仅是名义上的，也是现实中的民主国家。

324.《1832年改革法案》

议会改革迈出的第一步是在1832年。为了理解这一改革行动的重要意义，我们有必要回顾一下历史。

1265年，平民首次进入议会，这些成员仅仅来自那些财富和人口都有资格成为代表的城市和选区。随着时间的推移，这些地区中一部分地方的人数减少，而新的城市则不断成长；然而这些没落的选区还保留着他们向议会输送成员的古老特权，而新的城市则被排除在议会之外。老塞勒姆（Old Sarum），一座已经完全没落，根本没有人居住的古城镇，却仍然在议会下院占有两个席位。另外，君主为了保持对议会下院的影响力，不断地给一些不那么重要的地方以把它们的成员送回下院的权力。这些小地方的选举总是受到君主或大地主的腐败影响，几乎是不可避免的。于是，议会下院塞满了国王的提名者或者花钱买到席位的议员，他们对自己的这种行为几乎毫不隐瞒。与此同时，刚刚发展起来的大的制造业城镇如伯明翰（Birmingham）、利兹（Leeds）和曼彻斯特（Manchester）却在下院中没有代表。

对这种腐败和荒谬的代表制度进行改革的呼声越来越高。这场运动得到了18世纪后半期刚刚诞生的报纸的支持，因此，由于报纸的影响，这场运动比之前更早的任何改革更具普遍性。辉格党（Whigs）和托利党（Tories），也即自由党（Liberals）和保守党（Conservatives）之间的较量由来已久，愈演愈烈。保守党反对所有改革，认为根本没有必要改革。最终，民众的情绪变得强烈而可怕，议会上院的贵族阶层本来是想阻挡这些改革措施的，也被迫让步。《1832年改革法案》（*Reform Bill of 1832*）成了真正的法律。通过这一法案，英国的选举制度得到了根本改变。86个“有名无实的腐败选区”被完全剥夺了或者半剥夺推举议员的权利，而下院来自这些选区的142个席位被分给了之前没有代表的不同县郡或者大的城市。这个法案也通过将选举权扩大到所有在城镇拥有一定数量财产的人员，并通过降低县郡选民的财产资格增加了选民的数量。

这项改革法案的重要意义怎样形容都不为过，它就是英国政治民主史上的《大宪章》。

325.1835年的《市政改革法案》

这个时期英国城镇政府对于改革的需求同英国议会一样迫切。这时的市政制度基本上还是沿袭中世纪的体系。大部分城镇由腐败的寡头统治。长期以来，对推翻这些寡头统治的鼓动终于导致1835年《市政改革法案》（*Municipal Reform Act*）的通过。这项法案对于城市政府的影响不亚于《1832年改革法案》对英国议会的影响。

326.宪章运动：1848年革命

尽管《1832年改革法案》在其建立的原则方面极具革命性，但是在其原则的

年轻时的维多利亚女王

应用上只是向前走了一小步。它只承认了中产阶级的选举权，而广大劳动群众根本没有得到管理政府的权力。因此，他们开始了更加激烈的革命行动，史上称作“宪章运动”（Chartism）——得名于一份名为“人民宪章”（People’s Charter）的文件，其中体现了他们渴望的改革。其中最主要的改革要求就是普选权和投票表决权。

之前的革命骚动还只是或多或少地带有一点暴力色彩，而到了1848年受到动摇欧洲大陆上各国君主专制革命的鼓舞，宪章派开始大规模的暴力革命，这令守法的城市民众有些害怕，从而对他们产生了不信任，他们的组织机构分崩离析。然而他们努力倡导的改革从根本上还是令人渴望和充满正义的，而这些改革中最重要的思想已经被采纳并在英国宪法的制定中起到了重要作用。

327.1867年的改革法案和1870年的教育法案

1867年的改革法案只不过是英国政府沿着《1832年改革法案》的方向迈出的另一步。同样，它的通过也是在议会内外经历了漫长的暴力行动才得以完成的。这项法案的主要影响是扩大了投票权——赋予“第四等级”公民权。

就像《1832年改革法案》通过后一样，现在议会的注意力转到了民众教育的问题上来；所有人都认识到实行普选，必须要普及教育。议会通过第二项改革法案3年后又通过了教育法案（1870），其目的是为英伦三岛的每个孩子提供初等教育，赋予地方政府建立和维护学校并强制儿童入学的权力。

328.1884年的改革法案

保守派领导人之一德比伯爵（Earl of Derby）在谈论1867年的改革法案时说：“毫无疑问，我们正在进行一场伟大的实验，并在黑暗中迈出了一大步。”就在该法案通过17年后，英国人民又开始迈出另一大步。但是他们不是在黑暗中前行，允许更下层的人民参与政府管理，体现了智慧和开明。

1884年，当时的首相格莱斯顿爵士（Mr. Gladstone）引入并推动了一项比之前法案更具颠覆性的新改革法案。它将选民人数从300万增加到500万。县郡选民的资格和选区选民的资格要求一样。这样，它就赋予广大农民阶层以选举权。①

329.农村地方政府改革

城市的议会和政府已经相当民主化。农村地区是最后感受到英国政府为重建民众利益开展的自由运动影响的角落。但是最终，自由运动还是来到了这里，通过议会各项法案，民主重建工作逐渐完成和实现。它将更多的权力直接交到更小选区的人民手中来管理他们自己的地方事务。

330.取消议会上院的“否决权”（1911）

《1832年改革法案》后英国宪法最激进的变革在1911年的一项法案中得以实现，该法案限制议会上院的立法权，从而将其否决下院通过的法案的权力永久取消。② 上院的“否决权”（Veto Power）之所以会被取消是因为它经常被上院用来阻止和打击下院自由派发起的改革议案。制造这场危机的是上院否决了由财政大臣劳合·乔治（Lloyd George）提出的财政预算案。为了满足养老金政策和庞大海军的开支，对土地、财产继承和大额收入征收新的特别税等都需要制定新的预算案。在下院获得通过后，该预算案却遭到了上院的否决。上院的这一举动被自由派看作是违宪的行为，他们认为财务和税收法案应该完全属于下院的管辖范畴。经过激烈辩论和政府呼吁人民进行新的投票选举后，上院最终让步，通过了该预算案。但是他们阻止法案通过的行径惹恼了下院自由派，于是下院自由派决心限制上院的立法权，最终该提案获得通过。

这场改革使得英国人民通过在下院代表表达的意愿被认为是至高无上和独立

---

① 1918年，在世界大战的压力下，英国通过《人民代表法案》，选举的民主化工作完成。这部选举法比之前任何相似法案都要深入。它实际上建立了普选制，完全取消了当初的财产限制，并赋予所有“建立了自己的家庭，无论财产或土地价值多少”30岁以上女性以选举权。这些措施使选民人数成倍增加，选民人数增加了800万人，其中女性选民600万人。1919年，英国议会历史上首位女性（阿斯特夫人）获得了英国下院的席位。

② 这项法案与1832年的《改革法案》类似，上院通过对贵族进行一种威胁性的封授而加以抵制。该法案规定议案（除某些特别指定的议案外）如果连续三次在下院获得通过——程序合法——则无须上院同意即可上升为法律。而且根据这项法案，每届议会的任期时间从原来的7年缩短为5年。

的，因为国王的否决权早在一个多世纪以前已经被取消，议会批准的法案再也不用通过国王御准才能生效了。

第二节 宗教平等思想影响的扩大

331.宗教自由和宗教平等

与政治运动同时进行的是宗教领域内的相似运动。英国人民逐渐认识到宗教宽容的真正要义。

在19世纪初，在英格兰存在宗教自由，但是却没有宗教平等。也就是说，一个人可以自由选择做一个罗马天主教徒或是不信奉英国国教的新教徒而不用担心受到迫害。不信奉英国国教并不违法，但一个人选择了做天主教徒或新不信奉英国国教的新教徒后就失去了担任公职的资格。既然存在着对宗教领域的歧视或者政府喜爱或限制某个宗教教派，当然也就没有宗教平等了。

在这方面的进步，就在于真正宗教宽容精神的发展，从而消除了天主教徒、新教徒和犹太教徒在民事权利上的限制因素，并让所有的教派在法律面前完全平等。

332.循道宗及其对宗教宽容的影响

帮助把不信奉国教者从民事权利限制中解放出来作为一个突出的问题提出的，是一个伟大的宗教运动，它就是著名的循道宗（Methodism）。通过大举增加不奉国教新教徒的数量，循道宗给废除强加给不信奉英国国教新教徒限制法令的鼓动注入了新的力量。从这时起，一系列适用于完善宗教平等思想伟大的法案被制定出来。在这里，我们只谈论两三个最重要的举措。

333.解除对不信奉英国国教的新教徒不能担任公职的限制（1828）

这个世纪议会法案中最早最重要的认可宗教平等原则的法案之一就是撤止《机构和考验法案》，该法案长期以来压迫不信奉国教的新教徒。这些法案在查理二世统治时期通过，它们规定所有机构组织的官员或者担任民事或军事职务的人员要根据国教的仪式进行宣誓或参加教会活动。这些法令实际上没有得到严格执行，然而，这些法令却令人讨厌和反感，因此，不信奉国教的新教徒要求撤销这些法令。

而反对撤销这些法令的人却认为宗教宽容思想并没有要求这么做。他们坚持认为每个人有完全的信仰自由，政府拒绝雇用反对国教的人担任公职并没有违反宗教宽容原则。议会辩论的结果是将这些旧法案中的新教徒没有担任公职权利的部分撤销，这样就解放了不信奉国教的新教徒。

334.撤销罗马天主教徒不能担任公职的限制（1829）

1828年的法案并没有让天主教徒解脱出来，他们仍然被排斥在议会和各种公职之外，因为担任公职需要宣誓和公开信仰是这些天主教徒无法做到的。① 他们要求和不信奉国教的新教徒一样获得同样的权利。爱尔兰天主教教会威胁以起义来加速议会通过了《天主教徒解禁法》（*Catholic Emancipation Act*）。该法案将议会和国王以下除摄政王（Regent）、英格兰和爱尔兰大法官（Lord High Chancellor of England and Ireland）、爱尔兰巡抚（Lord Deputy of Ireland）和其他少量的职位外的所有公职向天主教徒开放。

335.撤销犹太教徒不能担任公职的限制（1858）

信奉犹太教的人仍然无法像天主教徒和不信奉国教的新教徒那样获得担任公职的工作。1858年一项法案[《犹太教解放法案》（*Jewish Relief Act*）]在议会获得通过，该法案改变了人们担任公职时宣誓的誓词“作为虔诚的基督教信徒”，除了少数几个特殊的职位外，其他的所有公职都向犹太教徒开放。

336.爱尔兰教会的政教分离（1869）

《天主教徒解禁法》通过40年后，英国政府沿着宗教平等的方向又向前迈了一大步，那就是对爱尔兰国教进行政教分离。

爱尔兰人一直拒绝接受英格兰统治者强加给他们的信仰。大部分爱尔兰人一直是天主教徒，但是这时他们还一直被迫向英国国教缴纳什一税和其他费用来维持国

① 在英国，罗马天主教被排除在选举权和担任公职的权利之外。

比肯斯菲尔德勋爵（迪斯雷利）

教的管理。与此同时，他们自己接受洗礼的教会却只能凭借自愿捐款来维持。

等级不公迫使爱尔兰人去支持一个他们自己根本不信奉甚至对其感到厌恶和憎恨并给他们带来压迫和迫害的教会，这种不公甚至很多英国新教教徒都感受到了。

爱尔兰人提出用政教分离来取消这种不公的主张受到了以德比勋爵和迪斯雷利爵士（Mr. Disraeli）为首的保守党人的强烈反对；但是最终经过令人难忘的辩论之后，以布赖特（Bright）和后来成为英国首相的格莱斯顿（Gladstone）为首的自由党的力主下通过了这一提议。这事发生在1869年，但是真正的政教分离直到1871年才完成，此时的爱尔兰教会已经不再是爱尔兰国教，而成为了一个自由的圣公会。延续多年的错误就这样被纠正过来了。

337.对英格兰、苏格兰和威尔士国教提出的政教分离

在很多自由派人士看来，宗教平等的思想要求在英格兰、苏格兰和威尔士的国教中也要采用相同的政教分离政策。① 他们认为政府维护任何一个特殊的教派都会造成该教派在这个国家的宗教垄断。他们希望所有教派都能够完全平等。在苏格兰和威尔士支持政教分离的呼声尤其强烈。②

① 苏格兰的国教是长老会。

② 在1914年世界大战爆发前，英国议会通过威尔士政教分离的法案，但是该项法案的实施却被推迟到第一次世界大战结束之后。

第三节　英格兰和爱尔兰的关系

338.英格兰和爱尔兰的立法机构的合并（1800）

19世纪爱尔兰的历史，像她之前所有时期的历史一样，主要是爱尔兰对英格兰的反抗史。这些反抗主要体现在三个独立但又密切相关的方面：宗教、自治权和领土。关于爱尔兰宗教上对英格兰的反抗我们在前边的宗教解放运动中已经提到。要理解爱尔兰的自治权问题，我们有必要回顾一下爱尔兰议会的历史。

爱尔兰于1782年从英格兰那里取得了独立的立法权。不久之后，拿破仑成为法国的执政者，英国政治家们担心拿破仑会利用爱尔兰人的不满在岛上取得立足点。作为防范手段，英国政府决心取消爱尔兰议会。通过贿赂手段，爱尔兰议会成员通过了一条可以说是《忘我条例》的法案，通过该法案，爱尔兰议会要么被废除，要么与大不列颠的议会合并，然后爱尔兰在威斯敏斯特被赋予议会代表席位。此后，这两个岛屿就有了一个共同的名字，“大不列颠及爱尔兰联合王国”。

339.废除合并的努力

爱尔兰的大部分爱国者从来也没有承认过英格兰将他们的议会夺走的《合并法案》（*Act of Union*）的效力。在19世纪40年代初期，废除《合并法案》，重建爱尔兰自己立法机构的呼声，在爱尔兰爱国者丹尼尔·奥康奈尔的鼓动下，几乎带有起义的特征。一些年过后，在60年代，废除《合并法案》的呼声已经成为真正的起义，但是爱尔兰爱国者们的起义很快就被镇压，其领导人也受到了惩罚。

340.格莱斯顿与爱尔兰自治

不久之后，爱尔兰问题再次走到前台。1886年，威廉·尤尔特·格莱斯顿（William Ewart Gladstone）第三次成为英国首相。他的第一个法案就是向下院提交《爱尔兰自治法案》（*Home Rule bill for Ireland*）。这个法案的主要特点就是在都柏林建立爱尔兰立法机构，全权处理爱尔兰的内部事务。

而法案反对者的主要观点是爱尔兰的立法机构会对在爱尔兰的英国地主不公，且会压制爱尔兰的新教徒，更重要的是在出现民族冲突时，爱尔兰会从大英帝国中分离出去。经过漫长的辩论之后，该法案被下院否决。

格莱斯顿

1893年，格莱斯顿第四次当选英国首相，并再次提出新的爱尔兰自治法案，其根本思想和第一部法案别无二致。法案坚定的支持者和反对者之间进行了漫长而又激烈的辩论。下院通过了该法案，但是却在上院遭全票否决。

1894年，由于年事已高，格莱斯顿辞去首相职务，并从公职上退休。1898年格莱斯顿去世，终年88岁，整个国家都陷入了巨大的悲痛之中，他被安葬在威斯敏斯特教堂。他的名字在英国历史上占据着非常重要的位置。

341.土地问题和土地立法

在救济立法以前，爱尔兰的很多痛苦和不满都是来自在外的地主所有制。爱尔兰的大量土地被几百名英国业主所有，他们主要代表着从爱尔兰人手中夺走土地的英格兰和苏格兰的土地继承者或购买者，这些土地在克伦威尔统治时期及其他新教徒定居爱尔兰时就被馈赠给爱尔兰人。这些在外地主的代理人对佃户非常苛刻，从他们本已困苦不堪的收入中榨取每一分租金。如果佃户对自己耕作的土地进行改良，挖通水渠来增加粮食产量，他的租金立刻就会上涨。如果佃户无力偿付更高的租金就会遭到驱逐。“驱逐”记录构成了爱尔兰农民阶层最悲惨的历史篇章。

一系列爱尔兰土地法律的出台标志着英国议会努力减轻爱尔兰佃农的疾苦。1903年，一部比之前任何措施更加激进和全面的爱尔兰土地购买法案获得通过成为法律。这部法律区别于之前的土地法律，它规定农民购买土地不仅可以获得政府提供的长期低息贷款，还可以得到政府承担一部分资金的帮助。这一措施在20世纪初逐渐生效，将爱尔兰的大部分佃户变成了土地所有者，因此变革了爱尔兰农民和爱尔兰土地之间的关系。

342.第三次爱尔兰自治法案（1914）

但是土地改革和其他减轻爱尔兰农民负担的措施都无法让爱尔兰爱国者放弃建立独立的爱尔兰议会的诉求。在20世纪初期，这个议题再次被提交到议会下院，第三次自治法案被制定并推出（1912）。格莱斯顿上一次的自治法案触礁的主要障碍——上院的“否决权”已经被取消，但是这时阻碍法案通过的更大障碍是爱尔兰东北部阿尔斯特（Ulster）新教徒的强烈反对，他们甚至威胁说如果让他们接受爱尔兰议会的统治，他们就会发动起义和反抗。另一方面，大多数爱尔兰人民坚决反对任何不能将所有爱尔兰人一视同仁的自治法案。

最终，经过激烈辩论，已经连续三次被下院通过的（每次都是遭到了上院的否决）法案终于得到了国王的签字；但是法令还没生效，欧洲大规模的战争就爆发了，爱尔兰新政体的建立被推迟到了第一次世界大战之后。[①] 但是随着战争进入到第三个年头，爱尔兰自治问题已经刻不容缓，英国政府已经准备接受除爱尔兰完全独立外的任何方案，只要爱尔兰人自己能够达成一致意见，召开由代表爱尔兰各方利益和观点的党派会议，制定能够满足所有党派利益的政府组织形式。该会议并没有制定出所有爱尔兰党派都能接受的方案，因此第一次世界大战结束后也没有看到困扰爱尔兰多年的自治问题得以解决。

---

① 这个推迟引起了爱尔兰境内极大的怨愤，他们在第一次世界大战爆发的第二年通过武装起义来表达这种怨愤，然而很快遭到了镇压。

第二十章　意大利的解放和统一

343.拿破仑垮台时的意大利

意大利诸民族最受法国大革命思想的感染，他们因此被维也纳会议处以最严苛、最耻辱的奴隶般的惩罚。先前的共和国不被允许重建他们古老的制度，而小公国们被交到暴君或暴君的继承者手中——他们在大革命之前就统治着这些小国家。

如前文所述，奥地利获得了威尼西亚和伦巴第，并在意大利北部直接干预整个意大利半岛的事务。托斯卡纳（Tuscany）、摩德纳（Modena）、帕尔马（Parma）和卢卡（Lucca）等都被交给了哈布斯堡家族的王公们。那不勒斯也恢复了波旁王朝的统治。教皇和撒丁王国（皮埃蒙特）国王维克托·伊曼纽尔一世（Victor Emmanuel I）是唯一的本地统治者，但是他们也是绝对专制的统治者。小共和国圣马力诺（San Marino）因为自己的微不足道反而在大革命的风云变幻中被保留了下来，成为整个意大利半岛上唯一留下来的自由的国度。意大利人已经变成了“希洛人之国”（Helot Nation），而用梅特涅的话说，意大利只不过是“地理上的一个表述”而已。

但是法国大革命已经播下了自由的种子，只需要时间来等待这些种子的成熟。奇萨尔皮尼、利古里亚、帕登诺帕和泰伯利亚这些共和国，尽管这存在的时间都不长，但是它们已经唤醒了人们的自治思想；尽管拿破仑统治下的意大利同样不够真实，但是却激发了成千上万意大利爱国者的民族统一情感。因此，尽管法国革命似乎有些令人失望，但是它确实为意大利第一次注入了追求自由和国家统一的动力。

344.复辟君主们的专制统治

当然，重新确立被推翻了的王位意味着恢复过去的暴君统治。复辟的君主们归来后对一切法国的东西都有着难以宽恕的仇恨。革命时期的自由宪法都被抛到一边，所有被认为支持自由思想倾向的法国制度都被统统废弃。

在撒丁王国，国王维克托·伊曼纽尔一世，被称作“皇家瑞普·凡·温克尔”（Royal Rip Van Winkle），建立了更为反动的政策。任何带有法国标签，被法国人建立的东西都不允许继续保留。修道士重新获得了他们的教堂，这些教堂之前都已经变成了工厂、大学和医院。甚至连都灵（Turin）王宫里的法式家具都被扔出窗外，王家园林里的法国植物也被连根拔起。在拿破仑修建的塞尼山口公路上行走都受到阻止，目的就是为了让拿破仑的纪念物统统被忘掉。

345.烧炭党；1820—1821年的起义

复辟君主专制统治的自然结果就是造成了深刻广泛的不满。一个秘密组织，其成员被称为烧炭党人（*Carbonari*），成为了聚集不满的中心。

1820年，受西班牙革命的鼓舞，烧炭党人在那不勒斯发动起义，迫使国王斐迪南向那不勒斯臣民颁布宪法。但是梅特涅的干预却破坏了他们的计划。6万奥地利军队被派来镇压革命运动；自由宪法运动受到了压制，斐迪南重新掌权，一切又恢复了原来的样子。

与此同时，在皮埃蒙特也进行了一场相似的革命。国王维克托·伊曼纽尔一世向人民提出的立宪请求屈服，放弃了王位，由其弟弟卡洛·腓力切（Charles Felix）继位。腓力切威胁说要请奥地利军队来支援，迫使臣民们停止了国王不靠上帝的恩典而靠人民的意愿进行统治的要求。

在梅特涅眼中，对自由运动的镇压似乎就是上帝的恩典。他欢欣鼓舞地写道：“我看到更美好一天的开始。上帝似乎不愿意看到这样的世界消失掉。”

346.1830—1831年革命

接下来的10年，意大利都是附属于奥地利的。1830—1831年的革命见证了1820—1821年一幕的重演。革命的中心是教皇国。但是奥地利军队“忠于他们灭火器的使命，意大利任何地方火山喷发，他们都会赶到那里灭火”，因此，大批奥地利军队涌入意大利中部地区，迅速扑灭那里的起义火焰。

347.三个党派

奥地利军队两次击溃了意大利人对国家统一和自由的渴望。意大利对这些外来干预力量的仇恨更加强烈，“去死吧，德意志人！”成为了团结亚平宁半岛所有人民的响亮战斗口号。

尽管对奥地利的仇恨是一致的，但是意大利人对国家统一的最佳方案却存在分歧。一个党派希望建立一个由各个邦国组成的联邦；第二个党派希望在意大利建立君主立宪政体，由撒丁王国国王担任国家元首；而被称作“青年意大利党”的第三个党派希望建立共和国。

348.爱国者与先知朱塞佩·马志尼

第三个党派或共和党派的领导人是爱国者朱塞佩·马志尼。马志尼并不是一个狭隘的民族主义者，他认识到了民主革命的统一特性。不仅意大利的人民受到压迫，而且在西班牙、葡萄牙、匈牙利、波兰、俄国和土耳其，几乎所有地方的人民都是如此。他们的革命是共同的事业。为了反抗欧洲君主为镇压革命而建立的神圣同盟，必须建立一个人民的神圣同盟来解放他们。他说，法国大革命曾经倡导个人的自由、平等和博爱，而新的革命应该倡导国家的自由、平等和博爱。

在这场解放和统一全世界的伟大革命中，意大利是各国的领袖和向导。她的领导地位依赖于意大利过去的领导才能。异教徒的罗马曾管理和统治过世界，后来的罗马教皇统治世界达一千年之久。现在，第三次世界的统一正在形成，这是意大利自由的联邦，意大利作为一个共和国，成为这个联邦的中心和领导者。三次居于领袖地位的罗马，第一次是恺撒的罗马，第二次是教皇的罗马，而第三次则是意大利人民的罗马。

这就是马志尼对世界历史大剧的解读，这就是他的宏伟理想。通过点燃意大利青年的热情，唤醒他们的爱国情怀，以及保持起义精神的永不熄灭，马志尼对意大利的解放和统一事业做出了伟大贡献。

349.1848—1849革命

从1830年起义被镇压到1848年，意大利一直承受压迫而无法安宁。整个欧洲的共和运动鼓舞着意大利爱国者再次做出了实现独立和民族统一的努力。整个亚平宁半岛都起来反抗独裁统治者，但是由于奥地利和法国的干预，第三次意大利革命又归于失败。法国对意大利革命的干预是出于奥地利的嫉妒以及路易·拿破仑的渴望，通过支持教皇而赢得法国国内天主教士们的支持。

然而革命还是取得了不少收获。爱国者们认识到想要获得成功，就需要进行统一行动。因此，所有人更倾向于把君主立宪的撒丁王国[1]作为自由和统一的意大利的唯一可能基础和核心。

350.维克托·伊曼纽尔二世、加富尔伯爵和加里波第

维克托·伊曼纽尔二世

加富尔伯爵

撒丁王国逐渐成为亚平宁半岛东北角的一个强大的王国。这时的国王是维克托·伊曼纽尔二世（1849—1878），他是意大利唯一的立宪君主。意大利爱国者的希望都寄托在他的身上，而他也没有让他们失望。维克托·伊曼纽尔二世注定是意大利的解放者，或者更准确地说他的伟大成就都拜加富尔伯爵（Count Cavour）的英明决策和民族英雄加里波第（Garibaldi）的英勇无畏所赐。

加富尔伯爵是欧洲民族形成时期获得“国家制造者”（Nation Maker）称号的伟大人物之一。他并不擅长于演说和诗歌，他曾说过：“我不会作诗，但是我会创造意大利。”这一言论毫无疑问让人想起了雅典政治家地米斯托克利自诩“虽然对音乐和歌曲一无所知，但是他确实知道如何将一个平庸的城邦变得伟大”。加富尔伯爵是现代意大利的真正的制造者。

“红衫英雄”（Hero of the Red Shirt）加里波第是意大利独立的游侠骑士，拥有着非凡的个人魅力。尽管刚过中年，他的人生已经写满各种浪漫的冒险和传奇的经历。正是因为他的暴力共和思想，他曾两次遭到放逐。

① 撒丁王国于1848年通过宪法。

351.克里米亚战争中的撒丁王国

1855年，为了执行一项富有远见的国家政策，加富尔伯爵派遣了一支撒丁王国的军队参加克里米亚战争（Crimean War），协助英国和法国对抗俄国。加富尔伯爵出兵主要有两大目的：其一是使撒丁王国在欧洲列强中获得身份认同；其二是赢得英法的感激，这样未来在同奥地利作战时，意大利就不会陷入孤立。

发生在塞瓦斯托波尔（Sevastopol）盟军战壕里的一个事件就可以说明撒丁人参战的精神。一个连续挖战壕的士兵疲惫不堪，满身泥土，对自己的长官发出了抱怨。长官安慰他说："没关系，意大利就是要从这些泥土中诞生的。"

《巴黎和约》的签订标志着克里米亚战争的结束，撒丁王国的代表首次作为同等身份的人出现在欧洲国家大会上。巴黎会议的代表们实际上并没有为意大利做什么，然而意大利还是通过这次会议获得了很多东西。加富尔的大胆政策引起了欧洲对亚平宁半岛局势的关注，更重要的是确保了撒丁王国代表整个意大利的发言权。所有这一切，以前远在天边，现在却近在眼前，当意大利自由统一在立宪的撒丁王国之下时，就应该被看作是欧洲列强的一员了。

352.加富尔准备与奥地利开战

巴黎和会之后，加富尔继续推行其充满活力的国内政策，他的目的是发展撒丁王国的物质财富，为接下来的伟大努力做好准备。他说服撒丁王国政府在塞尼山口开挖阿尔卑斯山隧道，这样撒丁王国就可以和北欧国家进行贸易往来。他说："如果我们想要变得伟大，我们必须要这样做。阿尔卑斯山必须要挖通。"

加富尔的另一个政策就是培育同法国国王拿破仑三世的友谊。加富尔同拿破仑三世秘密会晤，并从法国国王那里得到承诺，法军会在合适的时机出兵支援撒丁王国，将奥地利人赶出意大利。法国国王之所以愿意这么做，并不只是因为出于对撒丁军队曾经在克里米亚战争中帮助法国的回馈，更多是因为法国渴望削弱奥地利在意大利的实力并让法国来取代奥地利在意大利的影响，并且因为支持撒丁王国可以得到萨伏依和尼斯作为回报。

353.奥撒战争（1859—1860）

撒丁王国开始武装起来。奥地利对此极为惊慌，敦促撒丁王国立即解除武装，否则战争不可避免。加富尔欣然接受了挑战。法军加入了撒丁军队。马真塔

（Magenta）和索尔费里诺[1]（Solferino）两场伟大的胜利将奥地利人赶出了伦巴第，赶到了四角地区的后边，这里有四个坚固的防御工事保护着威尼西亚。就在这时，普鲁士和其他德意志国家发出了威胁，因为他们感受到了法国在未来的强大，而意大利革命运动的迅速蔓延预示着亚平宁半岛上的所有小国将统一成为一个国家（其实路易·拿破仑也不希望看到意大利的完全统一）[2]，这种新的局面加上其他方面的考虑，导致法国撤回自己的军队，并与奥地利皇帝弗兰茨·约瑟夫（Francis Joseph）在维拉弗兰卡（Villafranca）进行和平谈判。

谈判的结果是奥地利保住了威尼斯，但是伦巴第的大部分地方都给了撒丁王国。撒丁人对自己没有得到威尼西亚而感到非常失望，强烈谴责法国国王背信弃义，因为一开始他就答应撒丁人他会将意大利“从阿尔卑斯到亚得里亚海”完全解放。但是作为补偿，撒丁王国得到了托斯卡纳、摩德纳、帕尔马和罗马涅（Romagna）地区，这些地区的人民抛弃了过去的统治者，请求维克托·伊曼纽尔能够把他们统一到他的王国。就这样，撒丁国王在战后拥有700万臣民。这是意大利迈向统一和自由的一大步。

但是尽管撒丁王国在东部和南部迅速扩张，但是在西部它还是不得不割让了一些地方。曾经的“萨伏依王室的摇篮”萨伏依和尼斯都根据之前的协议作为对法国出兵的回报送给了法国。意大利爱国者对于丢失这些省份都痛心不已，就像当初法国失去阿尔萨斯和洛林一样。

354.西西里和那不勒斯，连同翁布里亚和马尔凯地区都加入了维克托·伊曼纽尔的王国（1860）

民族英雄加里波第英勇的冒险将西西里和那不勒斯，随后间接地将翁布里亚和

---

① 索尔费里诺战争为红十字会的组建提供了契机。法裔瑞士人亨利·杜南在战争过后偶然来到战场，对伤员所遭受的痛苦印象深刻。因为缺乏医生和护士，很多伤员长期处于无人照料的境地。德兰深有感触，决定致力于唤起公众的关注，并成立机构来照料战争中受伤的士兵。由于他的努力，12个国家于1864年签署了《日内瓦公约》，这份公约标志着红十字会的成立。红十字会的会徽为白色背景下的红十字。该机构不仅在战争时期提供人道主义援助，在和平时期也会对火灾、洪水、瘟疫、旱灾、地震和其他紧急事件提供救助。亨利·杜南于1901年获得诺贝尔奖，1910年去世。

② 拿破仑三世并不希望看到一个统一的意大利，就像不想看到一个统一的德国一样。他的目的是在意大利北部建立一个王国，将奥地利排除在亚平宁半岛之外，然后将意大利各邦联合在一个以教皇为首的邦联之下。他认为，以这种方式重建的意大利很乐意将法兰西皇帝作为自己的捍卫者和守护者。

加里波第

马尔凯都交到了维克托·伊曼纽尔手中，并因此将撒丁王国变成了意大利王国。

这些重大事件的发生有着以下条件：1860年，西西里岛国王波旁·弗朗西斯二世的臣民发动起义，维克托·伊曼纽尔和加富尔对起义运动非常同情，但是却不敢派兵支援，因为他们担心这种举动会招致奥地利和法国的嫉妒。但是加里波第根本不受这些考虑制约，在撒丁政府的默许下，他召集了一千名志愿军，从热那亚出发，前往西西里。在西西里登陆后，加里波第成为了意大利国王伊曼纽尔的西西里独裁者，并很快将弗朗西斯国王的军队赶出了西西里岛。随后，加里波第率军横穿大陆，向那不勒斯胜利进军，那不勒斯的百姓夹道欢迎他们解放者的到来。

加富尔看到撒丁政府引领革命运动的时机已经成熟，翁布里亚和马尔凯地区的教会领地随后被撒丁军队占领，同时举行全民公决，翁布里亚、马尔凯、那不勒斯和西西里的人民几乎全票支持将这些地区并入撒丁王国。

这是意大利统一进程中迈出的又一大步。又有900多万人口成为了伊曼纽尔的臣民。现在，除了威尼西亚和罗马，再加上北部的一些意大利领土和亚得里亚海沿海地区外，意大利的统一几乎全部完成。

355.威尼西亚加入意大利王国（1866）

1866年，普鲁士和奥地利之间爆发“七星期战争”（Seven Weeks’ War），这给了意大利爱国者将他们一直期盼的威尼西亚变成意大利王国一部分的机会。伊曼纽尔与普鲁士国王结成同盟，提出的条件之一是除非奥地利将威尼西亚交给意大利，否则不会同奥地利讲和。战事的迅速发展，将意大利期盼已久的威尼西亚地区并入到了伊曼纽尔的王国中去。

356.罗马成为首都（1870）

解放那不勒斯和西西里后，撒丁王国的旧首都都灵成为意大利新王国的首都。

1865年，意大利首都搬到佛罗伦萨。但是意大利人民一直期盼着亚平宁半岛和全世界的古老主人罗马能够成为他们的首都。然而，教皇的权力由法国所支持，法国从1849到1870年间一直在罗马教皇国派驻军队，因此，意大利人如果不和法国发生冲突，就不可能实现他们的愿望。

意大利政府很快就得到了这样的机会。1870年，法国和普鲁士之间爆发迅速而激烈的战争，法国驻罗马军队被急忙调回国内。法兰西帝国被推翻建立共和国之后，伊曼纽尔被告知法国不再支持教皇的权力。意大利政府立刻向教皇发出通告：罗马从此以后会被看作是意大利的一部分，随后一支意大利军队进入罗马。投票的结果以100：1的绝对优势将罗马纳入意大利。1871年7月2日，伊曼纽尔进入罗马，并将自己的王宫设在这里。从此以后，“永恒之城”罗马就成为了意大利首都的所在地。①

357.教皇世俗权力的终结

意大利政府占领罗马标志着教皇世俗权力的终结，也标志着最后一个教会国家的结束。自从查理曼以来，罗马一直作为欧洲的世俗权力而存在，它不仅是意大利政治事务中的强大要素，也几乎是整个欧洲大陆的重要力量。教皇的军队，除了保留几个卫兵外，被全部解散。梵蒂冈（Vatican）的宫殿和其他一些建筑被作为教皇的住所保留，并每年可以得到300万里拉（约合60万美金）的年金。根据《教皇权力保障法》（*Law of the Papal Guarantees*，1871），教皇享有行使精神职责的自由权。

教皇本笃十五世

这些安排一直维持到现在（1919）。按照这些法律条文的规定，教皇不是意大利政府的臣民，而是住在罗马的一国元首。他拥有派遣和接受大使馆的权力。他的人身自由不容侵犯。意大

① 维克托·伊曼纽尔二世于1878年去世，他的儿子即位，即亨伯特一世。亨伯特于1900年遇刺身亡，他唯一的儿子伊曼纽尔三世即位。

利官员不得擅闯梵蒂冈及其领地，意大利政府将这片区域像外国领土一样尊重。①

358.梵蒂冈和奎里纳尔②：罗马问题

教皇始终如一地拒绝承认他们被剥夺罗马世俗政府权力的合法性，并通过不迈出梵蒂冈半步，不接受意大利政府年金和其他手段来表示抗议。

教皇的支持者们认为剥夺教皇的世俗权是不虔诚的掠夺行为，除非恢复教皇的独立世俗统治权，否则“罗马问题”不可能得到解决。他们认为教皇只有获得了世俗权力，其罗马天主教精神领袖的独立地位才能够得到保证。因此，他们要求至少要将罗马城交还教廷——都灵、佛罗伦萨、威尼斯或那不勒斯都可以替代罗马作为意大利首都的功能。

对这些教皇派的抨击和要求，政府的友人们回应说将意大利政府对罗马和其他教会领地的统治权的延伸是现代民主原则赋予的。所有人民有权利来选择他们的政府形式和决定自己的命运。而对于将意大利政府首都从罗马搬到其他城市的提议，支持意大利政府的人士认为特有的历史力量、珍贵的传统习惯和回忆，都使得罗马成为统一的意大利天经地义的首都。

359.改革和进步

梵蒂冈和奎里纳尔之间的敌对情绪，再加上其他问题，似乎要阻碍意大利新政权前进的步伐。然而，自从赢得独立和统一后，意大利还是取得了很大的进步。抢掠，这个过去遗传下来的毒瘤，连同压迫、分裂，都受到很大程度的遏制；铁路被修建；阿尔卑斯山的隧道被开通；罗马平原和其他地区通过不断延伸的灌溉体系呈现一片繁荣景象，而很多曾经长期荒芜的地区变得适宜居住且物产丰富；大众的极度愚昧和道德沦丧，尤其半岛南部——这是历史的另一个邪恶的遗留，通过公共教育系统也得到了很大程度上的克服和改善；罗马古城被重建，从一个平庸的地方城镇逐渐崛起成为现代欧洲伟大的首都之一。

---

① 值得注意的是，就在教皇失去世俗统治权的前几个月，天主教的大公会议（1869—1870年的梵蒂冈会议）正式通过投票宣布了“教皇无谬论”，并做出决定教皇所有关于“信仰和道德”等问题的言论都是永无谬误的。

② 罗马的奎里纳尔宫包含了所有的意大利政府机构，因此，“奎里纳尔”作为意大利世俗权力的代名词，就像“梵蒂冈”是意大利属灵权力的代名词一样。

至于过去50年在民族情感方面的发展进步，这是意大利新王国和平、长久、繁荣的依赖，最近发生的一场灾难反而成为衡量其进步幅度的重要转折。1902年，威尼斯圣马可教堂（St. Mark）的钟楼垮塌变成废墟。根据意大利一位编年史作家记载，亚平宁半岛上的每个城市都对钟楼的倒塌感到痛心，好像这座钟楼属于每个城市一样，随后他们开始了公开的捐款。假如这场灾难早几十年发生，威尼斯很可能只能独自修复它；但是，此时的意大利是一个国家，任何一个意大利城市的不幸都会牵动着所有城市的心。①

威尼斯的圣马可广场

1915年，意大利也卷入了第一次世界大战的巨大漩涡之中。从此以后，意大利的历史就和这场世界大战的历史联系在一起。

① 1908年，自1755年里斯本大地震之后，欧洲历史上破坏力最大的地震于意大利的卡拉布里亚和西西里爆发。这次地震造成7万人丧生。墨西拿的西西里城几乎完全被摧毁，大量居民被埋在废墟之下。

第二十一章　新德意志帝国的建立

360.德意志邦联的形成（1815）

新德意志帝国的建立是19世纪欧洲历史上最为重要的事件，尽管其重要意义直到后来一些事件的发生才被那些最有远见的政治家们察觉出来。这个新的国家和帝国的建立，开始于维也纳会议。这个机构将德意志组成了一个联邦，而奥地利皇帝担任这个邦联的主席。德意志邦联由奥地利帝国和四个王国——普鲁士、巴伐利亚、萨克森和符腾堡，以及诸多的公国和自由城市组成——共有39个成员国。邦联议会由多个成员国的代表组成，坐落在美因河（Main）畔的法兰克福，解决邦联成员国之间产生的各种分歧，并决定各成员国普遍关心的事务。

本着向时代不断增长的让步精神，邦联条款规定基督教的所有宗派都享有平等的宗教宽容，每个成员国应该建立自己的政府代表形式。

361.邦联的缺陷和弱点

邦联各成员国之间的联系非常松散。在这一点上，德意志邦联有点类似于最初按照《邦联条例》（*Articles of Confederation*）建立的美国联邦。该邦联宪法的一个主要缺陷就在于其关于联邦议会（Federal Diet）的条款。几个成员国不愿意交出其任何主权，最终导致达成一个协议，所有最重要的事件只有经过全体投票通过才能被邦联议会采用。这项条款所导致的不可避免的结果就是没有一项重要事务能够在邦联议会获得通过，这使得联邦议会在整个欧洲成为了低效的代名词。

邦联政府的另一大缺陷是就像最初的美国联邦一样，没有有效的机制来执行邦联议会的决议。这些决议仅仅等同于给这几个成员国统治者的建议，而这些统治者对这些建议根本不予理睬，除非它们能够和自己国内的政策和立场相同。

而真正使邦联体系无法运转的是邦联中存在着两个强大而又互相妒忌的国家——奥地利和普鲁士，双方都不愿意看到另一方在邦联事务中占据绝对的领导地位。两大劲敌之间，虽然普鲁士起初在名义上让奥地利居于领先地位——毕竟奥地利有着辉煌的过去，并在欧洲宫廷里享有极高的声望，但是在现实中普鲁士更强大一些。普鲁士的强大，主要在于其民族成分的单一，都属于日耳曼民族，这成为其人口的一大特点。而奥地利原本就脆弱，因为在哈布斯堡家族的统治下，大部分领土上的人口都非日耳曼族，他们逐渐成为这个国家的一部分，使其民族成分比较复杂。奥地利的大部分土地都位于德意志邦联之外，其中包括近2500万斯拉夫（Slavs）、马扎尔（Magyars）、意大利等非日耳曼人口。

普鲁士和奥地利帝国人口特点上的差异预示着他们截然不同的命运，奥地利逐渐走向衰落，而普鲁士则逐渐在德意志事务上取得领导权。

362.自由和统一双重运动

维也纳会议后半个世纪的德意志历史就是一部双重运动的历史，或许更准确地说是两个运动，一个是民主运动，另一个是民族运动的历史。第一个运动的目的是在邦联各成员国建立代议制政府；而第二个运动的目的则是实现德意志的统一。这些运动在本质上与创立自由统一意大利的革命运动是一致的。但是我们这里要讲述的是这些运动在德国采用什么样的方式和如何实现它们的目标的。

363.1830年革命：立宪政体的一些收获

在德意志统治者中，有很少几个具备自由思想的开明君主，但是大部分君主的眼睛都是向后看的——他们反对一切变革，反对人民参与政府管理，固守过去的政治秩序。我们已经看到法国波旁王朝和意大利独裁者实施这些反动政策的结局。在德意志的情况，几乎别无二致。当巴黎“七月革命”的消息传到莱茵河畔时，整个德意志对其产生了极大的同情，在一些地方，自由派对反动统治者举行了威胁性抗议。在几个小邦国，宪法获得通过。自由政治运动可以说是小有收获，不过在革命年代的震荡过去后，这些君主再次实行他们的反动政策，在梅特涅的影响下，他们对民主运动给予了限制和打击，人民被排除在政府事务之外。在某些地方，通过的宪法被宣布无效或者宪法的条款直接被无视。

364.关税同盟的形成；德国统一迈出第一步（1828—1836）

正是在这个革命的新时代，关税同盟（Customs Union）成立了，它标志着在形成一个真正的德意志国家上迈出了第一步。这是一种商业贸易协定，对加入的成员国具有约束力——到1836年，除奥地利外，几乎所有德意志邦联的成员国都加入了关税同盟——同盟内部实行完全的自由贸易，也就是说，对于从同盟成员一国运到另一国的货物不征收任何关税。

关税同盟的最大好处是它启发了人民去思考更完善的国家统一形式。由于普鲁士是贸易同盟的发起者，所以很多小邦国习惯于将普鲁士看作是他们的领袖和代表。

365.1848年起义；自由运动失败的后果

1848年，法国反抗路易·菲利普的反动统治的起义消息飞跃莱茵河。这个消息令整个德意志群情激动，德意志各地崛起的自由派人士要求建立立宪政府。在奥地利，事态更是发展到了十分危险的地步。[①] 梅特涅被迫出逃，人们反对他的情绪十分激烈。斐迪南一世皇帝（Emperor Ferdinand I）退位给自己的侄子弗兰茨·约瑟夫。约瑟夫答应人民通过宪法。

拉约什·科苏特

而在普鲁士首都柏林，人民和军队在街头发生了激烈的冲突，直到国王腓特烈·威廉四世（Frederick William IV）答应人民成立立宪政府的要求，冲突才告平息。国王兑现了自己的承诺，通过了宪法——宪法规定成立两院制议会，并宣誓要按照宪法的规定进行统治（1850）。

1848—1849年革命，在德意志，人民对人民政府的要求上似乎取得重要的收获。但是这些收获，后来被证明只不过是暂时而又虚幻的。在革命运动的兴奋过去之后，很多小国君主完全或部分地取消了宪法。奥地利宪法在

① 最严重的问题出现在匈牙利。在著名政治家和演说家拉约什·科苏特的领导下，匈牙利人民奋起反抗，宣布脱离奥地利的统治而独立（1849年4月14日）。他们为了自由英勇地战斗，但是却被奥地利和俄罗斯的联军所镇压。

1851年被取消。普鲁士宪法虽然在形式上规定普鲁士是立宪国家，但实际上还是绝对的君主专制。① 1856年，霍亨索伦王朝的腓特烈・威廉国王——就是他通过宪法——成为美国密苏里州法庭上的原告。在案情陈述中，他对自己普鲁士国王的地位发表了如下声明："原告声明，他是普鲁士王国拥有绝对权力的君主，也是这个国家唯一合法政府的国王；他不受任何宪法或法律的约束，他的意志，是这个国家的唯一法律，从而具备唯一的法律效力"②。

1848—1849年民主革命运动的失败和普鲁士、奥地利独裁专制事实上的胜利给欧洲带来重大的影响。③它造成了致命的分裂，它让欧洲——一半是民主的，一半是专制的——成为一个内讧的大家庭。这种分歧预示着1914年击垮欧洲的巨大悲剧。

366.俾斯麦，德国的统一者

1861年，腓特烈・威廉四世去世，他已经63岁的弟弟登上普鲁士王位——注定在几乎一代人的时间里成为德国统一运动的中心人物，他就是威廉一世（William I）。他很快任命奥托・冯・俾斯麦（Otto von Bismarck）担任首相和外交部长。俾斯麦能力出众，但在思想和手段上都是极其专制和不择手段的，而这一特点在他被威廉二世罢免后亲自口述的《回忆录》中有所揭示。他成为普鲁士政府的首脑标志

---

① 普选权在以财产为基础的狡猾的选举制度的干扰下变得毫无意义，这个著名的三级投票制度，让少数一直以来支持王权的富贵阶层占据了国会下院半数以上的席位。

② 摘自斯科特，《美国和德国国际关系调查》（1917），第42页。

③ 德意志单个邦国自由主义运动的失败，在同时进行的将各邦连接成一个拥有真正自由宪法的统一国家失败的映衬下，得到更完整的呈现。为了达到制定全国性宪法的目的，1848年5月18日，德意志各邦在法兰克福召开了一次类似于1789年法国立法议会的制宪会议，目的就是为德意志制定一部全国宪法。不幸的是，制宪会议没有取得任何成果。这使得德国自由主义的前景看上去毫无希望。很多立宪运动的领导人为了躲避国内的独裁专制，不得不到美国寻求避难。

值得注意的是，就在德意志各邦努力建立一个真正的国家联盟时，瑞士却成为一个真正的联邦国家。维也纳议会重组了瑞士邦联，使得瑞士各州像德意志邦联一样凭借松散的联邦纽带结合在一起。像德意志一样，瑞士也出现了以瑞士统一为理想的党派；也就是说，他们渴望建立一个更加强大和集权的联邦政府。为了阻止联邦集权和保持各州的权力，7个天主教州建立了"分离主义联盟"。随后瑞士爆发了战争（分离主义战争，1847）。分离主义者被击败，重新修订了联邦宪法；修订后的联邦宪法将以松散的州为单位连接在一起的邦联转变成一个强大的联邦政府，这在某些方面类似于美国联邦政府。瑞士成了一个真正的典型的联邦政府。1874年，新宪法被制定，这部宪法进一步加强了联邦政府的权力。

着历史的一个新纪元。

俾斯麦认为普鲁士的使命就是要促成德国的统一。他相信这个任务只能通过普鲁士王室才能实现，如果允许普鲁士王室的权力被削弱到英国王室那样，那么就会破坏德国的统一进程。而当普鲁士议会和王室产生冲突时，这一信念决定了俾斯麦对待议会的强硬态度。俾斯麦公开藐视议会并践踏议会的权力，因此被称为“议会驯服者”（Parliament Tamer）。他被民主人士憎恨和不信任，也是自然而然的事情了。

对奥地利和普鲁士之间的棘手问题，俾斯麦有自己的定见——“铁血政策”。奥地利的权力和影响必须被摧毁，而德意志在成为真正的统一国家前必须将奥地利排除在外。

367.普鲁士军队的改革；俾斯麦与普鲁士议会的冲突

改革和加强普鲁士军队的权力一直是国王威廉的政策。他之所以选择俾斯麦作为自己的首相，就是因为他知道俾斯麦在面对普鲁士议会的反对时会坚决地执行他的改革政策。议会没有为军费通过税收，俾斯麦认为议会有义务为军队筹措军费，当议会坚持拒绝向军队提供经费时，俾斯麦凭借王室和议会上院的支持，绕过议会下院直接为军队改革筹集资金。

这是一个大胆而又危险的行动，可以和英国查理一世和斯特拉福德的改革相比。幸运的是，国王威廉和蛮横的俾斯麦的政策被证明是非常成功的，令普鲁士的军事实力在德意志和德意志的统一中占据绝对的主导地位，而俾斯麦和威廉也避免了查理一世被处死的命运。

但是俾斯麦的行动还是出现了谁都没有预见到的恶果。它确立了德意志帝国思想的专制特征，而这成为了欧洲的祸根。不久之后，德意志帝国建立，普鲁士的政府体制塑造了德意志帝国政府的模式。

368.丹麦战争（1864）

俾斯麦打造的战争工具被用在了三场战争中。第一场战争就是石勒苏益格-荷尔斯泰因战争或丹麦战争（Schleswig-Holstein War or Danish War）。丹麦和德国都宣称对依附于丹麦王国的两个公爵领地拥有管辖权。俾斯麦熟练地处理双方的分歧，很快，普鲁士和奥地利对弱小的丹麦王国宣战。当然，丹麦王国很快就被击败并被迫放弃对两个公爵领地的所有权。

随后，这两个公爵领地又成为普鲁士和奥地利之间争夺的焦点。俾斯麦一心要将它们纳入普鲁士版图，因为它们会成为普鲁士未来扩张海上霸权的非常重要的领地，能够让普鲁士获得基尔港（Harbor of Kiel）和连接波罗的海与北海的运河通道的控制权。奥地利决心不让对手得逞，除非普鲁士能够给奥地利某种补偿——西里西亚的一部分领土，以及普鲁士承诺在奥地利与自己国内一直制造麻烦的非德意志省份发生冲突时会帮助奥地利。

在这件事情上，双方发生了无休止的争论。俾斯麦最终意识到如果要确保得到垂涎已久的奖品，就必须同奥地利开战，而他也乐于冒这个险，因为战争不仅能够解决公爵领地的归属权问题，还可以确认奥地利和普鲁士谁才是德意志的主导力量。纵横交织、难以打开的戈尔迪之结（Gordian knot）只有用宝剑来解决了。

369.普奥战争，或七星期战争（1866）

奥地利和普鲁士都开始为战争做准备。俾斯麦说服法国的拿破仑三世，如果普鲁士通过战争获得额外的领土，法国可以得到比利时或莱茵河流域地区作为补偿，而条件是法国只需要在普奥战争中保持中立。

俾斯麦还与意大利结成同盟，承诺意大利，一旦战争胜利，新成立的意大利王国将会得到威尼西亚作为回报。俾斯麦还向德意志邦联的一些小国许以类似的承诺或建议来取得他们的支持；但是所有这些小国都站在了奥地利一方，这样，普鲁士虽然有意大利作为盟友，但是她的人口还不到以奥地利为首的联军人口的1/3，所以双方的实力差距还是很大的。

战争在1866年夏初开始。7月3日，双方在波希米亚进行了著名的萨多瓦或柯尼希格雷茨会战（Great Battle of Sadowa or Königgrätz）。这是历史上具有决定性意义的会战之一，它成了奥地利的滑铁卢。普鲁士军队逼近维也纳，弗兰茨·约瑟夫被迫求和，8月23日，双方签订了《布拉格条约》（*Treaty of Prague*）。①

奥地利和普鲁士之间长期的斗争终于结束。按照《布拉格条约》的规定，奥地利同意将过去的德意志邦联解体，并同意允许普鲁士按照她的意愿对德意志邦联进行重组。同时奥地利将威尼西亚割让给意大利王国。一直以来，奥地利置于德国和

---

① 对法国干预的担心，加速了普鲁士宫廷方面的谈判。由于拿破仑在同意意大利统一时得到了萨伏依和尼斯作为回报（见第352条），所以他想重施故技，欲以同意德国统一为条件获得莱茵河畔的某些地区作为回报。

意大利统一进程中的障碍终于被清除了。

370.北德意志邦联的建立（1867）

很快，重组就开始了。在普鲁士的领导下，美茵河畔德意志北部的国家组成了北部德意志邦联（North German Confederation）。总共有21个成员国，还包括汉堡、不莱梅和吕贝克三个自由城市。普鲁士的领土随着汉诺威、黑塞-卡塞尔（Hesse-Cassel）、拿骚（Nassau），以及自由城市法兰克福和石勒苏益格-赫尔斯泰因的加入而大为增加。这些新纳入的领土使普鲁士国王增加了将近500万新的臣民，并且将先前分散的领土统一成相对集中紧凑的统治区域。

北部德意志邦联通过了宪法，规定所有与公共利益相关的事务都要由邦联议会决定，而议会下院成员需要由普选产生。普鲁士国王是邦联的世袭行政官，也是邦联诸国所有军事力量的总司令。

这样，德国的统一又向前迈了一大步。但是仍然还有许多工作没有完成。美茵河南岸诸国——巴登（Baden）、巴伐利亚（Bavaria）、符腾堡和黑森-达姆施塔特（Hesse-Darmstadt）等还没与祖国完成统一。

371.普法战争（1870—1871）和新德意志帝国宣言

德意志在实现统一的道路上主要面临两大障碍：第一，南方各国反对加入由普鲁士主导的联邦政府。第二，法国皇室和军队对新崛起的普鲁士怀有很大的敌意和妒忌，担心她会威胁到法国在欧洲大陆一直以来的仲裁者的地位。法国过去对哈布斯堡王室的妒忌现在又转移到霍亨索伦王室上来。

俾斯麦消除南方各邦不愿加入邦联和克服法国对德意志在普鲁士领导下完成统一的敌意所采用的手段就是直接和法国开战。他开战利用的有利形势是：1869年，西班牙王位空缺，提出由霍亨索伦王室的利奥波德（Leopold）继承王位。对法国国王拿破仑三世来说，这似乎是霍亨索伦王室将普鲁士和西班牙的利益联结在一起的诡计，就像当初奥地利和西班牙联合在哈布斯堡王室的领导下给欧洲和平带来的灾难后果一样。即使后来利奥波德不想惹恼法国拒绝接受西班牙的王位，拿破仑三世仍然要求普鲁士国王威廉保证霍亨索伦王室在没有得到他的同意的情况下不得成为西班牙王位的候选人。

这一要求是由法国大使贝内德蒂（Benedetti）在埃姆斯河（Ems）小矿泉疗养地向威廉国王提出的。威廉礼貌地拒绝了这一要求，并给俾斯麦发了一封电报通知他所发生的情况，同时威廉批准俾斯麦可以随意处置和利用这份电报来做文章。俾斯麦将电报编辑后，让它在法国人看起来像是法国大使受到了威廉国王的侮辱和粗鲁对待，而在德国人看来则是法国政府傲慢无礼地提出一个根本不可能答应的要求。随后，俾斯麦将这封假电报公开了。现在，战争已经不可避免了。①

德军在法国领土的胜利在德国各地产生了极强烈的爱国主义自豪感，之前阻碍部分成员国统一的障碍在不可阻挡的民族热情浪潮前被一扫而空。包围巴黎的战斗还在进行，德意志南部各邦就派出代表前往凡尔赛宫威廉国王的司令部提出他们愿意和渴望加入北德意志邦联。随后，巴登、黑塞、符腾堡和巴伐利亚都被北德意志邦联接纳，而邦联的名字也被改为“德意志联邦”。

几乎在完成统一的同时，在巴伐利亚国王的建议下——在俾斯麦的授意下——已是德意志邦联主席的普鲁士国王威廉被授予“德意志皇帝”的头衔，而且这个荣誉可以由威廉家族世袭。1871年1月18日，在凡尔赛宫——包围巴黎的战斗仍在继续——在热情地簇拥下，帝国皇帝的称号被正式授予威廉，德国从此成为了联邦帝国。②

372.帝国宪法的特点

德意志帝国③ 通过了宪法。宪法看起来自由民主，但实际上其条款的起草却巧妙地掩盖了真正的绝对专制思想。宪法设立了由联邦议会（Federal Council）和帝国议会（Imperial Diet）两个机构组成的议会或立法机构。联邦议会构成了立法机关的上院，由61名成员组成，这些成员由联邦国家的君主们任命。而普鲁士国王作为帝国皇帝可以任命17名代表。这些联邦议会的成员按照其代表的政府或统治者的指示进行投票表决。

而帝国议会构成了议会的下院，由通过普选产生的大约400名成员组成。最初选举的比例是联邦政府内各国按照每2万人口选举一名会议代表。

我们看到的是议会制立宪政府的形式。然而，如我们所说，这些形式只不过是掩盖了实际上皇帝的绝对专制权力。帝国皇帝可以任命和掌控联邦议会的17名代表

---

① 俾斯麦通过将拿破仑在奥普战争时对黑森和莱茵-巴伐利亚地区的领土要求公布于众，激起了德国人反法的情绪。不只是德意志南部诸邦，整个德意志都对法国产生了极大的敌对情绪。

② 关于《法兰克福协议》（1871）的主要条款，参见第319条。

③ 帝国由26个邦组成，包括阿尔萨斯-洛林的帝国属地。联邦中的一个重要事实，就是普鲁士的优势地位。1910年人口普查时，普鲁士的人口数为40,165,219，而所有其他邦的人口总数为24,760,770。

的投票权（除此之外，他还掌控着代表皇家行省阿尔萨斯-洛林地区的3个代表名额的投票权），因此，皇帝掌控了联邦议会所有真正重要的议题，联邦议会体现的不过是皇帝的意志。

而对于帝国议会的表面权力，宪法有条款规定的这些权力只不过是权力的表象而已。它确实可以发起议案，但实际上大部分议案，尤其是重要议案，都是由联邦议会制定；帝国议会的实权很小，因为联邦议会可以对帝国议会的任何提案都行使否决权，而这种否决权在宪法里却没有任何限制条款。

另外，帝国议会可以随时遭到联邦议会的解散，也就是遭到皇帝的解散。每当帝国议会拒绝按照帝国意志行动，其成员就会被遣送回家，进行新的选举。这样一个新的通常更容易被皇室驾驭的帝国议会就此诞生。

再者，帝国议会根本不能影响政府政策或掌控管理事务。在地位上类似于英国首相的帝国议会议长要向帝国皇帝负责而不是向帝国议会负责。因为皇帝可以随意决定他的任命和罢免。只要他的主人皇帝支持他，议长可以对帝国议会的投票不予理睬或对议案故意投不信任案，而不用担心受到惩罚。

最后，帝国议会对战争事务几乎没有任何控制权。皇帝更可以在没有得到会议建议和同意的情况下宣布进行自卫战争，既然帝国政府根本不用顾忌事实真相，可以随意将攻击战争说成自卫战争，帝国议会在这个重要领域也就没有任何权力和权威性了。①

宪法的这些条款让帝国议会只不过是权力的影子和官方辩论的一个俱乐部而已。按照俾斯麦的构想，宪法给德意志帝国创立（或者是永久保留）了“用民主饰物点缀的君主专制制度”，而不是一个真正具有代表性的议会政府。

373.作为帝国议会议长的俾斯麦；三国同盟

普法战争结束后将近20年的时间里，新的德意志帝国的事务都由俾斯麦作为第一任帝国议长（Imperial Chancellor）处理。俾斯麦的外交政策，也是他最大的成就，就是在德意志帝国、奥匈帝国（Austria-Hungary）和意大利之间组建了三国同盟（Triple Alliance）。②三国同盟是针对俄国和法国成立的防守同盟。三国同盟

① 1914年的世界大战是德皇和其军事顾问发起的一场侵略性战争，但是德皇却宣称战争是为了保卫祖国，而直到战争爆发4天后帝国议会才接到正式通知。

② 同盟的开始是1879年德国和奥匈帝国签订的盟约。1882年意大利的加入，使得三国同盟最终完成。

的建立是19世纪末最重要的历史事件之一。在十几年的时间里，三国同盟成为促进欧洲和平的主要力量，但是后来随着普鲁士优势和傲慢的增长，三国同盟成为了邻国独立自由的最大威胁，也成为了1914年世界大战的决定性因素。

374.德国在威廉二世的统治下到第一次世界大战

1888年，威廉一世去世，终年91岁。他的儿子腓特烈继位，当时腓特烈就患有致命的痼疾。仅仅在位三个月后，腓特烈就去世了，他的儿子登上皇位，称为威廉二世（William II，1888）。

威廉二世即位时29岁，普遍认为年轻的国王会完全在俾斯麦的影响下执政。但是很快，威廉二世就显示了自己强硬的意志。他与俾斯麦的关系非常紧张，年老的俾斯麦突然被威廉二世罢免了议长职位。①很多人感觉年轻的国王如此对待帝国的创建者和霍亨索伦王室的帝国财富的缔造者是十足的忘恩负义。在罢免了俾斯麦后，威廉二世的统治完全成了他的独角戏。②

在1914年世界大战爆发之前，帝国的商业和工业发展都取得了惊人的成就，再加上政府统治虽然受到了倡导社会和工业改革、实行更加民主统治的社会民主党③的强烈反对，但仍然取得了巨大的进步，工商业的发展和政府管理的民主进步成为德国历史上最令人关注的两个成就。

威廉二世外交政策的一个突出的特点就是发展德国皇帝与土耳其苏丹的友谊。威廉的目的就是得到奥斯曼帝国的支持，令德国商人和定居者获得特权，尤其是在德国建立的由君士坦丁堡到巴格达和波斯湾的铁路的特许权。这些事件都是和德意志帝国皇帝的雄心壮志及普鲁士的强大军事实力密不可分的，而威廉二世的野心和普鲁士的军事力量成为了第一次世界大战的根本因素，而关于这一点我们会在后边的章节进行适当的阐述。

---

① 1890年3月18日。俾斯麦退休后在威廉一世赠予的福里德里斯鲁庄园颐养天年，他扮演了“德国的普罗米修斯”的角色。他对所有的敌人都投以蔑视，无所顾忌地对皇帝和大臣们的政策进行苛刻的批评。1898年，这位曾长期执掌普鲁士王国和德意志帝国权柄的大人物去世，终年84岁。

② 有5位首相曾经在他手下任职：卡普里维伯爵（1890—1894）；霍恩洛厄亲王（1894—1900）；冯·比洛亲王（1900—1909）；贝特曼·霍尔维格（1909—1917）；乔治·米夏埃利斯博士（1917）；冯·赫特林伯爵（1917—1918）；马克西米利安亲王（1918）。

③ 该党在1871年获得的投票数为124000左右；1903年超过2911000；1912年上升到4250399。

375.1866年后的奥匈帝国

萨多瓦（Sadowa）会战的灾难对于奥地利来说，就如同当初耶拿会战对于普鲁士的灾难，带来了它的政治重组。

重组过程中的第一步也是最重要的一步就是，奥地利宫廷接受了马扎尔人要求与占主导地位的德意志民族的平等权利。根据《奥匈协定》（*Ausgleich*），奥地利和匈牙利在重新建立的国家中的关系已被界定好。它使旧的帝国分成两个部分，分别是奥地利帝国和匈牙利王国。[①] 每个国家都有自己的议会，一个在维也纳，另一个在布达佩斯，每个议会对自己国家的内部事务都有着完全的掌控权。双方都没有相对另一方的任何优先权。

布达佩斯的议会大厦

两国的共同利益所在——包括外交、军队和财政——都会由特殊的第三方机构做出裁决，这个第三方机构叫作“议员团”（Delegations），由分别来自两国议会的60名代表组成。奥地利帝国的世袭统治者也是匈牙利的立宪国王。这一著名的协

① 这个二元国家的官方名称为奥地利-匈牙利君主国。

议经过匈牙利和奥地利两国议会的批准通过，马扎尔人和哈布斯堡王室长期以来的纷争终告结束。同时奥匈协议达成，奥地利立宪政府获得了自由宪法，而在1848年被中止的匈牙利宪法得以恢复。从这时到1918年第一次世界大战结束时双方的分裂，奥匈帝国在形式上和理论上都是一个立宪议会制国家；但是其政府，在精神和脾性上，还是一个独裁专制政府。

《奥匈协议》并没有对其他民族或种族的历史权利和自由予以认可。可以毫不夸张地说，奥匈帝国政权的特征就是一个“欧洲的巴别塔”（European Tower of Babel）。在奥地利议会，议会成员的宣誓会用8种不同语言来进行。

此时，在奥匈帝国的东半部，马扎尔人的人口不到匈牙利王国人口的一半①，但是却掌控着王国所有非马扎尔人——除了克罗地亚（Croatia）的斯拉夫人，他们保持某种形式的自治政府——如同他们在1866—1867年未解放之前所遭受的政治奴役。他们的目的是通过迫使这些非马扎尔人放弃自己的传统和语言而采用马扎尔的风俗和语言，借此来同化这些种族的人民，以达到使匈牙利成为一个紧凑的、单一的马扎尔人国家。

在奥匈帝国的另一半，情况同样如此。在那里，居于少数地位的德意志民族掌控着波希米亚的捷克人（Czechs）和加利西亚的波兰人（Poles），这种状况类似于马扎尔人控制着匈牙利的非马扎尔民族。②

此时，这些独立的民族宣称他们想要得到和德意志民族或马扎尔民族一样的自治权。之前爱尔兰和英格兰之间的关系以及爱尔兰人民要求地方自治而造成的骚动不安，也会将这种思想和为了争取自治而造成的大动荡在这个二元国家传播。总之，奥匈帝国的专制政权有着半数的爱尔兰当时存在的问题。

容易预见的是，如果这些纷争没有造成两个居于统治地位的民族对独立民族正义诉求的认可和使二元君主政权使各民族能够享受平等特权的联邦共同体，那么，这种局面的唯一结果就是在面对压力的紧张时刻造成政权的解体。

奥匈帝国的问题几乎和奥斯曼帝国的问题一样牵动着欧洲人的神经。之所以如此，是因为君主专制政权内部居于从属地位的少数民族居住区只不过是邻国具有相同血缘关系的更大民族团体的分离区域，在这些少数民族中存在着一种加入

---

① 1910年的人口普查显示匈牙利王国的人口总数为20886487，其中只有10050575人口说匈牙利语。

② 1910年的人口普查显示奥地利帝国的人口总数为28571934，而日耳曼人口数（以语言为基础）为9950266。

这种更大的具有相同血缘关系同族的倾向。于是，的里雅斯特（Trieste）和蒂罗尔（Tyrol）的意大利人被意大利王国所吸引；特兰西瓦尼亚（Transylvania）的罗马尼亚人被罗马尼亚公国所吸引；南部的斯拉夫人被塞尔维亚（Serbia）的斯拉夫人的国家所吸引。

在后边的一章中我们会讨论这些民族问题如何成为1914年世界大战的导火索，并成为影响奥匈帝国命运的决定性因素的。

第二十二章　从维也纳会议到第一次世界大战前的俄罗斯

（1815—1914）

376.前言

自从拿破仑垮台后，俄罗斯发生了很多重大的事件。然而，这里我们只能简单介绍三件事——俄罗斯在奥斯曼帝国解体中起到的作用、俄国的农奴解放和俄国自由主义运动。在后边的章节，我们会找机会介绍俄罗斯在亚洲的情况和她在第一次世界大战中的角色。

第一节　俄罗斯与土耳其及其盟国的战争

377.1828—1829年的俄土战争

19世纪，俄罗斯对奥斯曼帝国发动了三次战争，这导致土耳其人从被他们征服的欧洲大部分地区驱逐出去。但是其他欧洲强国的嫉妒阻止了俄罗斯享受其胜利的果实，她一番努力的结果就是在被收回的土地上建立了大量独立或实际上独立的基督教公国。

三次战争的第一次开始于1828年。那一年，利用苏丹在希腊遭受顽强起义的困境[1]，俄罗斯沙皇尼古拉斯[2]（Tsar Nicholas）对奥斯曼政府宣战。俄罗斯军队没有遭到多少抵抗就穿过巴尔干地区，并向君士坦丁堡进军。苏丹求和。双方签订了《亚得里亚堡条约》（*Treaty of Adrianople*）为第一次战争画上了句号（1829）。

土耳其的摩尔达维亚（Moldavia）省和瓦拉几亚省（Wallachia，现在的罗马尼亚）脱离苏丹的统治而取得独立。塞萨利（Thessaly）和伊庇鲁斯（Epirus）的所有希腊南部地区都获得解放，沿爱琴海大部分岛屿成立了一个独立希腊的王国，由英格兰、法国和俄罗斯联合保护。巴伐利亚的奥托亲王（Prince Otto of Bavaria）接受了王位，成为小希腊国的首位国王（1823）。[3]

378.克里米亚战争（1853—1856）

沙皇尼古拉斯在和英国大臣在圣彼得堡会晤时采用了一个著名的《圣经》故事来对克里米亚战争发生的原因进行了说明。沙皇说："我们现在支配着一个病人——病得很重；如果他在这些天，尤其是乘我们做好准备之前流掉了，那将是极大的不幸。"尼古拉斯随后提议英国和俄国瓜分"病人"的财产。这里的病人当然指的是土耳其。英国可以得到埃及和克里特岛（Crete），而土耳其在欧洲的行省则由俄罗斯沙皇加以保护。

加速病人消亡的借口很快就找到了。希腊和拉丁的基督教徒在耶路撒冷发生争

---

① 这场战争被称为希腊独立战争（1821—1829）。这场战争属于自由主义和民族主义运动的一个阶段。它在革命的1821年引起了意大利半岛和伊比利亚半岛的骚动。拜伦爵士将自己的毕生精力致力于希腊自由的事业。他在迈索隆吉翁城被包围期间死于热病（1824）。英国、法国和俄国最终都卷入进来。土耳其和埃及舰队在纳瓦里诺海湾被联军摧毁。第二年，俄国在多瑙河省开始其行动，我们在后面详细叙述。

② 19世纪及之后的俄罗斯沙皇包括：亚历山大一世，1801—1825；尼古拉斯一世，1825—1855；亚历山大二世，1855—1881；亚历山大三世，1881—1894；尼古拉斯二世（废黜后被杀），1894—1917。

③ 1864年，希腊由于从英国割得了伊奥尼亚岛而扩张了自己的领土，伊奥尼亚岛在维也纳会议之后一直由英国所保有。1881年，希腊从土耳其割得塞萨利和伊庇鲁斯的部分土地，但是在1897年，由于和土耳其苏丹战争的失利，希腊不得不将北塞萨利地区的一部分按照和约归还给奥斯曼政府。作为巴尔干战争的结果（第433条），希腊又获得了希腊本土附加领土及爱琴海中大量的附属岛屿。在自由主义制度下，希腊在第一次世界大战之前取得了长足进步。人口总数从1832年的612000上升至1913年的4800000（新旧领土都算在内）。工商贸易都得到复苏。科林斯地峡由一条运河横穿而过。铁路也修建起来。雅典呈现出了现代首都的面貌。1912年，雅典城内的两所大学学生人数超过了3000人。

执成为尼古拉斯要求苏丹承认俄罗斯为奥斯曼帝国领地上所有希腊基督教徒保护者的借口。沙皇的要求遭到拒绝，尼古拉斯准备开战。苏丹向西欧列强求助。英国和法国都答应了苏丹的请求，后来撒丁王国也加入了英法大军。

战争的中心在克里米亚的塞瓦斯托波尔，这里是俄罗斯庞大的海军和陆军在黑海的主要军事基地。对塞瓦斯托波尔的包围持续了11个月，这也是历史上令人印象最深刻的保卫战之一。俄罗斯的托德尔本（Todleben）将军通过巧妙的防御工事而声名大振，法国军队的英勇无畏精神为法国国王赢得了至高荣耀，而英国“轻骑旅”（Light Brigade）进攻巴拉克拉瓦（Balaklava）的战斗也让他们名垂青史。弗洛伦斯·南丁格尔（Florence Nightingale）的故事就是和英国轻骑旅的传奇联系在一起，这在英国编年史中有记载，“她的歌声和演讲一直激励着国人”。她为了减轻战壕和战地医院伤员的痛苦所付出的巨大努力成为人道主义精神最动人的篇章。①

俄国军队最后被迫撤离他们的要塞。《巴黎和约》的签订为战争画上了句号。《巴黎和约》的关键条款是通过维持奥斯曼帝国的完整来遏制俄国人的入侵。俄国收回了塞瓦斯托波尔，但是她被要求放弃对土耳其所有领地保护者的地位，并同意不再在黑海建立另外的堡垒，不能在黑海保留武装的船只，必要的警务巡逻除外。②

379.1877—1878年的俄土战争

《巴黎和约》渴望一劳永逸地解决东方问题。然而20年过去了，这一问题再次摆在了欧洲面前。苏丹不能也不愿给予基督教徒曾经承诺的保护。1876年，在保加利亚发生了“保加利亚惨案”（Bulgarian Atrocities），基督教徒无论男女老幼，被大肆屠杀，各地爆发了历史上罕见的起义。

整个欧洲的怒火被点燃。俄罗斯军队迅速出动，小亚细亚的卡尔斯（Kars）和欧洲土耳其的普列夫纳（Plevna）都落入到俄罗斯人的手中，沙皇的军队再次全力向君士坦丁堡挺进，他们希望能够永远地结束土耳其人在欧洲的统治。英国出兵干预，派舰队穿过达达尼亚海峡（Dardanelles），遏制了俄罗斯军队前进的步伐。

---

① 参阅朗费罗的诗篇《提灯女神》。

② 俄罗斯在1871年普法战争爆发时否认了这一条款。随后俄罗斯重新修建了塞瓦斯托波尔的防御工事，在“一战”爆发前，俄罗斯一直在黑海保持着强大的舰队。

380.《柏林条约》（1878）

欧洲列强之间签订的《柏林条约》[①]（*Treaty of Berlin*），再次令土耳其的动荡局面得以调整和缓解，也为这位“病人”增添了一丝活力。但是土耳其还是失去了大量的领土，因为即使她的友邦都不希望看到她的恢复和改革。土耳其在欧洲的领土，基督教徒人口是最多的，因此出现了完全独立或半独立的基督教国家。[②]波斯尼亚（Bosnia）和黑塞哥维那（Herzegovina）被交给奥匈帝国管理，但是并没有从奥斯曼帝国分割出去。

根据奥斯曼帝国跟英国政府的秘密协议，塞浦路斯岛（Cyprus）被英国“占有和管理”。作为回报，英国保证苏丹在亚洲领土的完整。

就这样，土耳其失去了很多曾经的领土，但在欧洲仍有500多万人处于苏丹的直接统治之下，其中至少有半数是基督教徒和非土耳其族的人口。这些人的利益就被牺牲给欧洲列强之间的纷争和相互妒忌之中了。土耳其在这些地区的暴虐统治——因为欧洲列强的纵容——成为1912—1913巴尔干战争的直接导火索之一，也成为了1914世界大战的序曲。

第二节　解放农奴和自由主义运动

381.俄罗斯农奴的解放（1861）

沙皇亚历山大二世（Tsar Alexander II，1855—1881）的名字作为4600万俄罗斯

---

① 在这份《条约》中，欧洲大国重新修订了俄国和土耳其达成的《圣斯蒂法诺和约》。这份和约实际上将奥斯曼帝国排除在欧洲版图之外，并以牺牲塞尔维亚族和希腊族为代价扩大了保加利亚的领土。

② 罗马尼亚（古代的摩尔达维亚和瓦拉几亚的行省）、塞尔维亚和门的内哥罗的完全独立被正式承认；保加利亚根据《圣斯蒂法诺和约》获得的领土被大幅削减，但是她享有自治权，只不过要向奥斯曼的朝廷纳贡；东鲁米利亚即将拥有自己的基督教总督，但仍在苏丹的版图之内。1885年，东鲁米利亚与保加利亚统一。人口几乎都是罗马尼亚族的比萨拉比亚被从罗马尼亚手中夺走，然后送给了俄罗斯。

农奴（serfs）的解放者将会永远地载入史册。为了更好理解解放对于农奴意味着什么，我们需要了解一下俄罗斯之前的土地制度和农奴的社会地位。

地主的土地被分为两部分，较小的一部分会作为地主的自用土地进行保留，而较大部分的土地则分配给农奴耕种，农奴们组成的村社叫“米尔”（mir）。

除了耕种劳动果实由自己享有的村社土地外，农奴必须要耕种地主的土地，一般每周需要至少劳动三天。农奴在人身上附属于地主，一旦违反地主的命令，还会遭受鞭打，但是地主不能像奴隶一样将农奴单独买卖；然而当地主将自己的全部家产出售时，农奴就一起被卖给了下一个主人。

1861年，俄罗斯颁布了“俄罗斯农民的大宪章”——《解放法令》（*Emancipation Code*）。法令规定农奴主必须把农奴耕种的土地分给农奴，为了得到这些土地，农奴必须通过劳动或地租作为回报。[①] 这样获得的土地就成为农奴村社的共同财产。所有其他的农奴，比如家仆和工厂里的操作工，在付出额外两年的劳役后就可以获得自由，而且在服役期间还应该得到工资收入。

就像美国南部的奴隶解放一样，俄罗斯农奴的解放并没有完全实现改革者的期待。其中一个原因是农奴并没有获得足够的土地，除非这些地区的土地非常肥沃，足以使他们养活自己。于是很多农奴离开自耕地前往城市，还有一些人不惜借贷，从而成为了无情的高利贷者的牺牲品。

382.俄罗斯自由主义运动；无政府主义和恐怖主义

从1815年开始，在俄罗斯对沙皇独裁统治的抗议就不断增长。这样的抗议运动不过是法国革命思想在俄罗斯的发展罢了。如果非要给这样的运动找一个起点，那么1813—1815年的事件或许可以算得上一个。在那几年，整个俄国的军队，像彼得大帝一样漫游西方，也像彼得大帝一样，从西方获得了一些新的思想。这完全就是1776年法国人前往美国参加美国独立战争的另一种翻版。

那些高举自由主义思想旗帜的人被称作无政府主义者（Nihilists）。他们主要来自教师和大学生，他们的基本要求就是建立立宪代议制政府，改革司法制度，消除对自由谈论公共事务的限制。总之，他们要求俄罗斯人民应该得到西欧人民所享

---

① 农奴数量达到了约23000000，根据特殊法令（1858年7月颁布）农奴已经得到解放。他们立即获得了长期耕作土地的所有权而不用支付任何费用。他们已经只是名义上的农奴。我们之所以称其为“名义上的”，是因为这个阶层在劳作中只受到为数不多的限制，而且只需要缴纳很少的租金。

有的一切权利。

在1878—1879年俄土战争期间，自由主义运动进入了暴力阶段——就像法国大革命在1793年所做的一样——并逐渐演变为恐怖主义。在政府的迫害和压制下，无政府主义采用了这种形式。极端无政府主义者或恐怖主义者认为暗杀是进行政治变革的正当手段。亚历山大二世（Alexander II）就是被刺杀身亡的（1881）。之后，俄罗斯政府的统治更加独裁残酷，并疯狂地镇压各种革命运动。

芬兰（Finland）成为了这种残忍不负责任的独裁统治的受害者。1809年，芬兰被瑞典割让给了俄罗斯。她成为了俄罗斯帝国的大公国。芬兰拥有自己的自由宪法，沙皇也曾经承诺和发誓会给芬兰完全的自治权力。芬兰拥有大约200万人口，在自由宪法的保护下，这里的人民过着忠诚、富足的生活。但在1899—1902年期间，尼古拉斯二世通过一系列的皇家诏令取消了芬兰的宪法并将芬兰变为俄罗斯帝国的一个行政区。简而言之，芬兰成为了第二个波兰。

383.召开国家杜马（1905）

当然“全体俄罗斯的独裁者”[①]（Autocrat of All the Russias）沙皇和臣民之间的较量只有一个结果，俄罗斯沙皇进行的是一场众多独裁君主不断发起不断失败的绝望的战斗，这样的战斗从来都有一个共同的结果——自由主义思想的胜利和人民参与政府管理。

1904—1905年的日俄战争（Russo-Japanese War），彻底暴露了沙皇政府的腐败无能，事态变得很严重。俄罗斯人民被迫接受闻所未闻的生命财产牺牲来参加一场不能实现他们的理想和保护他们利益的灾难性的战争，于是俄罗斯人民起而反抗。俄罗斯沙皇最终迫于压力向人民保证让他们参与政府事务管理。于是，1905年召开了由俄罗斯人民选举代表产生的国家杜马[②]或国民大会。

---

① 沙皇只是在理论上作为俄国的贵族统治者。实际的统治者是王权背后的各级官员，他们构成了俄国的贵族阶层。这群狭隘、自私和腐败的官员被比作雪莱夫人陛下的“弗兰肯斯坦”。就像里边的科学怪人一样，俄国贵族阶层这个怪物毫无顾忌放纵自我并无恶不作。从理论上说，沙皇是俄罗斯专制统治者。王位背后权力的真正统治者，是各个等级的官员，他们构成了所谓的官僚机构。这种狭隘的、自私的、腐败的官员被比作雪莱夫人小说《弗兰肯斯坦》中的妖怪。像小说中一样，怪物超越了创造者的控制，犯下了肆无忌惮的罪行。

② 杜马构成了国民议会的下院，而上院则被先前的帝国议会控制，1906年，帝国议会获得了立法权。

尽管国家杜马起初只不过是一个参政议政机构，但它很快就获得了立法权，并逐渐取得了推翻君主专制建立共和政体（1917）的地位。1917年俄罗斯革命构成了第一次世界大战历史的重要部分，也是这场巨大的战争的成果之一。[①]

① 19世纪和20世纪初俄国历史上另一个重要事件是她在亚洲的扩张并与日本爆发冲突。关于俄国历史的这一重要阶段和其在“一战”中所扮演的角色，我们会在下边的章节中介绍。

第二十三章　新工业主义

384.新工业主义的物质基础

我们已经介绍过英格兰新工业主义（New Industrialism）是由18世纪后半期几个标志性的伟大发明而开启的。在1830—1840年这10年间，对早期发明的不断完善和新发明发现的兴起为工业发展注入了巨大的动力。其中比较著名的发明包括蒸汽铁路、电报和蒸汽轮船。1830年，乔治·斯蒂芬森（George Stephenson）展示了第一台真正成功的火车机车。1836年，摩尔斯（Morse）完善了电报。1838年，蒸汽轮船进行了首航。这些发明同新工业时代的关系可以拿来同开辟了近现代社会的三项伟大发明相比（印刷术、火药和航海罗盘）。

不久之后，在这些发明的基础上又出现了电气引擎（electric engine），它带来了有轨电车（trolley car）；汽油发动机（gasoline motor），给世界带来了汽车（automobile）和飞机（airplane）；此外，还有其他无数的发明和科学机械装置。这些构成了新工业主义的物质基础。它们加速、强化和改变了整个工业科技和贸易的进程。

385.新工业主义的特征

首先，新工业主义用机器生产取代了手工制造。这意味着产品数量的巨大增长。

其次，新工业主义将主要的工业模式从家庭式作坊变成大工厂生产。这对家庭成员，尤其是女性成员有着重大而又深远的影响。

最后，新工业主义加快了生产的发展，并引进了资本主义生产体系。在这样的制度下，从事工业生产的人被划分为两个主要的社会阶级，即资本主义雇主阶级，人数相对较少，他们为企业生产提供所需的大量资金；工人阶级，占据工业人口的大部分，以靠向雇主阶级出卖自己的劳动力获得工资收入为生。

386.新制度的逐渐发展

除了要牢记新工业的重要特征外，我们还应注意新制造方法是逐渐被引入到各个国家的。我们知道革命始于18世纪后半期的英国，在法国大革命爆发前，工业革命已经革新了主要的制造工业，尤其是金属器件、棉纺和羊绒产品的加工制造方法。二三十年后，主要欧洲国家的产业模式都得到了革新。在俄国，1914年世界大战爆发时其工业革命还在进行中，而中国才开始感受到新的生产方式的影响。随着时间的推移，工业革命肯定会不可避免地延伸到各个国家，因为古老的手工生产模式已经无法同新的机器生产相竞争。

接下来我们要谈到新工业主义对受到其变革性影响的人民在政治、社会和经济生活上的巨大影响。

387.新工业主义的政治影响

新工业主义极大地推动了政治革命，过去两个世纪的民主运动都受到了新工业主义的影响。它主要靠发展城市生活来实现这种影响。制造业生产体系需要劳动人口在大的工业中心聚居，因此，受新工业主义影响的国家的人口已经从过去的乡村农业人口占主导变成了城市工业人口占主导。而且城市生活加强了人们的民主意识。通过相互之间的日常交往、思想交流和更多地采取集体行动的机会，城市居民变得不再像乡村居民那样保守，而是更加乐于参加政治活动和改革行动。① 因此，随着工业化国家大城市人口的聚集，新工业为人民自治政府的发展注入了强大的动力。

新工业主义的另一个重要政治结果就是加剧了国家之间的竞争。大工厂、作坊和劳动车间生产效率的提高迫使生产者去寻找过剩产品的国外市场。这就加剧了工业化国家之间为控制世界市场而展开的竞争，它也促使一些政府建立贸易保护，获得附属关系甚至对落后的、半文明、腐朽的地区实施完全的政治占有，这样来为他们过剩的国内工业产品获得新的销售渠道，或者确保他们能够获得海外产品来作为他们国内生产的原材料。这种激烈的国家间的竞争关系是这二三十年历史的重要特

① 我们还记得，这些中世纪的城镇曾经是政治自由的诞生地。

征之一，也是引发第一次世界大战的一个重要因素。

388.新工业主义和女性运动的关系

新的工业主义将过去在家庭里主要由女性成员承担的工业模式转移到了工厂里进行生产。女性也就随之从家庭走向了社会，与男性一同进行竞争。很自然，这种在工业生活中的新的地位和角色促使女性追求各种解放，要求获得普选权并和男性平等参与立法和执政。女性主义运动毫无疑问是新工业革命创造的最重大的成果，或者说它为女性运动增添了新的力量和紧迫性。

389.劳工问题

新工业主义制造了很多经济问题。毫无疑问，最受人诟病的对社会影响巨大的问题就是劳工问题。这个问题从其最重要的一方面来阐述的话就是：如何将世界工业生产的产品进行公平的分配？

当时的状况是这样的：通过雇用劳动力和采用改良的机械装备，能够满足人民需要的商品几乎可以不受限制的生产。但是工业生产效率的增加并没有完全解决我们的经济问题，因为尽管总的社会财富非常巨大，还是有许多人的生活仍然十分贫困。按照现有的分配模式，资本和劳动力生产出来的产品以租金、利息、工资和利润进行分配，这样，少数的资本家就得到了新工业产值的绝大多数价值，产生了大垄断集团和托拉斯（Great monopolies or trusts）。巨大的财富被少数人攫取，而绝大多数依靠工资生存没有技术的劳工劳苦程度虽然减轻了，但薪水增加的速度却要慢得多。

社会财富分配的不均、物质财富增长的缓慢和享受现代文明带来的成果的缓慢使得手工业者产生了极大的不满，尤其是那些受教育程度不高和对社会进步进程缓慢——大规模和持续的进步常常由此而来——不那么熟悉的工人，不满更甚。这种不满在寻求迅速改善经济条件的罢工和骚乱中得到宣泄。

第二十四章　欧洲在整个19世纪和20世纪初的扩张

第一节　扩张运动的原因和阶段

390.欧洲扩张成为更大欧洲的重要意义

谈到16、17世纪欧洲殖民地和定居点的建立，我们可以将欧洲扩张成为大欧洲与古代的希腊扩张成为大希腊及罗马扩张成为大罗马相比较。我们接下来要说说欧洲人民的这场外扩运动的后期的几个阶段。

首先我们要知道正是因为这个扩张运动，才使得欧洲人民在思想、道德和政治上取得长足的发展。这个扩张过程可以和古犹太人的宗教扩张运动相比较。新宗教的发展有着极其伟大的意义，因为新的信仰不是为了世界某一个角落，而是为了整个世界。同样，文艺复兴、宗教改革和工业革命在欧洲创造的新的、富有的、进步的文明是一个对世界历史都有着重大意义的事件，因为这样的文明不是只为某一个洲或某一个种族创立的，而是为了整个世界、为全人类创造的文明。

接下来我们要看看这种新文化的承载者是如何将其带到了或正在带到世界各个角落同其他所有的民族进行交流，从而不仅为欧洲也为全世界开创了一个新的历史纪元。

391.早期殖民帝国的命运；殖民地利益的兴衰

我们已经讲述的历史展示了欧洲各国在16和17世纪建立的殖民帝国的命运。辉煌的葡萄牙帝国很快成为荷兰和英国的战利品；法国将大量殖民领地割让给了英国；荷兰的大量殖民地最终也落入到英国的手里；在18世纪末，英国因为美国独立战争而失去了她在北美洲的13个殖民地；而在19世纪初，西班牙也以同样的方式失去了她在新大陆的所有附属国。

在遭受了这些令人沮丧的经历之后，欧洲各国政府对到海外占领新的殖民地一时失去了兴趣。政治家们开始信奉一个原则，就是殖民地“就像水果，一旦成熟，很快就会从树上掉下来”。而英国首相迪斯雷利在谈到英国的殖民地时曾经说：“这些可怜的殖民地就是我们脖子上的重担。”

但是在19世纪末，由于对殖民地和附属国产生了兴趣上的复苏，很多欧洲国家开始为了海外殖民地展开激烈争夺。

392.对殖民地兴趣恢复的原因

多种因素的共同作用唤醒和强化了对殖民地产生新的兴趣。其中一个原因就是欧洲人口在19世纪的急剧增长。在19世纪初，欧洲的人口总数（不包括土耳其）大约有一亿六千万；而到19世纪末，欧洲人口总数上升到了四亿三千六百万。在同一时期，欧洲人口在全世界的数量从大约一亿七千万增加到5亿以上。① 欧洲人口数目的增加是近代历史最重要的历史事实之一。它引起欧洲人口外流并在世界范围内泛滥。它使得最小的大陆成为了很多国家的诞生和成长的发源地。②

这场很长时间内没有引起欧洲政治家注意的人口外流运动的政治意义，是在欧洲之外建立了一个新的欧洲，并转移了世界的重心，最终吸引了欧洲政府的注意力和唤醒了欧洲对殖民地和属地的兴趣。

第二个原因是18世纪末开始于英国的工业革命逐渐改变了欧洲发达国家的工业生活模式。新的生产工艺制造的大量纺织品和各种货物加剧了各国为了争夺在不文明和半文明地区的市场掌控权而展开的竞争。为了确保自己的产品能够在市场上占据垄断地位，欧洲各国政府认为有必要控制这些地区或者在这些地区建立保护领地。③

---

① 这些早期的数字只是一些粗略估计。关乎19世纪初的人口，并没有可靠的数字。人口普查只不过是19世纪的创新，而且只有两三个国家开展了这种活动。

② 过去一个世纪发生的从欧洲流向世界其他未被开垦的地区的移民浪潮并不是由单一的原因造成的。随着欧洲人口压力的增加，这可能会被看作任何人口迁徙的主要原因，其实同时还有其他政治、宗教和经济的原因。

③ 这符合“贸易随着国旗走”的理论。它在一定程度上是对的。制造商、贸易商、银行家、工程师和发起人等确保了对海外半文明土地的政治控制——尽管“门户开放”政策意味着所有国家的贸易商拥有相同的机会，并受到一系列协议的约束——来获得工业开发、矿井开采、铁路修建和对当地统治者放贷的各种优惠措施。

第三个原因就是英国从殖民统治获得的巨大利益的示范效应。尤其是在1887年和1897年维多利亚女王登基50周年和60周年庆典上，当大英帝国各种族代表的游行队伍经过伦敦街道时，这种壮观的场面体现的大英帝国无与伦比的帝国财富与权力，给欧洲的其他国家留下了深刻的印象。这令欧洲各国政府决心效仿英国，到其他的地区去建立属于他们的殖民统治和附属国。

19世纪最后15到20年里，几乎所有欧洲老牌殖民国家都尽其最大的努力去建造新的殖民帝国来取代旧的已经失去的殖民地，而其他之前没有建立殖民统治的国家也开始同更早开展海外扩张的老牌殖民帝国进行激烈的竞争。

393.斯坦利的发现打开了“黑色大陆”

然而，当欧洲各国政府认识到殖民统治重要性的时候，几乎所有欧洲以外适合欧洲人定居的地方都向他们的殖民事业关闭了，因为它们要么已经被英国所占据，要么那些曾经由欧洲移民建立的殖民地已转化成了独立的国家。新帝国的缔造者们不再拥有那么多可以选择的目标去建立他们的殖民地。

然而，还有非洲。一个世纪以来，勇敢的探险家们一直努力去揭开这片神秘大陆的面纱。其中之一就是著名的传教士探险家戴维·利文斯顿（David Livingstone）。利文斯顿在1873年去世，他未竟的事业就落在了亨利·斯坦利（Henry M. Stanley）肩上。在利文斯顿去世后不久，斯坦利就开始了他对非洲的冒险探索（1874—1877）①，并因此发现了刚果河的流向，也了解了其大片盆地的地质构造。在地理大发现的历史上，自哥伦布发现新大陆以来，还没有任何其他地理发现要比斯坦利的发现更为重要。斯坦利在自己的《穿越黑暗大陆》（*Through the Dark Continent*）一书中对自己的探索之旅进行了描述。这本书的出版标志着非洲历史的新纪元，它激励了无数政治、商业和人道主义的探险活动，它们目的是为了开发非洲大陆的自然资源并将其向世界文明开放。

394.刚果自由邦的建立（1885）

斯坦利的著作和发现的一个直接结果就是建立了刚果自由邦（Congo Free State）。在比利时国王利奥波德二世（King Leopold II of Belgium）的努力下，成立

① 斯坦利为了追寻利文斯顿的足迹，比较早地进行了探险考察（1871—1872）。

国际非洲协会（International African Association），在该协会的赞助下，斯坦利在第二次探险归来后被派遣在刚果盆地建立驻地，并为欧洲秩序和政府的建立奠定基础。

亨利·斯坦利

国际非洲协会眼中的斯坦利是一个能力出众的军官。他作为组织者和管理者的身份在欧洲持续工作了5年（1879—1884），他自己谈起在刚果的工作时都说那是“漫长的痛苦劳作”。他与超过450位酋长签订协议，酋长们将自己土地的统治权交到了斯坦利手中。斯坦利在刚果河两岸及其支流建立了无数的邦国。由于其辛勤努力的工作——有人建议赋予他“斯坦利·阿非利加努斯”（*Stanley Africanus*）的高贵称号——成为刚果自由邦的真正创始人，并且在近代伟大的国家管理者和缔造者的名单上也应该占有一席之地。①

395.瓜分非洲

斯坦利的发现和刚果自由邦的建立是欧洲列强抢夺非洲领土的预兆。英国、法国和德国是最强有力的竞争者，他们也因此得到了最大的份额。在不到一代人的时间里，非洲大陆就成了欧洲的附庸。在1914年第一次世界大战爆发时还保持独立的非洲国家只有阿比尼西亚（Abyssinia）和利比里亚共和国（Negro Republic of Liberia），而利比里亚共和国政府被掌控在美国自由民或他们后代的手中。

非洲事务的掌控权从非洲土著居民或亚洲穆斯林入侵者的手中转移到欧洲人手中，这毫无疑问是非洲大陆历史上最重大的交易，而它也肯定会影响非洲未来的命运。

在接下来的章节里，我们会简要叙述一下欧洲主要国家在非洲扩张运动中所扮演的角色，我们也必定会谈及各国在瓜分非洲中所起的作用和得到的回报。

---

① 从刚果自由邦实际建立的1882年，直到1908年，刚果只不过是比利时国王的个人封地。1908年，利奥波德国王将刚果让与比利时政府。这个国家的重要产品是橡胶、棕榈果和可可。棉花和烟草也被培育成功。最近估算这块殖民地人口，大约在9000000到15000000之间。斯坦利规划的铁路项目全长250英里，围绕着刚果大瀑布修建。这项工程使刚果开始和文明世界发生联系，这片广袤的土地在斯坦利之前完全与人类文明隔绝。

第二节　英格兰的扩张

396.英国在美洲；加拿大自治领

1776年美国13个殖民地从英国独立出去似乎给英国在美洲建立一个伟大的殖民帝国的希望以致命打击。但是北美洲的大半领土仍然掌握在英国人手里。

逐渐地，英属北美殖民地作为欧洲定居者的定居地的吸引力逐渐为世界所知。大部分来自英伦三岛的移民在数量上急剧增长，美国人口数量的增长是惊人的，从19世纪开始的大约25万人增加到1914年的700万人以上。

自从加拿大转到英国的统治下，其政治历史上最重要的事件之一就是在1841年给各省建立责任政府。在那之前，英国的殖民制度在原则上类似于导致英帝国失去13个殖民地时的情况。这一退让标志着英国殖民运动历史上的新纪元。加拿大各省现在在内部事务上完全变成了完全的自治。①

将完全的自治政府赋予殖民地各省逐渐延伸开来，1867年，在加拿大自治领（Dominion of Canada）的名义下，上下加拿大（Upper and Lower Canada）、新斯科舍（Nova Scotia）和新布伦瑞克（New Brunswick）统一成为一个联邦国家。② 作为联邦纲领自治领宪法，是以英国宪法为模板建立起来的，这一点不同于与美国宪法非常类似的澳大利亚宪法。

加拿大各省的政治联合使得这个时代最伟大的工程项目之一的实现成为可能，这就是从蒙特利尔（Montreal）到温哥华（Vancouver）洲际铁路的修建[加拿大太平洋铁路（Canadian Pacific Railway）]。这条铁路的修建巩固了联邦的联合和自治领工业的发展，类似于美国修建的一条类似的洲际铁路。③

在1914—1919年的第一次世界大战时，加拿大自治领坚决忠于英国，派出超过40万士兵与英国和英国其他海外自治领的士兵并肩作战。

由于其广阔的地域——面积已经超过英伦三岛35倍，无尽的矿藏，无与伦比的渔业，连绵不绝的森林、牧场和麦田，宜人的气候，最重要的是其自由的政治制

---

① 缔结条约和决定和战的权力都保留在英国政府手中。

② 后来英属哥伦比亚、爱德华王子岛和其他省份都加入了联邦，而纽芬兰则一直拒绝加入联邦。

③ 1914年，另一条（环太平洋干线）连接新布伦瑞克到英属哥伦比亚鲁珀特王子港的洲际铁路线完工。

度，加拿大自治领似乎被看作是盎格鲁–撒克逊民族未来最理想的家园之一。

397.英国在澳大拉西亚[①]；澳大利亚联邦宣言（1901）

大约在英国失去美洲的殖民地的时候，著名的航海家库克船长（Captain Cook）到达新西兰和澳大利亚海岸进行探险（1769—1771）。对于之前到访者对这些岛屿宣称的拥有权，库克船长不予理睬，为英国王室占据了这些岛屿。

英国开始对这些岛屿想到的最好用途是使之成为罪犯的流放地。1788年，第一批罪犯被送到了澳大利亚的植物学湾（Botany Bay）。但是这里大面积的农业财富——澳大利亚内陆是一片毫无希望的沙漠之地——这里适合畜牧业，宜人的气候很快吸引了大批英国移民前来。1851年，澳大利亚发现了丰富的金矿，再一次引发了世所罕见的移民浪潮。

在19世纪末之前，5个繁荣的殖民地（新南威尔士、维多利亚、昆士兰、南澳大利亚和西澳大利亚），包括附近的塔斯马尼亚岛（Island of Tasmania），总人口大约有400万（到1914年，人口增加到大约500万），沿着澳洲大陆肥沃的供水充足的边缘发展起来，并建立了类似于英国的自由制度。

这些殖民地在第一次世界大战开始之前的主要的历史事件就是成立了澳大利亚联邦（the Commonwealth of Australia，1901），一个类似于美国的联邦政府。[②]

和加拿大一样，澳大利亚也在第一次世界大战中为英国及其盟国的战斗牺牲了巨大的人力和物力。

这个位于南太平洋上的新盎格鲁——撒克逊联邦充满无限可能的未来——澳大利亚的面积比美国还小——激起了世界的无限想象。也许在历史的将来这个新的英属联邦在太平洋的地位能够媲美英国在大西洋的地位。[③]

---

① 澳大拉西亚，意思是“亚洲南部的土地”，通常包括澳大利亚和新西兰等地。同南非、加拿大和印度一样，英国人其实来到这里很晚。西班牙人和荷兰人都要比英国来到这里要早。荷兰的存在可以通过新荷兰（澳大利亚早期的名字），范迪门斯地（塔斯马尼亚最初的名字）和新西兰这样的名称得以证明。它们都与大岛连接在一起。

② 新西兰不在联邦之内。它和其他临近的岛屿一起组成了一个自治领。如果不包括土著居民，总人口刚刚100万多一点（1911年人口普查的数字）。

③ 最近一位作家对澳大利亚人口的纯粹特点有过一番描述：“澳大利亚是盎格鲁-撒克逊民族所拥有的唯一大陆——唯一一个由一个国家拥有的大陆——也是有记录以来唯一拥有一个民族、一种语言和一个政府的大陆。”

398.英国在亚洲

我们已经讲过英属印度殖民帝国的建立。19世纪初，英国稳步推进其附属领地的边界，到19世纪末通过其对超过3亿亚洲人口① 的直接统治或领主地位巩固了英国的权力——这也是历史上统一在一个王权之下最多的外国人口。

我们必须要讲一下英国对印度的占领和她在19世纪卷入的几场用于维护其在东南亚巨大贸易利益的几场战争，以及这些战争对其外交政策的巨大影响。这些战争中最早的一场是英国出于对俄国的嫉妒而卷入的1838—1842年阿富汗战争（Afghan War of 1838—1842）。②

与此同时，英国也卷入了同中国的鸦片战争（Opium War with China，1839—1842）③。通过鸦片战争，英国从中国割得了香港，并将香港打造成大英帝国最重要的商业港口和军事基地。

鸦片战争刚刚结束，英国又卷入了同俄国的克里米亚战争，前文已经结合俄国历史讲到过这场战争，现在我们可以更好地理解英国为什么在冲突中选择站在奥斯曼土耳其一边。她保持奥斯曼帝国领土完整目的就是阻止英国最主要的对手俄国拿下君士坦丁堡和博斯普鲁斯海峡并通过占领东地中海从而完全掌控亚洲事务。

克里米亚战争的硝烟还没散尽，英国就从为她在塞瓦斯托波尔进行激烈战斗的英国士兵提供安全保障的国家获得了最令人震惊的情报——1857年，东印度公司的军队爆发了著名的“印度兵变”④（Sepoy Mutiny）。幸亏很多当地武装坚定地效

---

① 根据1901年人口普查，英属印度帝国的人数（包括藩属国）为294461956；1911年人口普查这个数字达到了315156396。

② 英国希望将阿富汗作为其印度殖民地与扩张的俄国之间的缓冲区。这场战争造成极大的悲剧，一支从印度前往阿富汗山地的英印联军的16000名士兵几乎全军覆没。1879—1880年又爆发了第二次阿富汗战争。

③ 印度和中国之间的鸦片贸易数额庞大，这成为了英国商人和印度政府的主要收入来源。然而，中国政府逐渐意识到鸦片这种毒品的危害，开始抵制鸦片进口。这也是鸦片战争的原因。中国政府被迫展开禁烟行动。

④ 印度兵变的原因有很多。被废黜王公的煽动；印度本地人日益确信的英国种种行径让他们的宗教受到威胁的传言，这也是兵变的原因之一。本地士兵对军方的不满。兵变同时在几个地区同时爆发。兵变者在坎普尔制造的暴行令整个文明世界感到恐惧。那那·萨希布对英国的驻军进行杀戮，并将200名妇女儿童集中起来关进一个小房子。因担心英国军队在亨利·哈夫洛克将军的率领下来解救这些俘虏，那那·萨希布派了5名刺客进入房间，将这200人全部杀死。随后尸体被拖出房间，扔到附近的水井里，后来救援部队发现了这些尸体，但是他们来得太晚了，没能阻止这场悲剧的发生。

忠于英国，在他们的协助下，暴乱被迅速镇压下去。由于这次暴乱，英国议会通过一个法案，印度政府从东印度公司脱离出来，纳入英国女王的统治之下。

除了无尽的利益，毫无疑问，英国在印度的统治也遇到了很多的麻烦；然而我们现在研究的、尤其重要的、也是近代历史上最为重要的事实之一就是，超过3亿的亚洲人口完全处在一个欧洲国家的统治和战舰之下。

399.英国在南非；南非人与英国人

英国在瓜分非洲中扮演着重要角色。她第一次出现在非洲大陆，无论是在埃及还是在开普敦（Cape），都是出自对她的东印度公司和对其非洲路线的关切。后来出于为自己考虑，英国加入了欧洲列强对非洲领土的争夺。

荷兰人比英国人更早一些来到了南非。他们在17世纪中期——荷兰的强盛时期——就在开普敦开始了定居。在法国大革命和拿破仑统治期间，英国将荷兰殖民地纳入了自己的保护范围。在1814年拿破仑下台后，荷兰将这里的殖民地割让给了英国。①

荷兰定居者拒绝向英国屈服。1836年，一大群深受其害的殖民者放弃自己的旧家园进入非洲荒漠寻找新的栖息之所。这样的英勇举动可以和他们的祖先相媲美，因为这些非洲的清教徒就是当初反抗腓力二世的荷兰爱国者的后代，也是17世纪为了逃避路易十四的暴政逃离法国的胡格诺派难民的后代。

这次移民被称为“大迁徙”（Great Trek）②，这些移民驱赶着牛群，驾着牛车，携带妻儿和他们的财产从开普敦向东北跋涉。在奥兰治河流域（Orange River）的另一边，一些移民放开牛群的束缚，建立了自己的新家园，奠定了奥兰治自由邦（Orange Free State）的基础；而更勇敢的迁徙者继续向北穿过瓦尔河（Vaal River），建立了德兰士瓦共和国（Republic of the Transvaal）。

两代人的时间里，很多小的共和国在充满敌意的非洲部落的包围下，不断地焦虑和战斗的折磨下纷纷建立起来。随后出现了历史转折点。1885年，德兰士瓦发现了丰富的金矿。世界各地的矿工和探险家立刻如潮水般涌入这里。

这些新来的人中说英语的人口占据了很大的比例。作为外来者——*Uitlanders*，

① 失去开普敦殖民地之后，爪哇岛成了荷兰所保有的最重要的殖民地。他们逐渐又占有了苏门答腊岛的大部分。这两个岛屿构成了荷兰东印度群岛的核心，总人口3600万左右。

② “*Trek*”荷兰语中为“迁徙”之意。

他们被这么叫——他们被排除在政府事务之外，尽管他们占到了这个小国人口的2/3，并且缴纳了更多的税负。他们要求获得公民权。布尔人（Boers）在坚强的德兰士瓦总统保罗·克鲁格（Paul Krüger）的领导下拒绝向他们的要求让步，并认为这样做实际上就意味着交出共和国的独立权而成为英国的附庸。

双方的争议越来越激烈，很快，英国和德兰士瓦之间就爆发了战争（1899）。奥兰治自由邦派出仅有不多的军队加入了自己的姊妹国。① 战争持续了两年，最后布尔人的军队缴械投降（1902）。作为战争的结果，两个共和国都被大英帝国吞并，分别成为了德兰士瓦殖民地和奥兰治河殖民地。

战争结束几年之后，英国政府明智地给予了这两个殖民地自治政府的地位。② 很快，这些自治政府和开普敦殖民地连同纳塔尔（Natal）一起成立了“南非联邦”③（Union of South Africa）。这样就完成了同代最具统治力的人物之一，南非政治家、“帝国创立者”（Empire Builder）塞西尔·罗兹（Cecil Rhodes）的伟大构想。

英国政府委托布尔人建立责任政府，在很大程度上赢得了他们对英帝国的忠诚，在第一次世界大战时期，他们团结起来——尽管不是全票支持——支持英国，并以英帝国的名义征服了德属西南非洲和德属东非地区。

英国在非洲最重要的事业之一就是修建了开普敦到开罗的铁路。这条铁路也成为罗兹联邦计划中比较受青睐的一个工程。罗兹的梦想已经大部分得到实现。这条铁路完成后将会成为将黑色大陆向西方文明开放的重要通道。

400.英国在埃及

1876年，为了防止失去作为埃及债券持有人的埃及臣民，英国和法国联合控制了埃及。④ 6年后的1882年，埃及军队爆发反对赫迪夫（Khedive，埃及总督）的叛乱。法国拒绝和英国联合镇压叛乱分子，于是英国单独行动。结果埃及从英法的

① 这两个与现代最强大的帝国交战的共和国白人总人口仅仅30万多一点。

② 德兰士瓦和奥兰治自由邦分别于1906年和1907年建立责任政府。

③ 根据191年的人口普查，联邦的总人口大约为700万，其中125万为白人，其他的都是土著居民或有色人种。金矿和钻石是其主导产业。

④ 当时的埃及名义上仍然是以奥斯曼帝国为宗主国的世袭封邑。

联合统治变成了英国的单独统治。①

埃及从欧洲的统治中获得的益处是最多的。当英国行使对埃及的统治权之前，埃及是土耳其苏丹统治下最悲惨的土地之一。在英国的统治之后，埃及比法老统治在内的以往任何时代都更加繁荣。这种高度的繁荣之所以能够实现，都是因为英国给了埃及两样最需要的东西——“公正和水源”。

在埃及阿斯旺（Aswan）的第一大瀑布（First Cataract）建造横贯尼罗河伟大的灌溉蓄水大坝是近代最伟大的工程之一。大坝在洪水期储存尼罗河上的多余水量，而在枯水期再将蓄水逐渐放出。这种持续的供水系统不仅巩固扩大了肥沃良田的面积，而且还让这片土地每年耕作两到三茬农作物成为可能，仅此一项，据估计就增加了埃及1/3的粮食产量。

第三节　法国的扩张

401.法国在非洲

19世纪开始时，法国只占据非洲的一小部分。从漫长的拿破仑战争之后，法国心力交瘁，没有精力去关注法国国土之外的利益。

最后当法国环顾四周寻找海外区域来弥补她在美洲和亚洲的损失时，北非海岸由于其地理方位、气候和物产的接近，自然引起了法国的注意。这里拥有丰富的农业资源，在古代它是罗马帝国统治下的粮食作物产量最丰富的产地之一。这里的气候非常适合拉丁殖民者。它在地理环境上，其实是欧洲的一部分，“真正的非洲始于撒哈拉沙漠（Sahara）”。

法国在1830年开始征服阿尔及利亚（Algeria）。对阿尔及利亚的征服遭到了非洲当地部落的顽强抵抗，为此法国付出了极大的人力和物力的代价。1881年，以防止阿尔及利亚边境受东方突尼斯山区部落侵扰的名义，法国派兵进入突尼斯

---

① 第一次世界大战终止了奥斯曼帝国对埃及名义上的宗主权。土耳其站在德国及其盟友的一方参加大战，英国随即宣布将埃及变成自己的保护国（1914）。

（Tunis），使其成为自己的保护领地。这一行动侵犯了意大利的利益，因为意大利早就将目光盯住了这片区域，并因为其地理位置和历史的联系，意大利一直将它看作是自己的领地。①

1911年，法国将摩洛哥（Morocco）变为自己的保护领地。德国因此挑起国际争端，这使其成为第一次世界大战的预演。在后边的章节中，我们将对世界大战的深层原因进行分析，并对各方的争端进行详细阐述。

北非地区成为法国新殖民帝国最有发展潜力的部分。②法国更乐观的政治家希望在这里为法国人民最终建立他们的新家园。无论如何，这些因7世纪的阿拉伯征服而从欧洲分割出来的非洲海岸地区，看似将再次永久地统一在欧洲大陆之下，并从此构成了欧洲世界版图的一部分。

除了北非地区，法国在塞内加尔（Senegal）也拥有大量的领地，并且宣布占有了塞内加尔和阿尔及利亚之间的所有撒哈拉地区。法国还在刚果自由邦北部占有了广阔的领土，包括中部苏丹（Sudan）部分，还有非洲大陆其他一些小片的区域。③大岛马达加斯加（Great Island of Madagascar）也成为了法国非洲帝国的一部分。

402.法国在亚洲

1862年，法国在印度支那（Indo-China）的柬埔寨河口附近建立了一个据点，稳步扩大其领土范围，到19世纪末，她在这些地区的领地面积已经超过了法国本土的面积。法国在这个地区的主要目的是为了确保她和中国南部的贸易。

---

① 意大利人对没有得到突尼斯而感到失望，他们希望能够在红海海岸获得一个落脚点。他们占据了这里的一个区域，并将其命名为厄立特里亚殖民地。在非洲东南端，意大利人也占据了一片狭长的海岸地带（索马里）。但是意大利从一开始似乎运气就很差。这片海岸地带气候炎热，瘟疫不断，内陆为阿比尼西亚王国。意大利人企图在这里建立自己的保护领地；但是不幸的是，阿比尼西亚并不将自己看成是未开化或停滞不前的国家，她不需要欧洲人的保护。阿比尼西亚国王孟尼利克给了意大利军队以灾难性的打击（1896）。意大利人在北非的的黎波里的殖民行动会在后面加以介绍（第433条）。

② 在阿尔及利亚和突尼斯，葡萄和橄榄的栽培发展得相当出色。

③ 法国迫切渴望将自己的统治向东推进到尼罗河流域，为了获得对这片土地的要求权，马尔尚少校率领队伍冒险穿过中非到达尼罗河流域，并在法绍达升起了法国国旗。但是法国人的行动侵犯了英国的利益。法国在尼罗河上游地区建立殖民统治，威胁到了埃及的安全，与此同时，法国在非洲建立穿过赤道非洲陆地交通线的构想，会阻碍英国规划的从开普敦到开罗纵贯非洲的铁路干线。经过英法两国政激烈的外交争论，法国最终放弃了在尼罗河流域的所有领地，“法绍达事件”就此宣告结束。

有了这些丰富的非洲和亚洲土地，法国感觉自己在很大程度上已经弥补了过去的损失，并梦想着实现其欧洲殖民强国的伟大事业。然而作为一个殖民国家，法国有着自己巨大的缺陷：她不像英国那样拥有不断迅速增长的人口；她的国民也不具备盎格鲁–撒克逊民族不安于现状的冒险精神，而正是这种精神使英国成为征服遥远的东方和众多殖民地和附属国的强大征服者。

第四节　德国的扩张

403.德国移民输给了德国

在扩张运动中，没有哪一个欧洲国家在跨洋移居的进程中比德国输出更多的移民了，但是直到19世纪末德国才拥有了自己的海外领地，所以她输出的大量移民一直在美国、英国不同的殖民地、南美洲西班牙和葡萄牙的共和国，甚至奥斯曼帝国的亚洲行省中寻找自己的家园。因此，尽管在早期的扩张时期，德国输出了一群又一群的移民，但是没有真正的德国殖民地在欧洲之外建立起来。

但是由于受到1870—1871年与法国战争的刺激和德意志帝国的巩固，德国政治家开始梦想着将德国建成世界性强国。为了这个目的，有必要在德国移民生活的地方建立自己的殖民地，而不是为其他国家的发展和繁荣做贡献，要让德国人保持德国国籍并在海外构建德国国家的一部分。

404.德国在非洲和亚洲

于是，当19世纪最后25年里欧洲列强开始争夺非洲的土地时，德国怀着极大的热情加入进来，并获得了非常可观的战利品。1884年，德国宣布非洲大陆西南海岸奥兰治河北岸部分属于温带的大块地区成为她的保护领地。① 这个殖民地被称作

① 1904年，德国政府不得不在其保护领地面对土著部落的坚决反抗。经过三年的残酷战斗，才将这场反抗完全镇压下去。当地居民几乎被屠杀殆尽。到第一次世界大战开始的时候，德国在这个地区的殖民人数大约是1万人。

德属西南非洲（German Southwest Africa）。与此同时，德国在非洲西海岸靠近赤道区域建立了两个更小的保护领地。在非洲大陆的东海岸她也占有了大片区域，该区域面积几乎是德国本土的两倍，包括著名的湖区的一部分领土，这片区域已经完全成了欧洲列强的定居点。这里被称作德属东部非洲（German East Africa）。

1897年，借保护德国传教士为名，德国占领了中国的胶州港（Port of Kiau-chau）并迫使中国政府实际上将其割让给德国。这里在政治和商业上都具有极其重要的战略意义。德国政府希望将胶州地区变成真正的德国定居点和德国在远东地区对外展示权力和影响力的输出点。①

这就是德国一战开始前在殖民世界的地位。而一战对德国殖民欲望和扩张野心的影响将在后边的章节中进行介绍。

第五节　俄国的扩张

405.俄国在亚洲的扩张

俄国拥有众多的内陆湖泊、内海和大河，但是她缺少海岸线。俄国努力向各个方向挺进到海岸线的过程是其大部分历史的关键。这也给了俄国扩张以与众不同的特点——俄国的扩张是陆地的扩张，而不是像其他所有欧洲国家那样是海上扩张。

除了在19世纪夺得芬兰和部分普鲁士属波兰外，俄国在欧洲并没有获得多少实际的领土收益，尽管俄国为此付出了三次大战的代价，并且将土耳其帝国瓦解——因为其横亘于俄国和俄国的奋斗目标君士坦丁堡中间。但在此期间，俄国在亚洲的领土却急剧扩张，到19世纪中叶，俄国已经占领了高加索地区（Caucasus Region）的大部分，并对波斯和土耳其的亚洲领土虎视眈眈。在19世纪后半叶，俄国稳步将

① 除了我们前面提到的几个殖民地外，德国“一战”前在太平洋上还占据着大量的岛屿和群岛。德国在土耳其也确保其工业和政治的绝对影响，使得奥斯曼政府几乎成为德国的附庸，而这也是后来第一次世界大战爆发的起因及导火索。

自己的边境线向中亚地区推进。她征服或驯服了中亚的突厥穆斯林部落，将自己的边界继续向南推进，一直到达阿富汗。在亚洲中心地带，俄国在高耸的素有“世界屋脊”（Roof of the World）之称的帕米尔高原（Table-lands of the Pamirs）地区建立了前哨基地。在远东地区，俄国从中国获得了太平洋上最重要的亚洲海港之一的旅顺港（Port Arthur）的租借权，并占领了中国的东北地区。

到20世纪初，俄国不仅在扩张运动中征服了中亚的游牧或半游牧部落，而且还占有了亚洲大陆的三个半文明或落后的国家——土耳其、波斯和中国——的大片领土，并有进一步深入的势头。

406.西伯利亚大铁路

俄罗斯在19世纪最引人注目的事业，就是在她的亚洲帝国修建了著名的西伯利亚大铁路（Trans-Siberian Railway），从而将彼得格勒（Petrograd）和太平洋上的海港符拉迪沃斯托克（Vladivostok）和旅顺港（1905年后被日本占领）连接起来。这条铁路的修建使俄国人可以进入南西伯利亚的大片肥沃土地，在欧洲的第一次世界大战重创俄国之前迅速将其变成文明世界的一部分。因为过去或许是“文明乘着战车而来”，而此时的文明则乘着火车到来了。

第六节　美国的扩张

407.作为大欧洲扩张运动一部分的美国的发展

似乎美国的发展不应该出现在本章中，但是美国的扩张确实是大欧洲扩张的一部分，就像英国在加拿大、澳大拉西亚（Australasia）或南非的扩张一样。自从美国与英国的政治联系全部切断之后，美国的发展环境已经完全与英国没有多少关系了。加拿大、澳大利亚和南非的发展实际上也是欧洲移民次级或独立中心的扩张运动。

为了使我们对欧洲扩张的研究更加完整，我们有必要对美国在过去一个世纪的扩张加以叙述。

408.美国的领土兼并和人口增长对确保盎格鲁-撒克逊民族在大欧洲主导地位的影响

通过19世纪和20世纪初的扩张，美国的国土面积增长到了建国时的7倍。[①] 这些领土的扩张主要是以牺牲拉丁民族——西班牙为代价。这些扩张并没有导致欧洲各民族实际领地的增加，但却有助于主要来自盎格鲁-撒克逊民族的美利坚合众国在这个新形成的欧洲世界里影响力的上升。

比领土扩张意义更大的是在过去一个世纪美国在人口、物质财富和精神财富惊人的增长速度。在19世纪初的时候，美国的白人人口只有400多万；到1910年，这个数字已经超过了8100万了。这是世界上所见过的人力和智力增长最迅速的例子。比实际增长更令人印象深刻的是其发展潜力。其实际扩张潜力的无限空间，让人们几乎无法完全预计在未来的几个世纪里美国会发展成什么样子。

在新大陆上，英语民族的惊人发展除了将大不列颠扩张成更大的大英帝国外，还将“欧洲扩张”运动表达的含义给人以深刻印象和重要性。

第七节　东亚对欧洲扩张和侵略的抵制

409.中国会被瓜分吗？

在19世纪末，欧洲的扩张运动已经给远东地区的人民生活带来了巨大危机。它威胁到了世界最大人种之一黄种人或蒙古种人（Yellow or Mongolian race）的独立，黄种人占世界人口总数的1/3。这就带来了一个问题，中国会被瓜分吗？远东地区的蒙古种人的命运会被欧洲列强决定和掌控吗？日本人给出了一个令人意想不到的答案。

---

① 最后一次领土扩大是在1917年，美国购买了丹麦西印度群岛的三个岛屿—圣克洛伊岛、圣托马斯岛和圣约翰岛。

410.日本的觉醒

直到19世纪中叶，日本还是一个隐遁国家。她排斥外国，拒绝与西方列强建立外交关系。但是1854年美国海军准将佩里（Commodore Perry）让日本政府做出了让步，让日本向西方世界开放，就这样，日本很快觉醒，走上了新的发展道路。

在外交政策改变后半个世纪的时间里，日本就取得了历史上从未有过的政治、物质和思想的全面发展。日本将自己古老的君权神授封建政府改变成为以西方政治体制为模板的君主立宪制度。她几乎全盘接受西方国家的物质文明并积极吸收西方的科学技术。

但是需要特别指出的是，日本所做的并不是欧洲化，是新日本是对旧日本的进化。直到今天，日本人在最深处的生活方式、最深处的本能和思维方式上仍然是一个东方民族。

411.1894年中日战争

1894年中日之间发生战争。这是一场大卫和巨人歌利亚式（David and Goliath）的战争。行动迟缓的中国在面对瘦小的对手时，完全陷入无助的境地。日本军队大举进逼北京，中国政府被迫向日本求和。中国承认了朝鲜的独立，并将台湾和满洲最南端（Manchuria，即辽东半岛）包括旅顺割让给日本。但是就在这个节点上，俄国在法国和德国的支持下悍然干涉双方的谈判。欧洲列强迫使日本接受以战争赔款来替代辽东的领土割让，但允许日本割占台湾。

412.中国濒临被瓜分；义和团运动（1900）

中日战争彻底暴露了清政府的软弱无能——在这之前，世界都已知道这个事实，但是从来没有像中日战争这样完全展示出来——这样造成了中国濒临被列强瓜分的命运。瓜分中国的恶行立即被列强付诸行动。德国、俄国、英国和法国都想从中国割让领土或租借港口。欧美媒体也开始公开讨论对中国的瓜分并推测如何分赃。

突然，整个西方世界被传来的情报震惊了——欧洲列强在北京的使馆都遭到了由中国政府军队配合的义和团（Boxers）的包围。很快又得到报告说，北京城内的欧洲人都遭到了义和团的屠杀。

西方国家立即召集军队，加上日本的军队，新组成的多国联军前往北京营救被困的使馆人员、传教士和侨民。自从十字军东征以来，还从来没有这么多的欧洲国家加入一场如此大规模的入侵行动。多国联军中除了一支强大的日本分遣队外，还有俄国、法国、英国、美国和德国部队。多国联军一路杀到北京，攻下城门。但是城内并没有报道中的欧洲人被屠杀的行为，持续了6个星期的紧张情绪终于平息，所有被困的欧洲人都被解救出来。

现在我们关注的是这一变故在中国历史上究竟占据了什么样的地位。经过我们的研究，可以得出如下结论：这场变乱从根本上反映了中华民族决心抵抗外来侵略，排除一切外来势力，阻止祖国被瓜分的命运，保护中华民族。所有对这场起义原因的分析都应该包含在这样的阐述之中。

413.俄日战争（1904—1905）

日本陆军元帅大山岩

1904年初，俄日之间开始了一场战争。关于战争的起因我们在此稍加提及：俄国迫使日本放弃了旅顺港，日本在1894年从中日战争中从中国获得的满洲的土地也被俄国占有，俄国进而获得了最有战略地位的旅顺港的租借权并立即抓紧时间将旅顺港改造成巨大的海军和陆军基地，使其成为东方的直布罗陀。另外，俄国还占领了满洲全境的广阔领土。尽管俄国曾经庄重承诺只是临时占据，不过很快她就违背了自己的诺言并暴露了自己的真实意图，那就是不仅要让满洲成为俄罗斯帝国的一部分，还要借机攻占朝鲜。但是俄国控制这条漫长的海岸线和掌握着东部海域就意味着日本要面临永久的封锁并且作为一个独立国家的地位也受到了威胁。这将使日本的命运完全掌控在俄国手中。日本不可能接受这样的命运，于是双方开战。

血腥的俄日战争（Russo-Japanese War）以日本海陆两军的节节胜利而震惊世界。日本实际掌控了朝鲜，在陆军元帅大山岩（Field Marshal Oyama）的率领下击败库罗帕特金（Kuropatkin）率领的俄国部队，并从他的手里夺得满洲的南部。旅顺港在遭受了最为漫长和令人难忘的包围后，被迫向日军投降。①

① 1905年1月11日，日本的乃木（希典）上将和东乡（平八郎）海军上将发动围攻；俄国的斯提赛尔将军率军防守此地。不久之后，双方在中国的奉天（沈阳）展开激战，日军获胜。

强大的俄国舰队在战争一开始就几乎在东部海域全军覆没。第二支俄国舰队从波罗的海出发，在朝鲜海峡遭遇东乡平八郎海军大将（Admiral Togo）率领的日本舰队，俄军大部分战舰被击沉或俘虏。[①]

通过美国总统罗斯福（President Roosevelt）的斡旋，俄日和平特使在美国的朴茨茅斯谈判，并签署了著名的《朴茨茅斯和约》（*Peace of Portsmouth*），俄日战争宣告结束。

414.战争的影响；中华民国的建立

俄日战争带来了重大影响。它使日本崛起为世界强国，限制了欧洲列强对东亚的入侵，建立了“亚洲人的亚洲”的信条。它确保了黄色人种不会像棕色人种和黑色人种那样被欧美白色人种所奴役，而是在未来历史中主宰自己的命运，扮演独立自主的角色。

战争对中国产生了更为重要的影响。日本战胜俄国的事实令中国震惊。中国的民族意识被唤醒，重大的教育、思想和政府改革开始。旧的教育制度被抛弃，西方科学取代了陈腐的传统思想。成千上万的中国青年前往日本、美国和欧洲学习新知识。1912年，腐败无能、被义和团问题弄得名誉扫地的满清政府被推翻，古老的君主专制制度被废除，以美国为模板的共和制国家宣告成立。

战争影响更大的是欧洲。它给俄国的自由主义运动注入了新的动力。“总之，俄国战败增强了德国的民族自信，激励其统治者相信他们要对付的敌人在未来争夺欧洲主导权的较量中可以被轻松击败。接下来的10年里德国的傲慢自大也是受俄国战败的影响，并最终导致了德国率先发动了世界大战。”[②]

---

① 1905年5月27—29日爆发的对马岛海战中，俄国舰队由罗杰斯特文斯基上将统率。

② 缪尔，《欧洲的扩张》，第239页。

第二十五章　向世界联邦的进化

415.引言

希利教授（Professor Seeley）在他的《英国的扩张》（*Expansion of England*）一书中写道："我个人非常喜爱的一句格言是：历史在研究方法上应该是科学的，它应该追求一种现实的目标。也就是说，他不应该仅仅满足读者对过去的好奇心，而且要修正他对现在的观点和对未来的展望。如果这条格言是正确的，那么英国历史应该以道德结束。大的结论应该由此产生；它应该展示英国事务的普遍趋势，从而使我们思考未来、探究人类命运。"

希利教授阅读英国过去和现在的历史探究出英国的命运就是帝国联邦（Imperial Federation）——即一个包括英国本土及其殖民地，以美国为模板组建起来的巨大联邦共同体。

如果要产生任何有价值和实际意义的成果，必须要将希利教授的格言应用到整个世界的历史中。我们必须努力发现历史发展的趋势，辨别世界历史事件的规律，并体悟人类共同的命运。唯有如此，我们才能为人类形成有实际意义的理想并为实现这些理想而充满智慧和希望去奋斗。

416.世界一体化运动

在人类历史中没有比世界联合的趋势更为明显的趋势了。自人类第一次出现在世界上，人类进化的趋势就是一个一体化的世界，一个通过共同努力、共同成就而组织起来的世界。一开始，最大的独立群体是氏族。亚伯拉罕（Abraham）在东方的土地上流浪，率领一众族人奴仆发动战争，就是人类在这个发展阶段的典型。随后出现了部落，一群氏族的集合体；然后，在信史时代（Historic Age）的开端，在文明首次降临的地方，出现了城邦，比如美索不达米亚（Mesopotamian lands）、叙利亚、巴勒斯坦、希腊和意大利等。再向后发展一千年，城邦是地中海区域的最终政治单位，在马其顿政权崛起和罗马的权力扩张之前，地中海地区是几百个这种小的独立的政治团体的所在。随后，如果我们不考虑纯粹人为的联合，自然的联合基本上都是由武力来创造和维持，例如罗马帝国，以及近现代大的民族国家——自罗马帝国瓦解后，通过部落、城邦和小公国逐渐统一而来。

在过去一个世纪，在这些民族国家里出现了一种新的国家类型——联邦国家（Federal State），美国和瑞士联邦就是典型例子。这种联邦的形成成为了过去百年标志性特征，因此这个阶段被称作“联邦时代”（Federal Age）。在此期间，尤其重要的是大英帝国，通过将加拿大、澳大利亚、英属南非的联合，再加上英国及其遍布世界的领地各种因素的相互联系，英国已经失去了“帝国”特征，她已经或正在变成所谓的“联邦”（Federal Commonwealth）。

这场联邦运动的重大意义是，国家联邦主义自然的和符合逻辑的结果就是国际联邦主义。美利坚合众国是世界合众国的先驱。

417.不同领域为世界国家联合体所做的准备

实际上，在第一次世界大战之前的这个世纪，由于人类的开化和进步，在地球上建立国家联盟的必要条件在很大程度上已经完成。在政治领域，时代的精神已经似乎为世界联邦的组建铺平了道路。在一个多世纪以前，伊曼纽尔·康德（Immanuel Kant）在其著作《论永久和平》（*Perpetual Peace*）中就强调世界联邦成立的先决条件是各个国家建立共和政府。如果我们回味当初由欧洲的君主专制国家形成的神圣同盟的含义时，我们就能理解康德的思想。各国专制政府的国际联合将会成为自由、个体和国家的坟墓——全世界的专制统治。

当康德呼吁世界和平的时候，欧洲几乎每个角落几乎都是由专制政府在掌权。我们已经看到在维也纳会议之后的百年时间里，政府民主化进程不仅在欧洲大陆展开，而且在世界范围内高速发展，公共事务管理的权力几乎完全交到人民的手中。因此在第一次世界大战爆发之前，世界联邦建立的首要条件已经在文明世界的很多国家和地区得以实现。

第二个重要的准备是前文我们讲到的联邦运动，联邦主义（Federalism）可以在不威胁自治原则和合法的民族主权的基础上创立一种适用于国际组织的原则，因为除了避免无法无天的自由所造成彼此间的伤害之外，联邦主义几乎不会剥夺联合体成员的任何权力，就像美国的联邦一样。

通过民主和联邦主义的引入，世界联邦的基础已在政治领域奠定，在道德领域，关于世界的联合，还要做更重要的准备。当时，被人们称为国际理念（International Mind）的思想不断发展，人们开始从世界角度来考虑问题。在世界范围内，人类一家亲、国际正义和齐心协力思想进一步地得到普遍深入和加强。而且也发展了一种新型的国际良知，它确认了道德法则的普适性，认可道德原则对于个人和国家都是相同的。在这种思想道德的运动中，出现了新的世界秩序的希望。

这些对世界一体化如此重要的运动在政治和道德领域正在进行，与此同时，在物质世界的重大发现和发明——蒸汽火车、蒸汽轮船、电报、电话、无线电、飞船和上百项其他发明——通过对时间和空间的压缩，正在将曾经分散的国家聚集到一起，在这种情况下，国际一体化组织的成立不但是可能的，而且是愈发的必要了。

418.第一次海牙国际和平会议（1899）

甚至在一战之前，在建立一个世界国家的机构上已经取得了很多的成就。19世纪即将结束的时候，俄罗斯沙皇尼古拉斯出人意料地在俄国宫廷的一次会议上对全体国家的代表提议召开一次国际会议讨论确保世界和平和限制威胁各个国家的军备竞赛。

26个国家接受了俄国沙皇关于和平的提议，1899年5月18日，各国政府在荷兰海牙著名的“深林之屋”（House in the Woods）举行世界大会。由于德国的反对，任何限制军备竞赛的议案都被阻止了。① 但是会议还是成功组建了永久国际仲裁法院（International Court of Arbitration），以便让各国在解决国家间的争端时能够获得国际援助。② 大会还通过了国际调查委员会（International Commissions of Inquiry）的有关条例，其目的是为了查明具有威胁性的国际争端。③

---

① 德国之所以对这一主张表示反对，是因为她已经做好了战争准备，决定诉诸武力来达到自己的政治野心。前边已经说过：“德国和世界的冲突始于1899年的第一次海牙国际和平会议。”

② 安德鲁·卡耐基意识到了这次大会的重要性，拿出150万美金用于修建永久国际仲裁法院。这一宏伟的建筑被称为“和平圣殿”。1914年以前，很多可能会导致战争的国际纠纷都由这座和平圣殿进行仲裁。

③ 通过国际调查委员会，英国和俄国之间的严重纠纷得以和平解决。俄国舰队在日俄战争期间前往日本途中，曾对北海多格尔海岸的英国渔船发动攻击。

419.第二次海牙国际和平会议（1907）

第二次国际和平会议于1907年在海牙举行，世界上50多个独立国家中的44个派出代表参会。这次大会的重要成果之一就是采纳了美国代表的提议建立国际仲裁正义法院，与第一次海牙会议成立的国际仲裁法院一起作为设置常任法官的真正的法院。司法法庭程序和规则都达成一致，但对法官人数和选举方式却没有达成一致的意见。然而这次会议还是在世界司法组织建设方面取得了长足进步。如果设想的法庭能够完全被建立，国际争端的提交能够成为强制规定——又一次因为德国的坚决反对，大家所有的努力都化为乌有——1914年席卷欧洲的战争灾难或许就是另一个结局了。

大会关于各国代表定期举行会议的行动是这样的："大会建议列强举行第三次和平会议，在与前两次会议时间间隔差不多的时期召开，具体日期由列强商议确定。"这样，一个真正的世界性立法机构便酝酿成型。

第二次海牙国际和平会议结束7年后，建立这个世界性机构的发展进程以一种谁也不曾预见的方式而被注入巨大的动力，那就是世界历史上最为艰巨、杀伤力最为巨大的第一次世界大战的大爆发，使得成立世界联邦的目标距离实现更近了一步。关于这段令人吃惊又富有戏剧性的历史，我们将在下一章做一个简单的概述。

当我沉浸于人眼无法预知的未来，
窥探到所有人类奇迹的终点；
有朝一日，战鼓不再敲响，战旗亦被卷起，
而我们在人类议会，在世界联邦里。

——丁尼生

第二十六章　第一次世界大战

（1914—1918）

第一节　战争原因及引发它的系列事件

420.战争的历史地位

1914年夏天——世界历史上最令人难忘的日子之一——欧洲爆发了一场先是五大国卷入，最终几乎整个文明世界都参加进来的战争。如果我们能够首先将这场战争和17世纪发生在英国的资产阶级革命和随后的法国大革命结合起来，将有助于我们认识这场世界大战的重要意义和它在世界历史中的真正地位；因为这场战争不是国家政府利益和个人野心的较量，而是当时各个种族、民族生活方式的剧烈冲突，这给了这场世界范围的冲突最深刻的意义以及波及整个世界的影响。

众所周知，资产阶级革命的两大根本原则是人民主权和民族自主原则。

现在资产阶级革命的基本原则成为了各国与德国及其盟国发生冲突的根本原则。这决定了这场世界性冲突的历史地位。这也使我们称之为政治革命大戏的最后一幕。如果我们继续仔细去研究第一次世界大战的根本原因的话，就能很客观地看到这场大战真实的历史地位了。

421.神授君权的再兴和民主运动

在19世纪，人民主权的革命思想已经在世界上的大部分地区传播开来，成为主流政治思想。不幸的是，中欧的两个国家，普鲁士和奥地利，顽固地拒绝大革命的自由主义原则，并披着宪法和议会的外衣继续维持独裁专制政府。其中作为主导性强国的普鲁士需要我们在这里重点讲述。

在前面的部分，我们看到了普鲁士的霍亨索伦家族由首相俾斯麦通过其“铁血政策”首先成为德意志的领导者，随后又获得皇帝的尊荣。我们也曾看到霍亨索伦家族的第三位皇帝——年轻的威廉二世在开始自己的统治后不久，便粗率地解除了俾斯麦的职务，开始其个人的乾纲独断。威廉二世的下述言论表露了普鲁士政府的本质及特点：“我是这里的唯一主宰；逆我者亡！”（这是年轻的威廉“赶走他的领航员”时发出的豪言。）“霍亨索伦王室从上帝手里接过王位，我们只对上帝负责。”① “主之灵眷顾我，因为我是德意志人的皇帝。我就是万能上帝的工具、利剑和代理人。谁违背了我的意志，必将遭受痛苦和死亡。”②

这也是君权神授的英国斯图亚特王朝和大革命前法国波旁王朝的真实写照，他们的傲慢与暴虐刺激了英国和法国革命的爆发。③ 这些言论代表的政府理想和思维方式都成为了第一次世界大战的深层原因之一——因为文明无法存在于半独裁和半民主之中——也使得美国总统威尔逊在第一次世界大战进行到第3年的时候宣布美国加入战争，从而从根本上定义了这是一场民主和独裁之间的较量，也宣布了美国参加战争的目的就是“为世界民主创造和平环境”。④ 这样，美国就将1789年资产阶级革命事业继续向前推进了。

422.德国帝国主义思想和民族主义运动

在一战前的百年时间里，不但是民主思想，而且民族主义思想也在世界范围内大行其道。这段时期见证了很多大大小小民族国家的建立和崛起。但是从更广义的角度来看，当世界正按照民族主义原则重建并向着真正民主的国际主义建立自由平等的国家联邦时，德国在普鲁士的影响和统治下，却重走过时的帝国主义老路，并谋划着统治整个世界。威廉二世说：“我希望世界的领导权能够交给我们，让世界在未来成为一个像曾经的罗马帝国那样紧密团结、强大无比、绝对权威的帝国政

① 这不仅仅是威廉二世个人对德国宪法的解读。著名的德国历史学家爱德华·迈耶曾经说过：“德国的皇权必须是不受限制的，这样，它就只对上帝，而无需对任何人负责。”

② 在大战争开始时，威廉二世对军队发表的演说。

③ 参见第124条和第139条。

④ 在最开始的时候，战争的真实特性被专制的俄国是西欧自由政府的盟友这一事实所掩盖；但是当1917年罗曼诺夫王朝被推翻俄国宣布其为共和国时，这一特性才变得清晰起来——尽管这个共和政府非常短命。

府。就像过去的人们会说‘我是罗马公民’一样，在未来的某个时刻，人们会说‘我是德意志公民’”[①]。

这样的世界帝国梦想不仅属于霍亨索伦王室，它是德国所有有影响力政治派别的梦想，这些政治势力中有军国主义分子、容克贵族、教授、政论家和工业大亨，他们被统称为“泛德意志主义鼓吹者”（Pan-Germans），其中很多人的座右铭就是“不称霸，即毁灭”[②]。

第一次世界大战就是军事帝国主义和民族主义之间的终极较量的思想，并非一开始就被远离战场的国家所接受和认同。但是随着战争的发展，战争的本质愈发清晰地被揭示出来。因此，当美国最终加入协约国（Allies）一方，威尔逊总统宣布美国的目的就是要“将全世界自由的人民从一个不负责任的军事帝国主义政府的威胁和统治下解放出来，因为这个军事帝国主义政府一直以来密谋控制整个世界，并不断地推进他们的计划，丝毫不顾及曾经的和约条款、长期建立的国际惯例和长期以来各国无比珍惜的国际行为和荣誉法则”[③]。

总之，这场战争就是世界自由的民族为阻止复兴的罗马帝国——像拿破仑帝国成为世界各个民族国家的坟墓而进行的大战。因此，在这里，在这场战争与民族主义的关系中，揭示了世界大战与政治革命的关系。

423.“一战”之前德国的一些思想和学说

但是这场战争不仅是独裁和民主、帝国主义和民族主义之间的冲突，它更是思想之间的冲突，是生活与历史之间不可调和的哲学冲突。它已经威胁到人类在千百年进步的过程中形成的道德观念。为此，我们需要对战前德国的一些思想和学说加以分析。

我们看到了启蒙时期的哲学思想对法国大革命的开端和整个过程都有着非常深远的影响。更具有决定意义、促成和赋予第一次世界大战特性的，是战前德国军国主义者、政论家和德国思想界的领袖们反复灌输的某些半科学、半政治、半哲学的思想。其中德意志民族是世界上的优等民族、理应统治世界的思想便是其中之一。

---

① 德皇在1900年萨尔堡帝国古罗马边界墙博物馆奠基时发表的演讲。

② 这一口号出自德国著名军国主义者弗里德里希·冯·伯恩哈德1911年出版的著作《德国与下一场战争》，这一口号对激励德国人的侵略精神具有重要的影响。

③《对教皇和平主张的回复》，1917年8月27日。

此时，这种德意志民族是上帝选择的优等民族的思想已经在德国普通人中间广泛传播，但是真正具有现代思维的人绝不会认为这种天真的想法会在当今文明世界的冷静和理性的思考中占据位置。然而，在1870—1871年普法战争之后的几十年里，这种思想确实在德国民众的思想深处扎根。威廉二世曾经说过，“我们是上帝的选民”，“上帝创造了我们，就是认为我们可以给世界带来文明”，“我们是世上的盐”（耶稣对门徒说“你们是世上的盐”）。著名的哲学教授鲁道夫·欧肯（Rudolf Euchen）也曾在耶拿说：“我们有权力说我们是人类的灵魂，破坏德意志的品质就是掠走了世界最深远的意义。”德国著名的科学家路德维希·沃尔特曼（Ludwig Woltmann）也以相同的自信宣称：“日耳曼人是人类的主宰……日耳曼民族就是来统治世界的。”

这些言论影响重大，因为它们无处不在；也可以说，这些言论思想形成了“一战”爆发前二三十年德国思想领域的一个突出的特征。

德意志的种族和文明优于其他民族的思想使其成为世界和平和安全的威胁，那些接受了这种思想的德国人认为将自己优越的文化向全世界传播是他们的神圣使命，必要时可以使用武力，这样就可以使德国成为“未来世界文明的发源地”。

在德国流行的另一个危险的学说认为，战争是人类历史必要和神授的因素。军国主义者弗里德里希·冯·伯恩哈德（Friedrich Von Bernhard）说：“战争，不仅是生命法则，而且还是人类文明的道德使命和不可缺少的因素。”毛奇元帅（Marshal von Moltke）说：“战争，是上帝创立的世界秩序的构成要素……没有战争，世界将会停滞不前并迷失在物质主义里。”正是这样的战争哲学，蒙蔽了德国人的双眼并对侵略战争产生疯狂和罪恶的心态，更为欧洲带来了难以估量的灾难和创伤。

很多德国哲学家传播的另一个罪恶的学说是国家和国家之间的关系不是靠普通的道德统治去约束的。一位的德国杰出权威人士说：“错与对只是日常生活里所需要的概念而已。”柏林大学历史教授、著名历史学家特赖奇克（Treitschke）曾为德国无数年轻人传授历史和公共道德思想，他也曾说：“战争一直有助于马基雅维利的荣光……令他解放了国家并使道德思想从宗教的戒律中解脱出来。”这意味着可以弃国际条约和国际法而不顾，随意发动战争，而丝毫没有怜悯同情之心。这样的思想导致成军国主义者将其付诸实践，从而引发了欧洲的这场大战；这种认为发动战争不用考虑法律、人性和良知的可怕的学说，诞生了德国的“恐怖”（Frightfulness）政策，这一政策激起了文明世界的大部分国家对德意志帝国的抵抗，并使得协约国发起的对抗德国的战争不仅是为民主和民族主义，同时也是为保护宝贵的道德文明遗产而进行的斗争。

分析了“一战”的历史地位，指出了其深层原因和探究了德国军国主义分子发动战争的非法、反人类的思想和学说之后，接下我们要谈一谈20世纪初标志着欧洲滑向战争深渊的几个历史事件的进程。

424.“中部欧洲”和柏林-巴格达铁路

我们已经讲过泛德意志主义鼓吹者控制世界的梦想。为了实现这一梦想，早在1914年之前，泛德意志主义鼓吹者们已经确立了清晰而又富有远见的计划。这个计划的主要构想是建立包括德国、奥匈帝国和巴尔干地区——将欧洲分为两部分，以土耳其帝国作为其亚洲的延伸，从北海一直到波斯湾——的国家联盟。

这一惊人构想的一个重要部分就是建造一条从君士坦丁堡横穿小亚细亚和美索不达米亚到巴格达并最终到达波斯湾的铁路。20世纪初德国就获得了建造这条铁路的特许权，到1914年左右，这条铁路已经接近完成。这条铁路被称作巴格达铁路（Bagdad Railway）。巴格达铁路与欧洲境内其他铁路线的连接，使得巴格达与德国的柏林之间形成一条通常的铁路线，这条铁路线也因此而被叫作柏林–巴格达铁路（Berlin–Bagdad Railway）。

完成这项工程当然需要土耳其政府的友好合作和伊斯兰世界的支持。因此，德国和土耳其之间也建立了某种同盟关系。1898年，威廉二世前往巴勒斯坦朝圣。他在大马士革发表著名的演说中说道：“苏丹陛下及他治下的3亿穆斯林人民请放心，德意志帝国皇帝将永远是他们的朋友。”因此，这就是告诉在英国、俄国和法国统治下的埃及、印度、中亚和北非下骚动不安的穆斯林，德意志皇帝将是他们的朋友和解放者。

柏林–巴格达铁路在亚洲所经过的位置应该给以关注，它与东西方之间古老的军事和贸易路线几乎重合。控制了这条路线就可以使德国控制小亚细亚、美索不达米亚、叙利亚、巴勒斯坦和埃及。而控制这些地区，不仅威胁到英国在埃及和印度的权力，也损害了俄国在波斯和小亚细亚的利益。因此，德国的这个工程引起了国际关注，并被认为是引起世界大战和美索不达米亚以及巴勒斯坦战争的重要原因。随着冲突的加剧，这条铁路和德国控制世界的构想之间的关系愈发地显露出来。

425.德国成为海上强国

在19世纪结束前，德国已经拥有欧洲最强大的陆军，随后，她开始将注意力转移到了海上。德国皇帝宣布：“我们的未来在海上……波塞冬的三叉戟（trident）必须握在我们手中。”庞大的德国商船队成立，获利巨大的海外贸易发展起来。为了保护其贸易和进一步推行其世界政策，德国开始建立海军。在20世纪初，德国的海军力量发展到了仅次于英国的地步。这让英国大吃一惊。英国的安全似乎受到威胁，因为她只有少量的陆军，必须要掌控海洋来保证自己的安全。两国建造战舰的军备竞赛就这样开始了。很显然，这种军备竞赛对世界和平带来了威胁，德国对英国提出的限制海军装备的所有提议都被坚决抵制。

426.英国、法国和俄国之间的三国协约

德国不断增强海军以及德国军国主义者与统治阶级的各种言论所暴露的控制世界的野心，加剧了英国的恐慌，并使英国完全抛弃了之前“光荣孤立”的不结盟政策，并和法国与俄国建立真正的防卫同盟。1904年，英国与法国和平解决了双方长期以来的所有争议并达成完全和解。

3年后，英国又和俄国解决了双方在波斯、中亚以及其他地区的利益冲突。英国放弃了对俄国控制博斯普鲁斯海峡和达达尼尔海峡（Bosphorus and Dardanelles）野心的抵抗。此时，德国在土耳其和巴格达野心勃勃且影响深远的铁路工程似乎更能威胁英国在埃及和印度的利益。于是英国先前的对俄国的遏制现在转移到对德国向东扩张的计划上来。

英、法、俄三国对历史遗留问题的解决让她们结成了三国协约（Triple Entente）。[①] 这些老对手之间结成协约具有重要意义，因为尽管这只是对抗德国威胁的防御性举措，但是德国看到了三个国家对她的不良企图且谋划对其实施合围和打击的明证。于是德国对英国的敌对更加的确定和不可调和。

六个欧洲强国现在划分为两个阵营，每个阵营都通过同盟或和解的方式联合在一起，任何敌对阵营之间的两个国家产生冲突都几乎肯定能产生波及整个欧洲的战争。[②] 因此，1914年席卷整个欧洲的战争波及面如此之广，破坏性如此巨大，就不足为奇了。

---

① 法国和俄国逐渐靠拢，1891年，两国建立以“两国协约”而著称的防御同盟。

② 三国同盟包括德国、奥匈帝国和意大利（第373条）。

427.第一次摩洛哥危机（1905）

随着三国协约的形成，“衰败”之国摩洛哥（Morocco），像波斯和土耳其一样，似乎已经成为更有活力和进取心的邻国贸易渗透和政治操控的目标，并成为严重国际争端的议题。这里利益冲突的双方主要是德国和英法。法国已决意占有摩洛哥来完成她的非洲帝国大业。1904年，英国和法国达成相互谅解之时，摩洛哥就是被解决的问题之一。法国获得了在摩洛哥的自由统治权，而作为回报，法国承认了英国在埃及的自由统治权。

第二年，德国皇帝乘坐“霍亨索伦号”（*Hohenzollern*）游艇驶抵摩洛哥的丹吉尔港（Tangier）并在这里向德国商人发表了演说，当然，德皇此意是为了想让其他国家倾听一下德国的立场和主张。德皇的目的就是要告诉英国和法国，所有关于世界上剩余的独立国家问题的解决方案和大会都应该征求德国的意见。这只不过是之前宣言的确认，世界上任何重大事件没有德国和德皇的同意都不能解决。

法国——尽管感觉德国的干预毫无道理——但是由于不能确定是否会得到英国的武力支持，也知道另一个盟国俄国因为在与日本战争中的失利可能根本无力支援法国，于是对德国做出了屈辱的让步①，同意召开国际大会②来裁定整个事件。会议的结果对法国还算有利。各国代表认可了法国在摩洛哥的特殊和最高利益，并同意法国在摩洛哥维护其统治秩序。

摩洛哥事件具有里程碑意义，是一战爆发之前10年的突出事件之一。德国干预摩洛哥事件所产生的危机最终可以说是安全度过，但是这种行为所引起的严重后果不容忽视。英国、法国和俄国之间的谅解得到了强化。这种谅解现在看起来像真正的同盟关系了。另一方面，德国的威望遭到了严重打击，这导致了德国对站在法国一方的英国的仇恨更加强烈。

428.巴尔干问题的几个要素

现在，我们把注意力转向了欧洲东南部，这里是引起世界大战导火索的产生地。20世纪初，这里的局势似乎陷入了混乱，各国政府和各个种族的动机、利益和诉求都交织在一起，但是如果我们能够牢记下边几个主要事实，那么所有的问题就

① 法国总理德尔卡塞一直与英国政府进行谈判，由于德国的战争威胁而被迫下台。

② 1906年的阿尔赫西拉斯会议，由美国总统西奥多·罗斯福提议召开。

比较清楚了：

首先，这里的局势涉及几个巴尔干国家和土耳其的关系。毗邻这些小国的土耳其行省包括200多万基督教希腊人、保加利亚人以及渴望从奥斯曼帝国统治中解放出来并与自己已经获得解放的同胞统一起来的塞尔维亚人。基督教徒之间的种族和宗教冲突，尤其是马其顿国内的这种冲突，加剧了这种无序和悲惨局面。

其次，这里的局势涉及几个大国的关系。俄国控制从黑海到爱琴海的水路通道的野心仍然十分活跃，而且比之前更加急迫，因为俄国被日本战胜后已经失去了其在太平洋不冻港的控制权。英国已经不再对俄国进行掣肘，但是德国现在热衷于将这些水上交通要道拖出俄国的掌控之外，因为俄国人在博斯普鲁斯海峡的掌控权将会威胁到德国在小亚细亚的利益并妨碍德国修建柏林–巴格达铁路的工程。

再有就是，塞尔维亚的斯拉夫种族意欲把所有塞尔维亚族的人民统一成为一个在亚得里亚海和爱琴海都带有出海口的大塞尔维亚（Greater Serbia），这对奥匈帝国的领土完整是一个威胁，因为奥匈帝国与之相邻的省份中很大一部分人在血统、语言和感情上都属于塞尔维亚，这将不可避免地吸引他们去组建一个更大更繁荣的塞尔维亚。总之，塞尔维亚对奥地利在巴尔干地区的威胁，非常类似于19世纪撒丁王国对奥地利统治下的意大利北部的威胁。正如当初撒丁王国将原奥地利臣民中的意大利人吸引到自己身边，现在的塞尔维亚人也要将奥匈帝国的所有塞尔维亚人吸引到自己周围。这样，一个更大塞尔维亚国家的理想可能会让奥匈帝国解体。此外，一个强大的塞尔维亚的建立意味着奥地利垂涎已久的爱琴海通道将被彻底封死。自奥地利被从意大利北部驱逐以后，她在地中海上的贸易通道已经被封锁，因此，她不得不转而向东开辟道路，一直想在爱琴海上找到一条横穿马其顿直达萨洛尼卡（Saloniki）的出口。

巴尔干问题除了涉及俄国、德国和奥匈帝国的利益纠葛外，另一个欧洲大国意大利也深受其影响。意大利渴望占有“意大利未收复地区”（Unredeemed Italy），它包括意大利北部阿尔卑斯山边境地区和以意大利人为主的亚得里亚海沿岸突出部分，这里像过去的伦巴第和威尼西亚一样都由奥地利统治。此外，当土耳其人被驱逐出欧洲时，意大利一直对奥地利保持着警惕：她不应将阿尔巴尼亚（Albania）视为战利品的一部分，进而占领亚得里亚海东岸，并使这片海域成为奥地利湖。

这些交织在一起的列强之间的相互嫉妒、野心和利益冲突，使得巴尔干问题成为了一个影响整个欧洲的国际问题。

429.青年土耳其党；土耳其革命（1908）

巴尔干地区的形势岌岌可危，土耳其帝国发生的一场引人注目的运动成为了世界大战的序曲。1908年，一群自称为“青年土耳其党”（Young Turks）的党派在土耳其发动革命。这场运动的领导人中有很多都曾在西欧接受教育，因此他们都深受近现代自由主义思想的影响。控制了巴尔干的军队之后，他们要求苏丹阿卜杜勒·哈米德（Abdul Hamid）通过宪法①，建立议会，并给予所有的苏丹臣民以平等的权利和完全的宗教自由。刚开始时，苏丹的臣民对通过宪法的消息抱持完全怀疑的态度，随后当消息得到确认，人们才展示出前所未有的兴奋。全世界都带着惊讶和同情的心态看着事态的发展。土耳其第一次议会召开时，美国国会表示祝贺并送上良好的祝愿，而英国下院的领袖们也发表了题为“最古老的议会致最年轻的议会”的演说。

在几年的时间里，青年土耳其党人在管理国家事务上取得了很大的成功，这给予世界各地的人们以极大的希望：土耳其已开始重生，长期争执不休的东部问题（Eastern Question）即将得到最终的解决。但是不幸的是，改革派缺乏真正有能力的领导人。所有人权利平等的承诺并没有被遵守。青年土耳其党人不愿意放弃土耳其人作为帝国支配者和特权者的地位，他们对所有非土耳其人发动强力的“土耳其化”运动——将奥斯曼帝国统治下的希腊人、亚美尼亚人（Armenians）、阿尔巴尼亚人、保加利亚人（Bulgarians）和阿拉伯人都土耳其化。同时，背信弃义的阿卜杜勒·哈米德背叛了革命党人，悄悄地废除了宪法并恢复其独裁权力。②

430.波斯尼亚危机（1908）

但是比内部虚弱和分歧更能阻碍革命成功的障碍是几个欧洲大国的卑鄙无耻和贪婪，他们看到复兴的土耳其将破坏他们继承“病入膏肓的”土耳其遗产的希望。土耳其的复兴是欧洲列强最不愿意看到的事情。奥地利担心如果青年土耳其党人成功地建立一个革新的和强大的政府，她将失去对波斯尼亚（Bosnia）和黑塞哥维那（Herzegovina）的控制。按照之前签订的《柏林条约》，奥地利一直是这两个土耳其省的管理者，但她将这两个地区并入了自己的领土（1908）。这严重违反了《柏

① 这是对1876年颁布后又遭到废除的宪法的恢复。

② 阿卜杜勒·哈米德曾经对亚达那和土耳其亚洲其他地区的基督教徒进行大肆屠杀，后来遭到罢黜，他的弟弟随后登上王位（1909）。

林条约》的条款，也是第一次世界大战的直接导火索。

塞尔维亚一直盼望这些省份在土耳其倒下后会成为她的领土，因为这里的人口在种族和语言上都属于塞尔维亚人，因此她认为奥地利的举动让其深受伤害，并提出了严正抗议，但却于事无补；因为当俄国和英国也发出抗议时，德皇威廉二世用“闪亮的盔甲”表明其立场，站在了奥地利一方支持奥地利的错误行动。俄国和其他欧洲列强都没有做好武力干预事态发展并加速欧洲战争爆发的准备，因此，这两个地区最后仍然保留在奥地利手中。

另一场巨大的危机就这样结束了，但是却让欧洲距离战争的漩涡越来越近了。通过亮“铁甲拳”（Mailed Fist）的举动，威廉二世皇帝暂时让自己和盟友在欧洲事务中占据上风，但是这种解决事态的方式却隐藏着巨大的战争危险。

431.第二次摩洛哥危机（1911）

我们已经看到在第一次摩洛哥危机中法国获得列强委任的维持摩洛哥国家秩序的权力。不幸的是，摩洛哥政府腐败无能，因此，不可避免的事最终还是发生了。摩洛哥陷入了混乱。法国军队很快到达摩洛哥首都菲斯（Fez），摩洛哥王位的竞争者之一投身于法国的保护之下。这意味着摩洛哥作为独立国家的历史宣告结束。①

德国的“美洲豹号”战舰立即出现在摩洛哥的一个港口②，德皇询问法国，如果德国允许法国在摩洛哥自由行动，德国会得到什么补偿。经过漫长而又激烈的“谈判”——英国连同她的海军准备支持法国，因为英国不可能允许德国在直布罗陀海峡对岸建立据点——德皇同意由法国在摩洛哥建立保护领地，而作为回报，法国将其在赤道非洲附近的领地割让给德国。

就这样，德国通过战争的威胁扩大了自己在非洲的势力范围，但是她和法国的关系愈加恶劣，因为法国认为德国的行径完全属于敲诈，并认为德国在摩洛哥的利益不应该成为德国干预非洲事务的合理借口。

另外，德国和英国的关系也是愈发紧张，因为很多德国人对事情的解决并不满意，他们觉得如果不是英国政府对法国的支持，德国就可以从法国获得更多的领土——甚至是得到摩洛哥的一部分领土。

---

① 摩洛哥1912年成为法国的保护国。

② 阿加迪尔，1911年。

432.巴尔干战争（1912—1913）

1908年奥地利将土耳其的波斯尼亚和黑塞哥维两省据为己有之后，她的这种行为立即引起其他国家的效仿。[①] 不久，意大利就行动起来。一个重生的土耳其将威胁到意大利长期以来希望在奥斯曼帝国解体后占有北非的黎波里（Tripoli）和昔兰尼加（Cyrenaica）的希望。所以意大利政府决心立即把垂涎已久的果实攫到手中，她出兵的理由就是青年土耳其党人没有公正对待在土耳其的意大利定居者和商人。意大利发动远征，很顺利地就占领了这两个地方，并将其纳入意大利的版图之中（1911）。

奥地利和意大利抢占奥斯曼帝国领土的行为自然引起了巴尔干地区一些小国的骚动并促使他们做出了划时代的决定。保加利亚、塞尔维亚、门的内哥罗（Montenegro）和希腊组成了巴尔干同盟（Balkan League），其目的就是要终结土耳其在欧洲的统治。同盟军的努力收到了意想不到的结果。令世界震惊的是，巴尔干联盟的军队在几周之内就将土耳其人赶出了其在欧洲几乎所有的领土——因为这些小国对土耳其的妒忌是完全相同的，从而实现了欧洲列强几百年来通过战争和外交手段都无法实现的结果。

同盟军惊人的胜利让他们得到了超出预期的领土回报，如果不是欧洲列强的干预，对这些领地的分配很可能会平稳实现，但是不止一个欧洲列强的利益受到了这些小国分割土耳其领土的威胁。奥地利在意大利的支持下要求不得将阿尔巴尼亚的任何领土交给塞尔维亚，而是要让阿尔巴尼亚成为独立国家，这样就使得塞尔维亚无法染指亚得里亚海。眼看自己觊觎多时的海上通道化为泡影，塞尔维亚将目光投向了爱琴海。塞尔维亚向保加利亚提议对从土耳其手里夺得的领土的分配协议进行修订，并允许塞尔维亚保留一部分马其顿的领土。保加利亚对此断然拒绝，并坚持按照原先的协议对攻占的土耳其领土进行分配。俄罗斯沙皇要求争执双方将分歧交给俄国仲裁，但是根本没有得到双方的任何响应。不仅如此，保加利亚受奥地利鼓动突然进攻塞尔维亚，从而加速了第二次巴尔干战争的爆发。在这场艰苦的战争中，塞尔维亚、门的内哥罗、希腊和罗马尼亚联合起来对付保加利亚。土耳其人借此机会夺回了部分在第一次巴尔干战争中被夺走的领土。保加利亚四面受敌，很快

---

① 其他国家纷纷效仿奥地利。奥地利宣布兼并波斯尼亚和黑塞哥维那的决定两天后，保加利亚宣布脱离奥斯曼帝国完全独立。很快，克里特岛虽然名义上以土耳其为宗主国，也宣布与希腊合并（1908）。克里特与希腊的合并为1913年《伦敦条约》的所承认。

就被迫投降。根据《布加勒斯特条约》（*Treaty of Bucharest*），巴尔干半岛的领土被重新设置。我们需要注意的是斯拉夫塞尔维亚的领土扩张。这意味着俄国在巴尔干地区的影响力得到了提升，因为民族情绪和同情心会自然而然令塞尔维亚倒向斯拉夫民族的大国俄国。

另一方面，大塞尔维亚是对奥地利的严重威胁，因为一个强大的塞尔维亚不仅会封锁奥地利到达爱琴海的通道，而且会让奥地利国内的塞尔维亚族的臣民变得更加骚动，从而令整个奥匈帝国走向解体。

更进一步讲，一个受俄国影响和保护的强大的塞尔维亚是德国所无法容忍的，因为塞尔维亚刚好横穿柏林–巴格达铁路，从而威胁到整个铁路工程和影响大德意志帝国对整个西亚进行商业和政治统治的全盘计划。

433.奥地利王储遇刺；“致命十二天”

如前所述，奥地利和塞尔维亚之间的关系走向紧张和危险已经是不可避免的了。事态飞速发展。奥地利王储弗朗西斯·斐迪南大公（Archduke Francis Ferdinand）和妻子在视察新近并入奥地利的波斯尼亚省时遇刺身亡。① 奥地利指责塞尔维亚官员就是刺杀事件的帮凶，并向塞尔维亚发出最后通牒②，而通牒中的一些要求对作为一个独立主权国家的塞尔维亚来说，是根本无法接受的。奥地利要求塞尔维亚48小时之内给出答复。塞尔维亚在答复中做出了妥协，同意了其中大部分条款并提出将其中一些无法答复的内容提交海牙国际法庭或由一些欧洲强国进行仲裁。奥地利对于这样的答复表示无法接受，在德国的支持下，奥地利向塞尔维亚宣战。③

奥地利的举动在欧洲各国引起了震惊和恐慌。英国、法国和俄国联合行动来阻止奥地利，并要求将整个事件提交到没有直接利益关系的欧洲强国或海牙法庭进行仲裁，因为奥地利进攻塞尔维亚肯定会加速欧洲战争的爆发，俄国也不可能坐视不管；一旦塞尔维亚崩溃，那将意味着德国在巴尔干地区的势力将难以动摇。但是德国拒绝了欧洲各国的提议，坚持要求由奥地利和塞尔维亚自行解决，任何其他欧洲国家都不得干预。

---

① 萨拉热窝，1914年6月28日。

② 1914年7月23日。

③ 1914年7月28日。

奥地利实际上已对塞尔维亚发动进攻，俄国已开始调动军队反击这个二元帝国。德国便向俄国发出最后通牒，要求俄国12小时内解散集结的军队。俄国对此没有做出回应，德国于是向俄国宣战。

与此同时，德国询问法国首相维维安尼（Viviani），如果俄国和德国交战法国是否会保持中立。法国的回复是："法国会根据自己的利益需要采取适当行动。"德国几乎立刻就穿过了法国边境。[①] 8月2日，德国向比利时发出最后通牒，宣布德国的目的要穿过比利时领土进攻法国，并承诺如果德国军队在比利时境内没有遭受比利时反抗，她将保证比利时的独立和领土完整；但同时，德国警告比利时政府如果德国军队受到了任何形式的阻挠，德国政府将把比利时视为德国的敌人。比利时国王阿尔伯特（King Albert）在大臣们的支持下做出英勇决定，首先提醒德国比利时会恪守中立，拒绝允许德国军队穿越比利时境内，并表示比利时政府"如果接受了德国的提议就是牺牲了比利时国家的尊严同时背叛了自己对欧洲的责任和义务"。德国军队立即攻入比利时境内。

比利时国王阿尔伯特

德国侵犯比利时将英国也卷入了战争。[②] 8月4日，英国驻柏林大使接到政府指示通知德国政府如果当晚12点之前德国入侵比利时的行动不停止，英国政府将"采取一切措施来保证比利时的中立地位和德国遵守自己曾经签署的协定"。德国首相贝特曼·霍尔维格（Bethmann-Hollweg）勃然大怒，对英国政府采取这样的行动"只是为了一纸空文的'中立'字眼"感到痛心和惊讶。

德国对英国最后通牒的回复是德国军队进入法国会"以最快速、最轻松的方式，从而能够保证德国的军事行动能够尽早给敌人以决定性打击"，英国立即宣战出兵。

就这样，在奥地利向塞尔维亚发出最后通牒过去只有十二天后就惊动了英国、

① 德国于1914年8月3日对法国宣战。

② 德国对比利时的侵略将英国卷入战争，然而即使比利时的中立没有被侵犯，作为法国盟友的英国也不会袖手旁观。英国绝不会放任德国打垮法国，掠夺她的殖民地，将法国变成德国的附属国。

法国和俄国政府，8月4日，欧洲五个强国全面开战。“人类历史上最为悲惨的战争大剧”就此开始。

第二节　战争中的重要事件

434.侵犯比利时

德国的战斗计划非常简单。在法国从她的盟军那里获得支援之前，迅速将其击溃；德国军队攻占法国的时候，奥地利牵制俄国，使其无法参与到德国和法国的战争中来。但是法国边境针对德国的防线，从瑞士到卢森堡，都固若金汤，突破这些防线至少要耽搁向法国挺进的德国军队几星期的时间；于是德国向比利时政府提议让德军不受任何阻挡地穿过比利时。面对这样无理的要求，比利时断然拒绝，德国军队不顾国际法和国家间的条约强行攻入比利时。德国首相贝特曼·霍尔维格自己都承认德军的罪行。霍尔维格向德国国会宣布入侵比利时的声明中说道：“先生们，我们现在的行动必须执行，在这个行动面前，法律已毫无意义。我们的军队占领了卢森堡后，很可能已经进入比利时的领土。先生们，这可能有悖于国际法则。但是我必须声明，一旦我们的军事目标达成，我们现在所犯的错误都是值得的”[①]。

比利时红衣主教梅西埃

德军军队向前推进的第一个障碍就是比利时列日（Liège）的坚固的工事。几天之后，这个被认为是坚不可摧的防御工事，就被德军猛烈的炮

① 这次演讲发生在1914年8月4日。

火夷为平地。

比利时的抵抗激起了德国人的暴怒，他们开始了“恐怖”（Frightfulness）作战，目的就是恐吓比利时人民并令比利时人向德国屈服。无论是乡村还是城市，里面只要有人反抗德军进攻，都遭受到洗劫或焚烧，成百上千平民——男人、女人、孩子——统统遭到无情的杀戮。他们控制不了的人，都被枪杀。传教士也难以幸免。比利时著名的鲁汶（Louvain）大学和图书馆遭到大肆破坏，大半个城市被烧为灰烬。全世界对德国的这些罪行感到惊恐，因为人们都认为文明政府的军队犯下如此滔天罪行的时代已经过去，而这样的逆天暴行在自从十三年战争之后再也没有出现过。

比利时的英勇抵抗有着重大意义。她对德军的阻挡虽然短暂，但是她迫使德国给了法国集结军队的时间，让他们能够投入到与侵略者在法国北部与巴黎之间的对抗中去，而且它也给了英国派出小规模精锐部队支援其盟友的时间。正是因为有了比利时的顽强抵抗，才使得后来的马恩河（Marne）大捷成为可能。

435.“马恩河奇迹”（1914年9月5日至9日）

德国入侵者在法国–比利时阵地受到了英法联军的顽强抵抗，但是他们的抵抗被突破了，胜利的德军向巴黎进逼。法国政府逃往波尔多。看似1870年的一幕即将重演。但是就在德军将要攻至巴黎的时刻，法国将军霞飞（Joffre）在马恩河南岸停止了撤退，就在1400多年前法兰克人及其盟军阻击匈奴王阿提拉的地方，法国给德国入侵者施以难忘而又灾难性的打击。德军撤退至埃纳河（Aisne）附近，并在此挖掘工事准备固守。

不可征服

德皇：“你看，你失去了一切。”

比利时国王阿尔伯特：“不包括我的灵魂。”

马恩河会战在世界决定性战役中理应占据一个绝对重要的地位。它不仅拯救了法国，也拯救了欧洲大陆免受德军

霞飞将军

的统治，因为可以确定的是，如果法国失去了马恩河，俄国也将很快被德军击败，那么德国在欧洲大陆的军事和政治统治将会稳固地建立起来。

436.争夺英吉利海峡的港口

德国挺进巴黎并将法国彻底击败的计划没有实现。现在他们尽最大努力向大海挺进，以图控制英国对面的海峡港口。如果这些港口落入德国人的手中，英国自然会面临危险的境地。为了防止这种灾难，英国及其盟国付出了巨大的努力。英国、法国和比利时的军队快速投入海港保卫战中。英国军舰在海上不断巡逻来支援陆地作战。在佛兰德斯（Flanders）地区，水闸被打开，大片土地被湮没——低地国家一个古老的防御策略。包围英吉利海峡港口的战斗漫长而又艰苦。这些战斗是在这里曾经发生过的最为血腥的战斗。[①] 被德皇耻笑为“不值一提的小部队”的英国军队，通过自己英勇顽强的行动，将这一轻蔑的绰号变成了一枚不朽的荣誉徽章[②]，然而最后还是几近全军覆没。尽管德国人到达了奥斯坦德（Ostend）附近海域并控制了比利时境内狭长的海岸地带，但是他们在争夺自己的主要目标——英吉利海峡最狭窄处的港口加来（Calais）和布洛涅（Boulogne）时却遭受了重创。

437.西部战线

在马恩河会战后以及保卫英吉利海峡港口战斗的尾声，德国军队基本上仍然驻扎在法国和比利时的领土上，并修筑了一条长达470英里从瑞士一直延伸到北海的战壕。而德军战壕的对面，协约国军队也修好了战壕。人类战争史上还从没有把战线拉得如此之长的战斗。在双方的壕沟、防空洞和铁丝网之间，出现了一条从几百码到几英里不等的狭长地带，这里被称作“无人地带”（No Man’s Land）——一个足以体现这场战争悲剧的名字。

---

① 最重要的战役是伊瑟战役和第一次伊普尔战役。

② 远征军的幸存者自豪地接受了“不值一提的战士”的称号。

在一年半的时间里，法国在英国和比利时小规模军队的帮助下，沿着狭长的战线阻击德军，与此同时，一支新的人数大约有几百万的英国军队被集结、训练和武装起来。随后，英、法、比联军全力守卫阵地，直到1917年初美国加入了对德作战，200多万美军被运送到法国。

西部战线3年的战争本质上属于一场包围战。成百上千门大炮小炮不断地向敌军的阵地发射，直到很多“无人区”的阵地上到处被炮弹打得千疮百孔，从照片上看就好像月球上的火山口一样坑坑洼洼。德军和协约国军队都发起了多次进攻，试图突破敌军防线或将敌人击退到防线之后，但是3年过去了，除了少数几个地方的德军受到一些冲击外，大多数阵地还是和战争开始时相差无几。

西部战线的阵地战足以写入人类军事史的史册，但是我们关注的不止这些。我们会按照时间的顺序简要地讲述德军发动的一场进攻和英国发起的另一场进攻，这两场战役都因双方的全力以赴而具有划时代的意义。

438.东部战线；俄军的逆转和胜利（1914—1915）

我们现在将目光转向东部战线。就在德国威胁巴黎的时候，俄军派出两支军队进入东普鲁士并进逼柏林，以此来支援法国。其中的一支军队几乎被德国将军兴登堡（Hindenburg）全歼[①]，而另一支俄军随后也撤回到边境地区。

俄军在东普鲁士的失败被他们在加利西亚（Galicia）对奥地利的胜利所补偿。[②] 3支奥地利大军被击溃，30万奥地利士兵被俄军俘虏。奥地利的军事力量几乎陷入彻底崩溃的境地。但是随着德国人的营救，局势很快就得到了扭转。同盟国（Central Powers）的大胜[③] 拯救了奥地利，并严重削弱了俄国的军事实力。俄国西部的大片区域，包括波兰在内，都落入到德国人的手里。像西部战线一样，东部战线也最后也陷入了僵持，交战双方进入到阵地战阶段。

---

① 1914年8月3日，坦能堡战役。第二年初，在东普鲁士的马祖里湖战役中，兴登堡将军再次给俄军以致命打击，俄军被杀死或俘虏者甚众。

② 大约在1914年9月1日，莱姆贝格被俄军攻占；1915年3月初，普热梅希尔落入俄军之手，奥军有125000名士兵成为俘虏。

③ 1915年5月初，杜纳耶茨战役；这场战役的胜利之于德军，就像马恩河战役之于法国一样，具有决定意义。

战争持续了一年半，最后德军在东西两条战线上都没有实现其主要的作战目标。[1]法国和俄国虽然都遭受到了可怕的打击并失去了很多领土，但是两国都没有被击垮。

439. “卢西塔尼亚号”的沉没（1915年5月7日）

1915年2月4日，德国政府宣布协约国的商船进入到英伦三岛附近指定海域都会被击沉，“对船员和乘客造成的危险，不可能总会被避免”。这意味着这些商船在没有得到警告的情况下就可能被德军击沉。

德国政府的这种行为不仅违反了人道法则，而且是对国际法的践踏，国际法明确禁止在任何情况下对商船或乘客发动袭击，必须保证乘客和船员的人身安全。

美国总统威尔逊提出了严重警告，如果德国的行动造成美国公民的伤亡，德国将承担“严重后果”，但是德军潜艇还是直接在没有事先警告的情况下击沉了商船并伤及了美国公民的性命。1915年5月1日，德国驻华盛顿大使馆在美国报纸上发表声明，提醒所有人不要乘坐英国邮轮“卢西塔尼亚号”（*Lusitania*）从纽约前往英国港口，并恐吓说德国潜艇会想尽一切办法来击沉该艘邮轮。没有人注意到这一警告，因为没有人相信任何文明的政府会做德意志帝国威胁要做的事情。

1915年5月7日，载有2000多名船员和乘客的“卢西塔尼亚号”邮轮行驶到靠近爱尔兰海岸的水域时，遭到了德军潜艇发射的鱼雷的袭击，1000多名包括妇女儿童在内的乘客落水身亡。

这一可怕的罪行激起了文明国家的恐惧和愤怒，美国要求德国政府立即停止这样的行为，并保证德军潜艇未来的行动要完全遵守国际法的要求。但是经过漫长的等待和无数次外交照会的交换后，德国政府最终做出了这样的保证；“如果过往邮轮不试图逃跑或者进行抵抗，德军潜艇不会在不警告和为船上平民提供安全的情况下就将邮轮击沉”[2]。

德国后来撤回了这样庄严的承诺成为了美国在1917年初加入协约同盟国一方参战的直接理由。

---

① 德军在东南部取得了更大的成功（第442条）。

② 这一保证是在1915年9月1日做出的。

440.意大利加入战争（1915年5月23日）

意大利尽管是三国同盟（Triple Alliance）的成员，但是她并没有加入德国和奥地利一方对外作战，因为她相信对塞尔维亚的战争是奥地利的侵略行为，而意大利认为三国同盟是共同防卫而不是共同侵略的同盟，因此，她不想援助自己的盟友。

实际上，意大利和奥地利的同盟并不是一个真正的同盟，因为奥地利一直以来都是意大利的敌人。与其帮助奥地利扩大统治范围和提升她在巴尔干地区的影响力和军事实力，意大利更希望利用机会收回意大利未曾收复的领土[①]。意大利政府开始和奥地利谈判，希望奥地利从意大利未曾收复的领土上撤军。但是双方并没有达成任何协议，意大利加入协约国一方作战。这样，便形成了一条新的战线。在接下来两年多的时间里，这条新的战线上基本上都是艰苦的山地战，意大利军队从奥地利手中夺回了很多渴望已久的土地。[②]随后发生了一场巨大的灾难，我们后边会专门介绍，意大利从敌人手里夺回的土地再次失去，甚至失去的比得到的更多。

441.1915年东南方的战争；塞尔维亚和土耳其

1915年结束时，德国在西部和东部战线上的作战目标都没有实现。然而在东南方的战线，德军却在1915年年末完全实现了自己的计划。她希望在这里确保奥地利和德国在巴尔干地区的统治并保持自己通往波斯湾的铁路能够畅通无阻。所有一切都是凭借着德国对塞尔维亚的恐怖战役和对土耳其在保卫达达尼尔海峡的援助下取得的。

塞尔维亚在这场战争开始时所面临的形势是这样的：在1914年战争开始的时候，奥地利入侵塞尔维亚并攻陷了塞尔维亚的首都贝尔格莱德（Belgrade）。经过艰苦的奋战后，塞尔维亚重新夺回了首都并将奥地利人赶出了塞尔维亚的领土。德国随后赶来支援奥地利，奥地利和德国联军再加上一支保加利亚的军队——保加利亚也加入了三国同盟——很快就粉碎了塞尔维亚的抵抗。[③]塞尔维亚军队向南逃

---

① 特伦蒂诺和的里雅斯特。

② 包括重要城市戈里齐亚，1916年8月8日被攻占。

③ 在希腊港口萨洛尼卡集结的英法联军被击败，而且由于担心希腊人背后出卖他们，英法联军并没有给塞尔维亚任何有效的援助。

到阿尔巴尼亚山区，遭受了寒冬和暴风雪的折磨后，幸存的塞尔维亚军队在科孚岛（Corfu）藏身。塞尔维亚成了另一个比利时。与塞尔维亚并肩作战的门的内哥罗也经历了同样的劫难。

1915年末，协约国又遭受了其他的不幸，这让他们的处境更加艰难。年初，英法军舰驶抵君士坦丁堡试图武力迫使达达尼尔就范的行动遭受了灾难性的打击。[①]联合舰队的失利同时伴随着陆地作战的失败[②]，其中澳大利亚和新西兰的军队尤其引人关注。经过如此巨大的艰难和惨重的损失后，协约国军队被迫撤退。[③]

于是，“德国实现了其在近东扩张的梦想及中欧帝国的构想，这个帝国面向波罗的海和亚得里亚海，溢出马尔马拉海（Marmara）进入小亚细亚，德国通过铁路把柏林、维也纳、君士坦丁堡和巴格达，把汉堡（Hamburg）和安特卫普（Antwerp）与苏伊士运河和波斯湾连接起来。德国在经历了两次失望之后最终获得了实实在在的好处和真正的胜利”（西蒙兹）。

442.凡尔登——决不让他们通过

在战争的第3年，也就是1916年，最具军事重要性的事件就是德国在西部战线对法国凡尔登（Verdun）发动的进攻，这是持续了近一年的真正的阵地战。[④]俄国已经被击败，德国在巴尔干地区的形势得到了巩固，她想在这个时候再次对法国发动进攻，希望突破法国的防线或粉碎法军的斗志，在英国新的援军到来之前把法国彻底击垮。

德国的进攻目标是法国古老的堡垒凡尔登。进攻在年初开始。法军的作战口号是：“他们休想通过凡尔登。”德国人在第一轮进攻过后，在几个月的时间里推进极其缓慢，随后法国转守为攻，很快将德军从其占领的法国领土上赶了出去。德军战死、受伤和被俘的人数据估计超过了25万人。这是法国仅次于马恩河大捷的另一

---

① 土耳其在1914年11月参战，加入同盟国一方。土耳其之所以这么做，部分原因是担心一旦协约国获胜，自己的世仇俄国会对自己不利。

② 在加里波利半岛。

③ 1916年1月。

④ 在海上，最重要的战役是发生在北海的日德兰（5月31日），英国和德国的舰队之间的一场激战。“这是海军史上最伟大的一场战役。”（西蒙兹）这次战役巩固了英国的海上霸主地位。

场胜利。①

443.罗马尼亚加入战争及其沦陷

1916年仲夏，三国同盟的运气坏到了极点。德国突破凡尔登防线的努力失败了；英国和法国在索姆河（Somme）取得胜利；意大利击退奥地利对特伦蒂诺（Somme）的侵略，并在朱利安阿尔卑斯山和亚得里亚海之间取得重大战果。奥地利和德国的最终失败似乎已经不可避免。就在这个重要节点，罗马尼亚加入进来，成为第7个对三国同盟宣战的国家。②罗马尼亚的目的就是实现国家统一，解除奥匈帝国对特兰西瓦尼亚（Transylvania）和其他地区几百万罗马尼亚人的统治。

罗马尼亚的行动又为战争增添了许多悲剧。俄国官员中亲德派的背叛令罗马尼亚失去了俄国的支持，罗马尼亚这样的小国很快就被德军摧毁，大片领土被德军占领。③

罗马尼亚的沦陷给德国带来了完全不同的局面。德国对欧洲大陆的掌控似乎有了保证。

444.德国求和；威尔逊总统对参议院发表演说（1917年1月21日）

1917年发生的重大事件有俄国革命及其造成的俄罗斯帝国的解体和美国加入战争。但是在讲述这些事情之前，我们必须要谈论一下交战国关于和平和战争目的的讨论，因为这标志着1916年的结束和新的一年的开始。

和谈是由三国同盟开启的。同盟国以胜利者的姿态提议召开一个所有参战国家参加的和平会议。协约国拒绝参加这样的会议，除非德国和奥地利说明他们希望结束战争的条件。

---

① 就在德国向凡尔登发起猛烈攻击的同时，奥地利人也通过特伦蒂诺发起进攻。为了缓解盟友法国的压力，俄国和英国开始反攻。俄国军队已经从1915年的失败中迅速恢复过来，他们袭击了奥地利，俘虏了40万奥地利士兵。这迫使奥地利匆忙从意大利撤军，加强对东部边境线的防卫。在小亚细亚，俄国的尼古拉王子与土耳其人展开一场战役，侵占了亚美尼亚，占领了埃尔斯伦和特拉比松两座重要的城市。

英国，更确切的说，是英法联军，发动了第一次索姆河战役。这是整个战争中的一场规模巨大的阵地战，从1916年7月1日一直持续到11月30日。德军的防线动摇了，德国人不得不回撤到兴登堡防线。德军在撤退途中对即将放弃的地区进行大肆破坏。

② 1916年8月27日。

③ 这场战役直到1917年才结束。

与此同时，美国总统威尔逊没有理睬同盟国的提议，要求所有的参战国家明确表明“他们各自对结束战争的条件和他们认为能够确保战争不再发生或不再激起类似冲突的满意措施”。

对于这样的要求，同盟国只是简单答复，并没有就结束战争的条件提出任何明确的说法。协约国政府却对威尔逊总统的提议给予了积极回应，就他们战争的目的进行了详细阐述，并宣布“恢复比利时、塞尔维亚和门的内哥罗政府，获得战争赔款；同盟国从入侵的法国、俄国和罗马尼亚领土撤军并给予合理赔偿……返还以武力或违背人民意志从协约国手里抢走的省份或领地，解除对意大利、斯拉夫、罗马尼亚、捷克和斯洛伐克等国的外来统治；解放土耳其暴君的血腥统治下的人口……将欧洲从普鲁士军国主义分子的贪婪残暴中解放出来”。

1917年1月22日，威尔逊总统在对美国参议院发表的历史性演说中阐述了构成永久和平基础的原则，并表达了美国愿意加入其他国家中来保证这些原则的实现。其中和平的原则与条件包含以下几点：（1）“政府所有正义权力来自被统治者的同意，绝对不存在将臣民当作私有财产从一个政权交给另一个政权加以统治的权力。”（2）“没有国家可以将其政策强加给别的国家或人民，每个民族都应该自由决定自己的政策和发展道路，不受限制、威胁和束缚，无论小国还是大国，都应如此。”（3）对海军和陆军加以限制，对所有以战争为目的的海军和陆军军备加以限制；世界上的文明国家成立一个联盟来保证所有国家的和平和权利。

协约国和美国总统威尔逊提出的关于公平和永久和平的条款其实揭示了世界大战的真正问题，也揭露了这场前所未有的世界冲突的深层原因；如果以公正、充分和最终的和解为目的，那么揭示了斗争的真正原因，就能得出恰当的结论。

关于成立国家联盟来维持世界和平的提议，威尔逊总统说道：“很难想象美国人民在这样的伟大任务中不扮演重要的角色。他们在道义上不能对即将面临的挑战逃避责任……美国人的使命和责任就是将自己的权威和权力赋予所有其他国家，以此保证世界的和平和正义。”

威尔逊此时明确表露了美国人民应该在战后积极参与国家联盟或国家联邦的筹建，以此维护世界未来的和平和保护所有国家的自由。但是他们很快就要扮演更大、更需要自我牺牲精神的角色。

445.德国政府宣布其恢复不受任何限制潜艇战的决心（1917年1月31日）

我们前边已经讲过美国和德国之间的潜艇争议（第439条）。德国政府曾给予美国承诺：不会在不顾及船员和乘客安全的情况下用鱼雷击沉过往的邮轮。但是德国对这样的承诺只有选择性地遵守了一年半的时间。随后德国向美国发去照会，表示德国立即取消对使用潜艇的限制。这意味着：所有船只，无论是中立国还是敌国，只要进入地中海或英伦三岛的指定区域都会被击沉，而不考虑船上人员的安全问题。①

美国政府对这一惊人公告的回复是给德国驻美大使伯恩斯托夫（Bernstorff）发放遣送回国的护照。② 这意味着两国断交。在一场庄严和诚挚的演说中，威尔逊总统向国会通报了自己所采取的措施。这次国会演说其实就是向德意志帝国政府发出的警告，不要一意孤行。

446.德国寻求与墨西哥结盟以反对美国

德国政府罪恶的潜艇政策激起了美国人民的强烈愤怒，而这时的德国外交大臣齐默曼（Zimmermann）发给德国驻墨西哥大使的一封指示信函更是加剧了这种愤怒的情绪。指示信的落款日期是1917年1月19日，信的具体内容为："2月1日，我们打算开始实施不受任何限制的潜艇战政策。当然我们还是要尽力让美国保持中立。如果这样的努力未能成功，我们提议按照以下原则与墨西哥结成同盟关系：双方战和一道，荣辱与共。我们将给予墨西哥财政支持，而墨西哥方可以重新获得新墨西哥城、德克萨斯和亚利桑那。你应该将上述内容转达墨西哥总统，但要严格保密，我们不久肯定会和美国爆发战争。建议墨西哥总统主动与日本沟通，使其立即支持我们的计划……务请告知墨西哥总统，德方实施的无限制的潜艇战将会保证英国在几个月内不敢轻举妄动。"

这封令世界震惊信函的公开，再加上德国之前宣布恢复无限制潜艇战的政策，让美国必然地加入了协约国一方对同盟国作战。

447.俄国革命（1917年3月15日）

就在美国等待机会参加大战的时候，世界的目光被历史上最引人注目的革命所吸引。1917年3月5日，统治俄罗斯长达300多年的罗曼诺夫王朝的最后一位沙皇尼

---

① 美国人得到允许，只要按照约定的日期和方式可以每周派遣一艘邮轮前往英国的法尔茅斯港。

② 1917年2月3日。

古拉斯二世被逼退位，俄国建立临时政府。[1] 所有政治和宗教犯罪都获得大赦。成千上万流放西伯利亚和关押在监狱里的人员都重获自由。人民被宣布获得言论自由和出版自由。普选权得到确认。立宪大会即将召开。世界各地的自由主义者对俄国革命的消息表现出极大的热情。美国直接承认俄罗斯新政府并欢迎她加入世界自由国家的大家庭。

俄罗斯末代沙皇尼古拉斯二世

不幸的是，自由的药剂太过猛烈。俄国人民一旦从独裁统治中解放出来，有些过于陶醉。他们陷入一种迷茫的状态中。成百上千的德国间谍穿过边境线潜入俄国境内煽动叛乱、制造混乱和鼓动叛国。临时政府虽然采取了果断的行动，但是还是没有阻止俄国陷入混乱状态。俄国军队也是陷入了混乱和迷茫之中。关于俄国的崩溃和她作为一个军事力量从世界大战中被排除，我们在后文中将详细介绍。

448.美国加入战争（1917年4月6日）

1917年4月2日，威尔逊召集参众两院召开特别会议，就两个月前德国恢复无限制潜艇战的政策进行讨论。威尔逊说："德国新的政策将所有限制都抛到一边——德军会对所有船只，不分国籍、属性、运载的物资、目的地、任务，在事先不予警告和不考虑船上人员安危的情况下加以击沉……就连开往比利时对丧失亲人和遭到沉重打击的医疗船只和救助船只都不放过，毫无人性和道义可言……目前，德国对商船发动的潜艇战就是对整个人类的宣战。"

总统建议国会"宣布德国政府的行径实际上就是对美国政府和美国人民的挑衅和战争，美国应该正式作为交战国加入对德作战"。

威尔逊继续说道："我们很高兴看到这些事实，我们要为世界最终的和平以及包括德国人民在内的全人类的解放而战；国家无论大小，人民无论何地，都有选择

① 除了人民遭受的痛苦和普遍厌战情绪外，这场革命的直接原因就是俄国政府在战争期间所表现出的无能，人们普遍相信俄国军队所遭受的节节失利完全是因为俄国军队中一些亲德派的叛国投敌造成的。

自己的生活方式和政府形式的权利。世界必须为民主提供一个安全的环境。”

国会和美国人民都被总统的发言所深深打动。4天之后，即1917年4月6日，美国众议院以压倒性票数通过了已经在参议院获得通过的决议，宣布德意志帝国与美利坚合众国及人民之间进入战争状态。美国做出了重大决定，美国人民虽然对战争没有那么大的热情，但是这次却怀着无比的决心和正义良知加入了世界大战。

美国加入协约国是对协约国所进行的正义战争的肯定，也是最终胜利的保证。得到这样的消息，英国在威斯敏斯特议会大厦上空将美国星条旗和英国国旗同时悬挂，据说“这是第一次有外国国旗在如此显眼的位置与英国国旗同时飘扬”。

几周之后，美国第一支远征部队在潘兴将军（General Pershing）的率领下在法国登陆。① 美军受到了被战争摧残的法国人民的热烈的欢迎与感激。

449.1917年发生的其他事件

美国4月份做出参战的决定后，这一年剩余的时间里都是在为实际参战做着准备。美国海军中的精英部队都被运送到了欧洲海域。1000万21—31岁的年轻人登记在册，从中精心挑选组建了一支50万人的精锐部队。这一年初秋，为招募新兵，又组建和准备了16个兵营，每个兵营可以容纳4万士兵。为了解决备战和组建庞大的舰队以替代被德军舰艇摧毁的船只、建造上千艘飞艇，以及为协约国提供高额的贷款等支出，国会投票决定筹措数十亿美元的资金。这些庞大的费用是通过增加赋税和销售国债来解决的。

1917年的夏秋两季，在欧洲的各条战线上都在进行着军事活动。在西部战线，阵地战还在继续，法国和英国部队都在进行着艰难而又耗资巨大的进攻，但是敌军的封锁线并没有突破，直到这一年结束，他们在这条战线上仍然没有获得任何军事上的优势地位。

在东部战线，俄罗斯到仲夏时已经完全解体，俄国军队也分崩离析。到处宣扬自由，而对于农民出身的俄国士兵来说，这意味着他们可以做出自由的选择。成千上万俄军士兵离开战场，返回到自己的家园。俄罗斯帝国向军队一样解体了。芬兰、乌克兰和其他地区都与彼得格勒（Petrograd）断绝关系，建立了独立的共和国。在彼得格勒建立的临时政府被推翻，权力转到布尔什维克（Bolsheviki）手中。布尔什维克的领导人列宁和托洛茨基开始与同盟国进行和平谈判。布尔什维克

---

① 1917年6月26日。

提出的原则是"不割地，不赔款，各民族自己决定自己的命运"。到年底时，这些和平谈判仍在进行。

俄罗斯的瓦解给意大利带来严重的后果，它使得同盟国可以将大批兵力转移到意大利边境。同盟国对意大利发动的进攻突破了意大利的防线，意大利军队撤回到皮亚韦河（Piave River），并将自己在过去两年艰苦的山地战中夺得的领土全部放弃。威尼西亚的一部分也被入侵者夺走。①

在亚洲的土耳其，英国军队在这一年中取得了重要的进展。1917年初春，英国人攻陷了底格里斯河上的巴格达②，随后又占领了下美索不达米亚。到年底，英军从土耳其人手中夺得了耶路撒冷。耶路撒冷自公元637年被萨拉森人占领后，除了12世纪曾短暂地被十字军统治外，一直掌握在穆斯林手中，英军攻陷耶路撒冷后，使这座圣城又恢复到基督教世界的统治之下。

在海上，德国对世界过往商船的无情打击有着极其重要的意义。协约国和中立国的上千艘船只被击沉，成千上万平民的生命被夺走。但是这样的反人类和非法的战争行为对德国的打击要比对其敌人的打击还要大。它对人类良知构成了严重挑战和威慑，最终使得整个文明世界都反对德国的暴行。

潘兴将军

450.1918年发生的事件；11月11日，停战协定

1917年末，德国和俄国革命领导人的和平谈判仍在进行，而已经土崩瓦解的俄罗斯帝国此时在面对敌人时陷入了非常无助的状态。东部战线的压力得以解除，德军统帅部立即将大批军队从东线调到西线，希望在美国的援兵到来之前取得军事上的优势地位。随着德军在法国的兵力增强，3月末，德国对巴黎和英吉利海峡的港口发动了期盼以久的军事打击。同时，德军在距离巴黎75英里已外的地方用远程大炮开始了对巴黎的轰击。几天后，德军的一枚炮弹落在巴黎的一座

① 1917年10月和11月。

② 1917年3月11日。之前攻占这座城市的尝试以失败而告终，在底格里斯河下游的库特阿玛拉，10000英军被全部俘虏。

教堂上，这里正在进行耶稣受难日的大型集会，德军的炮弹造成了75人丧生，90人受伤。

兰斯大教堂

面对德军的恐怖进攻，法军和英军都伤亡惨重，然而他们仍然在苦苦支撑。形势岌岌可危。驻扎在法国的由潘兴将军领导的美国士兵都愿意服从协约国最高统帅福煦将军（General Foch）的调遣。同时美军向美国政府告急，请求立即派兵驰援法国。为了响应驻法美军的请求，美国政府加紧运输兵力，每个月都有大约25万人从美国运往法国，直到战争结束前，美国在法国的军队人数超过了200万。历史上从未有过向国外投送如此大兵力的行动，而这也幸亏有了英国皇家海军的协助和在海上对德军潜艇的巡逻才得以实现。

整个春天到初夏的几个月里，德国不断发动攻击并取得了进一步的战果。但是到了6月中旬，德国因为前面的军事行动而消耗了大量的兵力，而美军的兵力此时却大为增强，人数上的优势现在转移到了协约国这一边。战局发生逆转，协约国开始全面反攻，德军退回到马恩河以后，兴登堡战线的强固防御工事也被协约国军队突破，德军开始从法国大撤军，一直退到比利时边境。

随着西部战线的局势开始对德国不利，德国其他战线上的盟友也开始面临着灾难。在巴勒斯坦，英国军队在艾伦比将军（General Allenby）的率领下，在历史上著名的大决战中几乎全歼奥斯曼帝国的军队。大马士革（Damascus）和贝鲁特（Beirut）等重要城市都落入英国手中（10月2日—9日）。大约在同一时刻，在马其顿战线，法国和塞尔维亚联军大败保加利亚的军队，并在9月底前迫使保加利亚求和。盟军开出的求和条件就是保加利亚无条件投降。

保加利亚退出战争，再加上叙利亚的投降和西部战线的严峻形势，迫使德国、奥匈帝国和土耳其同时通过威尔逊总统提出了“海陆空三军”停战协定（10月5日）。停战协定是和平谈判的先兆，和平谈判以美国政府的14条提议为基础，中心

福煦元帅

思想就是威尔逊总统在多次演说中所提出的民族自决权。

威尔逊总统和协约国之间经过多次照会往来之后，和平谈判的权力被移交到法国的协约国最高战争委员会手中。事态发展很快。10月末之前，惨败的土耳其人就签署了等同于无条件投降的停战协定（10月30日）；4天之后，奥匈帝国由于自己在意大利驻军的溃败和君主统治的迅速解体，也向协约国寻求类似的停战协定。与此同时，在凡尔赛的协约国最高战争委员会也制定了德军停止敌对行动的方案，德国政府被告知福煦元帅会接受德军正式代表就停战协定的条件进行沟通。11月8日，星期五，德国代表团来到了福煦元帅的司令部，福煦元帅代表盟军向德国提出了停战协定的条款，并要求德国政府在下周一（11月11日）上午11点之前做出决定。在离协约国提出的最后期限的几个小时前，德国特使签署了这份停战协定。其中的主要条款有：（1）德军立即从所占领的国家撤军，撤军期间不得伤害所在国家的民众和损坏财产，并撤退到莱茵河以东6英里以内；（2）德国海军的全部潜艇和其他船只必须全部投降；（3）宣布放弃《布加勒斯特条约》和《布列斯特-立陶夫斯克条约》（*Treaties of Brest-Litovsk*）中的权利；（4）立即遣返协约国战俘和平民，返还从入侵国掠夺的全部财产，并补偿占领区的损失。

这些停战条款实际上就等同于德国的完全无条件投降，并使德国在休战期届满后也不可能恢复敌对行动。

在停战协定签署前不久，德皇威廉眼看自己的统治世界的梦想破裂，便逃往荷兰寻求避难。他令德国陷入了动乱、革命和完全无政府的混乱状态。

451.1918年战争中的美国

德国在1918年初春的进攻极具威胁性，在法国的所有美国军队都由潘兴将军交由福煦将军指挥。5月27日，德国军队发动第三次进攻，并将战线向前推进了10英里，马恩河北岸的蒂埃里城堡（Chateau-Thierry）被占领。德军此时距离巴黎已经不到40英里。再往前几英里，巴黎就会进入德军的炮火射程之内。形势凶险异常。

美国军队紧急开往前线。法国战线得到了紧急增援，德军进攻一时受阻。这标志着形势的转折。巴黎受到的威胁得以解除。

几天之后（6月6日），一小队美军向蒂埃里城堡附近的贝洛森林（Belleau Wood）发动进攻，德军已经在这里构筑了名副其实的火力网。几个星期的艰苦战斗后，美军清除了林区的敌军。这几乎完全是美军的功劳，为了纪念这一战绩，法国政府将这里命名为“海军陆战队森林”（Marine Brigade Wood）。①

美军士兵在前线帮助法国阻击德军进攻，而后方在美国工程师和各类专家的指导下也在接待、训练和装备部队方面做着充分的准备。在一些精选的军事基地，码头、仓库和补给站都在抓紧修建；在内陆地区，补给仓库和成片的兵营也被建立起来；炮兵、空军和坦克部队的学校也纷纷成立；各类军训营都已准备就绪，配有数千个床位的大量战地医院修建完毕；几百英里的连接基地港口和营地、供给站以及修配店铺的铁路线铺设完成，在漫长的战线上全部展开，工作人员以极大的热情投入工作；在法国森林中，美国的护林员砍伐木料；各地的机动车道路被抓紧维修，几千英里长的电报电话线铺设完成。

法国的备战紧张进行，与此同时，美国政府应协约国的紧急请求，也抓紧时间调动一切资源来将国内训练营里的士兵运往海外。为了填满空置的训练营，美国下令对18—45岁的男子再次登记（9月12日），登记在册人数达到了1200万。威尔逊总统宣布：“我们郑重承诺：为了实现我们的军事目标，要调动美国的全部军事力量全力支援。”美国计划在1919年夏初之前将400万士兵运送到法国，在美国国内训练营保留100万后备军力；当时的协约国并没有期望在1918年底胜利地结束战争。他们所能做出的最大胆的希望就是能够在夏秋两个季节守住他们的阵线。

美国征集和训练兵力——“制造士兵”——只不过是美国为艰苦的战斗所做准备工作的一小部分；因为尽管只有一小部分适龄男性实际参加了战斗，而大部分美国人民则以其他方式参与和战争相关的其他活动。这是因为现代战争除了需要大量的武器装备如火药炮弹外，对火炮、机枪、坦克、飞机、发动机、汽车、卡车等其他各种补给装备的需求是难以估量的。因此，美国的很多大型工厂和制造车间转向生产这些军需物资来满足这些军备需求。

美国为战争的胜利所做的这些准备以及不顾德军潜艇的威胁将成千上万名美军

---

① 这不是美国人的第一次进攻。这次军事行动（1918年5月28日）前不久，美国的一个陆军师英勇无比地袭击了一支强大的敌军在蒙迪迪耶附近的坎提格尼驻地。

士兵送往法国的快速运输工作，毫无疑问是对协约国军队在前线战斗的大力支持，为摧毁德军士气和最终导致德军战斗机器的彻底熄火起着巨大的作用。

7月15日，德军开始了新一轮的进攻——第五次也是最后一次进攻——目标直指马恩河附近的据点，6月初他们在这里遭到了法国和美国军队的抵抗。德军成功穿过了马恩河并在河南岸取得立足点。但是美军已经抵达交战的最前线，30万大军插入到了巴黎和德军之间。德军的军事行动被迫停止，7月18日，法国和美国部队开始反攻。德军被赶回到马恩河以北，而马恩河北岸的蒂埃里城堡也被重新夺回。8月5日，德军从马恩河到韦斯勒河（Vesle）全线撤退，而德军对马恩河的威胁全部解除。此时战线压缩至兰斯（Rheims）和苏瓦松（Soissons）之间。

在收复马恩河突出部后，在洛林边境梅斯要塞附近的著名的圣米耶尔突出部也被收复。这里是德军在西部战线的最后一个威胁。德军自从1914年首次发动进攻后就一直占据这里，他们对这里进行了全方位的加固，自认为这里固若金汤。攻克圣米耶尔（St. Mihiel）是美军第一次重大的单独军事行动。执行这一任务的是美国第一集团军（First American Army），也是美国最庞大的军事单位——人数达50万——“这是美国在历史上所参与的最大规模的军事行动”。在不到两天的时间里，美军的进攻（9月12日）就将圣米耶尔突出部的敌军完全清除，15000名德军被俘。

这一战绩对协约国的士气影响巨大，所有协约国成员对此都欢呼雀跃，尤其法国更展示了无比的热情，因为它意味着法国解放的加速。

攻陷圣米耶尔突出部两个星期后，法国和美国军队又发动了另一次进攻（9月26日），目标之一就是被称为阿尔贡森林（Argonne Forest）的位于以葡萄酒闻名的香槟区埃纳河和默兹河（Meuse）之间的森林高地。这片林地有三十英里长，被作为西部战线的最强大的战略要地之一。整个地区遍布战壕和铁丝网，覆盖着无数的机枪火力网。著名的兴登堡战线穿林而过。德军专门选择这里作为防御重地。3个星期的时间里，美军缓慢地突破复杂的林地，最后整个林地都落入了美军手中。

攻克阿尔贡森林是美军在第一次世界大战期间最著名的战绩。占有这片区域给了协约国控制两条与德国本土联系的铁路线。这令德国再也无力扭转当时的局势，并迫使德军不得不接受11月11日停战协定的屈辱条件。①

关于美军在1918年战争中所起的作用，必须补充美国红十字会、基督教青年

① 美国军队还在西部战线的其他防区发动了一些次要的军事行动，如俄国北部、塞尔维亚东部和意大利等。1920年2月6日官方公布的数字显示，美国军队的伤亡人数为293067，其中伤215,423人，34844人战死，42800人死于伤病和意外。

会、哥伦布骑士会、犹太人福利委员会、救世军和无数类似目的和性质的其他组织机构的贡献。这些团体都得到了公众的慷慨资助，不但在训练营、战场、壕沟和医院里为战斗人员服务，也给战争所造成物资匮乏和遭受痛苦的各国平民百姓以救助。

452.加拿大在战争中的角色[①]

大英帝国的所有自治领——加拿大、澳大利亚、新西兰和南非——都在第一次世界大战中做出了巨大的贡献，然而没有哪一个国家能够像加拿大一样扮演着如此崇高、牺牲如此之大的角色。

战争开始后，加拿大立即意识到了德国造成冲突的问题并开始抓紧时间准备将加拿大军队派往前线与英国并肩战斗。在1915年初春，加拿大军队参加了西部战线的阵地战和第二次伊普尔战役（Second Battle of Ypres），德国人在这次战役中第一次使用了毒气作为进攻手段，但是加拿大军队英勇捍卫已经动摇的防线，并拯救了危在旦夕的英吉利海峡的港口，但也为此付出了伤亡8000人的可怕代价。

在接下来的一年（1916），加拿大军队参加了英国组织的西部战线的所有主要军事行动。加拿大军队与澳大利亚以及新西兰的军队一起在漫长而又艰苦的第一次索姆河战役（7月—11月）中发挥了极其突出的作用，并帮助英国谱写了“英国历史上最为不朽的篇章”。

1917年初，加拿大军队又在第三次伊普尔战役和比利时战线的制高点维米岭（Vimy Ridge）战役中，再次获得光辉的荣誉。攻克维米岭被看作是“第一次世界大战中最杰出的成就之一”。1917年底，同样是在比利时战区，加拿大军队从敌人手中夺取了有着战略意义的帕斯尚尔高地。

在1918年，加拿大军队权力参与了协约国的所有军事行动。他们在年初关键的几个月里协助牵制和打击德国的军事力量，等到美国军队到达欧洲战场的主动权转到了协约国手中后，他们又参加了协约国的联合进攻并最终突破了兴登堡战线，迫使德国军队大撤离并解放了德国长期占据和摧残的法国与比利时的领土。

然而最能够说明加拿大为战争的胜利所做的努力和贡献之大，或加拿大军队所展示的顽强与勇敢的事实就是其在4年的战争中所付出的伤亡人数。加拿大总共派出了418000人，其中有近155000人受伤，57000人牺牲。这些都是年轻的加拿大为战争的胜利绽放的英雄之花。

---

① 本条的叙述以一份名为“加拿大在战争中的努力”的报告为主要基础，它由加拿大总理罗伯特·莱尔德·伯顿爵士起草（西蒙兹，《世界战争史》，第4卷，第396—401页）。

453.“一战”中的英国海军

英国海军在“一战”中所起的作用充分阐释了海上霸权的重要历史意义，因为英国对海上的掌控毫无疑问是这场战争的最关键因素。没有这种对海上的控制，协约国根本不可能赢得最后的胜利。

战争开始后，英国皇家海军立即赶往苏格兰北部的主要观测站，使得德国舰队被阻挡在大西洋之外。由于这种封锁，德国舰队只能在本土的几个港口伸展活动。几艘德国巡洋舰在几个月内就被击沉或仓皇逃走。① 当然，在这个过程中，英国海军得到了法国和日本舰队的支援。

与此同时，德国入侵者的船只在各个海域都被驱逐，海面上见不到德国商船的影子。战争开始后不久，德国商船急忙退回本土港口或中立国的海港寻求避难，——它们在整个战争期间都被扣押。所有的海域对德国船只的关闭以及对协约国与中立国船队的开放让协约国在与德军交战过程中取得了决定性的优势地位。“它使得整个世界成为了协约国的军火库和粮仓。”

在整个海域清除同盟国的船只，英国海军在艰苦卓绝的战斗中展现出了其固有的英勇与顽强，他们在北海巡逻，始终对德国舰队跟踪观察，对德国港口实施封锁，扫除敌人潜艇布置的鱼雷，将世界各地的几百万兵力运送到欧洲、亚洲和非洲的战场。在战争的头两年——也就是在英国军队成为战争的真正重要因素之前的这段时间——英国海军的这些贡献为协约国的战斗做出了重要贡献，如果没有英国海军的这些贡献，德国早已成为战争的胜利者。②

454.德国潜艇战及其结局

一战中德国采用的残忍的潜艇战和当初拿破仑采取的傲慢的大陆封锁政策有着惊人的相似，因为它们都和争夺海上霸权有着密切关系，我们需要对其加以关注。

当初拿破仑由于无法攻击自己的主要敌人英国坚守在本土港口的舰队，便采取了针对英国贸易的大陆封锁政策，正是因为这项政策，法国发动了一次又一次的侵略，并最终导致了法国对西班牙和俄国的致命战役，也最终导致了他的垮台。同

---

① 德军在地中海的两艘战列巡洋舰“戈本号”和“布雷斯劳号”不幸逃入达达尼尔海峡，成为把土耳其拖入战争并加入同盟国一方的重要因素。在南大西洋的福克兰群岛，德军唯一的海军中队在1914年12月7日被英军摧毁。

② 英国和德国的庞大舰队在这场战争中的唯一一次重大战役就是1916年5月31日在日德兰的遭遇战。

样，一战中的德国也是无法直接攻击强大的英国因而采用了非法的潜艇政策，这使得德国激起了全世界对她的反抗并最终导致美国站到同盟国一方参战，从而造成了德国最后的失败和毁灭。①

战争第三年，装备大量潜艇的德国海军抛弃了所有道德观念开始全面实施潜艇战。2月和3月，德国潜艇击沉协约国和中立国800多艘船只。如果按照这个速度发展下去，英国到9月份就得被迫投降，并使得德国控制全世界。西蒙兹说："1917年潜艇战的最初几个月，德国已经比马恩河战役和1918年的大进攻更加接近赢得整场战争的胜利"②。

但是德国的威胁受到了协约国各种形式的抵制和阻击。其中包括护航体系——战舰编队为商船护航，这一体系在美国加入之前几乎不可能奏效，因为协约国的战舰缺少反潜艇装置；使用深水炸弹——炸弹定时只有到达海面以下某一深度时才会爆炸；采用有着"军队之眼"之称的侦察机，用来作为海军的眼睛定位潜伏在海底深处的德军潜艇的位置。到了1917年11月份，危机终于过去了。德军击沉协约国船只的规模已经从4月份的接近百万吨下降到9月份的不足300吨。

由于从苏格兰到挪威部署的水雷阵有效地封闭了北海海域并阻止了德军的潜艇进入大西洋海域，这使得德军的潜艇行动的威胁几乎可以忽略不计。水雷障碍对潜艇的阻击是"一战"最伟大的技术成就之一。它很大程度上要归功于由英国舰队辅助的美国海军。水雷阵由几条水雷线路铺设到230英里长的海岸线上。这需要装置超过7万枚水雷，其中4/5由美国海军完成。水雷阵在1918年初夏显现了威力，在企图通过封锁时，德军有超过12艘的潜艇被击毁。水雷阵的构建毁灭了德国企图用潜艇赢得战争胜利的最后希望，并最终帮助协约国取得了这场可怕的战争的最后胜利。

455.巴黎和会和凡尔赛和约

停战协定签署后，德国政府立即开始将自己的军队从占领的法国和比利时的领

---

① 西蒙兹，《世界战争史》，第2卷，第37—40页。

② 战争中每年沉没的舰船吨位数字如下：

1914——314694吨

1915——1298748吨

1916——2291437吨

1917——6187700吨

1918——2675520吨

土上撤出。[①] 同时，协约国和其他相关的国家代表制定总的和平协议的安排也在展开。1919年1月18日，和平大会在巴黎开幕。27个国家派出代表出席大会。威尔逊总统是美国代表团团长。法国总理克列孟梭（Premier Clemenceau）当选大会主席。

法国总理克列孟梭

大会需要处理一系列令人眼花缭乱的问题，其中主要包括：（1）最后和平协议条款的起草；（2）解决德国与奥匈帝国、俄罗斯帝国、土耳其帝国解体后产生的诸多新国家的边界问题；（3）联合国家公约的制定。大会各项工作分别由多个委员会，在1000多名历史学、人类学、地理学和外交学专家学者的协助下展开各项工作。

联合国家公约的制定工作首先完成。这一具有划时代意义的文件草案于1919年2月14日发表，并立刻成为国际社会谈论的话题。公约里的条款与德国签订的协议交织在一起，并成为协议的一部分，也成为协约国与德国及其盟国签订的各项条约的一部分。

1919 年 6 月 29 日在凡尔赛镜厅举行的和平会议

① 此时，协约国已开始了军队的遣散工作。到1919年9月30日，美军在欧洲和国内的军事力量（总共约400万人）已经开始回归正常的平民生活，只在海外保留了几千人的军队。

1919年6月28日，在凡尔赛特里亚农宫著名的镜厅（Hall of Mirrors in the Trianon Palace at Versailles）——也就是1871年威廉一世加冕为德意志帝国皇帝的地方——协约国与德国之间的条约，由协约国及相关国家一方的代表与德国代表签署完成。这是协约国与同盟国之间最早签订的和平条约。

和德国直接相关的重要的领土问题安排如下：阿尔萨斯–洛林地区还给法国，以纠正1871年德国所犯的错误。德国丰富的煤矿和铁矿产区萨尔盆地（Saar Basin）暂时由国际共管，而该地区的矿藏则作为德军对法国矿藏的破坏的补偿而完全归法国所有。

为了纠正普鲁士在1864年对丹麦所犯的错误，石勒苏益格一些地区由当地居民自由秘密地投票后回归丹麦。

在东部，德国割让波兹南、维斯瓦河左岸的西普鲁士、西里西亚的部分地区给新成立的波兰。这些领土的割让，主要是对1914年以前普鲁士在近代欧洲历史上所犯最大的国际罪恶而获得领土的原物奉还。①老波兰在波罗的海的港口但泽，成为自由城市，被置于国际联盟的保护之下。

英国首相大卫·劳合·乔治

美国总统伍德罗·威尔逊

① 参见第194条和202条。

意大利总理奥兰多

根据和约条款，德国被进一步要求承认恢复主权的比利时的领土完整以及德意志奥地利共和国（German Austria）和新建立的捷克斯洛伐克（Czecho-slovakia）以及波兰等国家的独立，同时宣布放弃德国在其非洲殖民地和欧洲外其他领地的所有特权并将权力让渡给协约国各成员国分别或共同享有。

和约中关于德国陆军、海军和兵工厂的条款，本质上就是让德国不再能够发动另一场侵略战争。相关条款规定德国军队应该缩减至10万人；所有生产武器弹药的工厂（少数的特殊情况除外）都应关闭；毒气制造应立即停止；所有军事院校都应取缔；在莱茵河东岸划定不得保留军事武装的区域；有着“德国直布罗陀”之称的黑尔戈兰岛（Helgoland）上的所有军事工事和设施都应“在协约国的监督下由德国工人负责，费用由德国政府承担”进行拆除。

关于战争责任问题，对德皇进行控告的特别条款如下：“协约国及相关国家公开控告前德意志帝国皇帝——霍亨索伦王朝的威廉二世，因其对国际道德准则与条约神圣性的最严重践踏。”他应该被荷兰引渡，交由国际法庭审判。所有其他违反战争法的个人都需要由德国交给国际法庭加以审判和惩处。①

根据和约的补充条款，德国接受自己和盟国对战争所负的责任，并有义务将她从入侵国家掠走的汽车、工业机械、艺术品和其他物品原物奉还，而对于损坏的物品应按照裁决委员会认为公平合理的数额进行赔偿。

和约结尾的部分规定，和约由德国和协约国及相关国家批准后应立即生效。1920年1月10日，所有条件都得到满足后，经由德国和法国、英国、意大利、日本、比利时、玻利维亚（Bolivia）、巴西、危地马拉（Guatemala）、秘鲁（Peru）、波兰、暹罗（Siam）、捷克斯洛伐克和乌拉圭（Uruguay）批准后在这些国家之间生效。而由于美国参议院拒绝在和约上签字，使得当时的美国成为唯一

① 根据1920年1月15日的报告，巴黎和会最高委员会要求荷兰政府将前德意志皇帝威廉二世引渡。但是这一要求遭到荷兰政府的拒绝。

名义上还和德国在交战的国家。

两天后，美国总统威尔逊按照国际联盟公约的条款召集相关国家于1920年1月16日在巴黎召开国际联盟大会。在发给相关国家政府的通知中，威尔逊对此次大会的重要意义做了如下阐述："大会将标志着国际合作新的时代的开始，也是向着国家间的理想协商迈出的伟大一步。"

按照通知的指定日期，国际联盟大会在巴黎召开，国际联盟（League of Nations）正式诞生。当然，其未来的前途还需要时间的验证。①

456.第一次世界大战的一些确定的影响

只有时间才能证明巴黎和会工作的永久性，才能对第一次世界大战的影响做出完整的评价。然而，这场改变了很多国家命运的世界大战已经出现了一些确定的后果和影响，由于这些影响和民主运动、民族解放运动及世界联邦运动的关系，我们应该对这些影响加以关注，这也是我们前文对战争进行描述的主要目的。

首先，"一战"为世界民主运动注入了新的动力。它令独裁专制、军国主义的政府彻底威信扫地，并展示了建立在个人自由和人民主权基础上的新的国家政府的优势和优越性。它彻底结束了君权神授的政府，并在世界各地建立了真正的人民的政府。十几个新的共和国家应运而生。它使得"世界成为民主的安全之所"。

其次，"一战"极大促进了民族解放运动。帝国霸权的目的是为了进行世界统治，这是对民族主义精神的践踏和挑战，"一战"导致了所有具有压迫性的帝国主义政权的倒台和解体——霍亨索伦王朝、哈布斯堡王朝、罗曼诺夫王朝和奥斯曼帝国等都是如此——也使得获得解放的各国各民族按照民族愿景和民族主义精神进行重组。一战促进了民族国家的产生——芬兰、波兰、捷克斯洛伐克、南斯拉夫和其他民族国家——仅此一点，就可以弥补这场战争给我们带来的难以估量的损失和牺牲。

---

① 在与德国签订和约后的两个月，协约国及相关国家与奥地利之间在圣日耳曼签署了一份相似的条约（1919年9月10日）。对拥有700万人口的国家来说，这是一个痛苦的撕裂时刻。根据条约的条款，奥地利将特伦蒂诺和的里雅斯特割让给意大利，并承认新国家——波兰、捷克和南斯拉夫——的独立和主权，这些新国家之前都是奥匈帝国的附属省份。奥地利还被要求采用奥地利共和国称号，没有国际联盟同意下不得同德国合并。协约国与保加利亚的和约在1919年11月27日签订。与匈牙利和土耳其的和约此时还未签订。

第三，“一战”为世界组织走向世界的历史潮流注入了巨大的动力。毫无疑问，这是这场战争最具历史意义的成果。国家联盟，尽管其成立之初只包括了部分的主权国家，但是它承载着史前时代就已开始的好战的氏族和部落合并为城邦和小王国的、世界联合目标的庄严承诺。

参考文献

第一章　地理大发现与近代殖民的开始

文献选读：

裕尔编写，《东域纪程录丛》。通过本书可以了解到哥伦布和其他航海家动身前往东亚时对东方的了解和怀揣的希望。

哈克卢特协会出版，《哥伦布游记》。

《旧南小册》，第29、31—36、39、71、89、90、102期。

阿尔伯特编写，《关于美国的前三部英文图书》。这部著作特别受读者喜爱。

辅助性资料：

基恩，《地理进化》，第5—8章。

比兹利，《航海者亨利王子》。关于哥伦布生平的作品有很多，温莎、欧文和亚当斯等的值得推荐。

吉尔马，《斐迪南·麦哲伦传》。

菲斯克，《发现美洲大陆》，2卷本（所有章节都吸引年轻的读者）。

《剑桥近代史》第1卷，第1章，"发现的时代"；第2章，"新大陆"。

伯恩，《历史批判论文集》，第7期，"教皇亚历山大六世分割线"，以及《西班牙在美洲的殖民统治》（1450—1580）。

普利斯科特，《征服墨西哥》《征服秘鲁》（应该和后边的作品一起阅读）。

佩恩，《美洲新大陆的历史》，第1卷，第303—364页（美洲当地文明与当地动植物的关系）。

第二章 宗教改革运动的开始

文献选读：

韦斯与布海姆编写，《宗教改革的首要原则》。阅读路德的《致德意志基督教贵族公开书》，《公开书》不但对德国的宗教形势做出了生动的披露，也是对路德作为德意志民族发言人性格的展示。

惠特科姆，《德国文艺复兴文学文献》。

《翻译与转载》，第2卷，第6期，“德意志宗教改革早期阶段”；第3卷，第3期，“德意志宗教改革后期阶段”。

罗宾逊，《欧洲历史初级读本》，第2卷，第14—16章。

辅助性资料：

比尔德，《马丁·路德和德意志宗教改革》。

考斯特林，《路德传》。

埃默顿，《德西德里乌斯·伊拉斯谟》。

从新教思想的角度更大范围地去考究宗教改革运动的作品有：

费舍尔，《宗教改革》。

豪塞尔，《宗教改革时期》。

西博姆，《新教革命时代》。

休姆，《欧洲大陆的文艺复兴、新教革命和天主教改革》（修订版），第10—30章。从天主教的角度看宗教改革运动历史。

斯伯丁，《新教改革运动历史》。

《剑桥近代史》，第1卷，第19章；第2卷，第4—8章。

罗宾逊，《欧洲历史初级读本》，第25、26章。

弗洛德，《特伦托会议报告》。

休斯，《罗耀拉和耶稣会教育体系》。

西蒙兹，《天主教的反宗教改革》，第1卷。

第三章 西班牙的崛起；西班牙与天主教的关系

文献选读：

《翻译与转载》，第3卷，第3期，“宗教改革的后期阶段”（含有本章几个事件的简要选读）。

辅助性资料：

罗伯逊，《查理五世皇帝统治时期的历史》，3卷本。

普利斯科特，《腓力二世统治时期的历史》，3卷本（本书和罗伯逊的著作被看作是历史文学的经典之作）。

阿姆斯特朗，《查理五世皇帝》，2卷本。

斯特林-马克斯韦尔，《查理五世皇帝的隐居生活》。

休姆，《西班牙人民》，第9—11章；《西班牙：它的伟大与衰败》；《西班牙的腓力二世》。

李，《西班牙的摩里斯科人：他们的改变信仰与被驱逐》。

第四章　都铎王朝和英国宗教改革运动

文献选读：

摩尔，《乌托邦》。是英国文艺复兴初期最具代表性的文学作品。值得认真研读。

各种说明性材料，可以阅读：

亨德森，《英国历史的侧面》，第1—32页。

肯达尔，《原始资料》，第8—10章。

佩恩，《伊丽莎白时代航海家的航行》（第1系列，牛津出版社，1893），阅读“弗朗西斯·德雷克爵士的著名航行”，第196—229页。

罗宾逊，《欧洲历史初级读本》，第2卷，第135—152，186—193页。

辅助性资料：

西博姆，《牛津改革者》（一部同时期作品的清新魅力之作，关于牛津改革者克列特、伊拉斯谟和摩尔的影响力的上乘之作）。

《剑桥近代史》，第1卷，第14章。

格林，《英国人简史》，第6、7章。

弗洛德，《16世纪英国航海家》和《西班牙无敌舰队的故事》。

加斯奎特，《亨利八世与英格兰的修道院》，2卷本；《宗教改革运动前夜》（这些都是著名的天主教学者的作品）。

克莱顿，《伊丽莎白女王与红衣主教沃尔西》。

比斯利，《伊丽莎白女王》。

关于本章事件的简述，可以参阅加迪纳、蒙哥马利、特里、科曼、肯达尔、安德鲁斯和切尼等关于英国历史的作品。

第五章　荷兰独立战争：荷兰共和国的崛起

文献选读：

《旧南小册》，第72期，“荷兰独立宣言”；第69期，“新尼德兰描述”。

罗宾逊，《欧洲历史初级读本》，第2卷，第171—179页。

辅助性资料：

莫特利，《荷兰共和国的崛起》，3卷本；《尼德兰联邦的历史》，4卷本。莫特利的这些历史作品堪称经典，但是却缺少客观的精神。它们应该结合布洛克3卷本的《尼德兰人民的历史》一起阅读。

扬，《尼德兰的历史》。

哈里森，《沉默者威廉》。

帕特南，《沉默者威廉》，2卷本。

关于新尼德兰，可以参考菲斯克，《荷兰人贵格会的美洲殖民地》，2卷本。

第六章　法国的胡格诺战争

文献选读：

苏利公爵，《回忆录》。

《翻译与转载》，第3卷，第3期，“法国的宗教改革运动”标题下的摘要。

罗宾逊，《欧洲历史初级读本》，第2卷，第179—185页。

辅助性资料：

拜尔德，《胡格诺派和纳瓦拉的亨利》和《泰奥多尔·贝扎》。

贝赞特，《加斯帕尔·德·科利尼》。

维勒特，《纳瓦拉的亨利》。

哈索尔，《法国人民》，第10、11章。

洛奇，《黎塞留》。

帕克曼，《新大陆的法国先驱者》（胡格诺派在佛罗里达和巴西，山普伦和他的同伴）。
也可参阅菲斯克，《新英格兰和新法兰西》，第1—3章。

第七章 三十年战争

文献选读：

罗宾逊，《欧洲历史初级读本》，第2卷，第29章。

辅助性资料：

金代利，《三十年战争史》，2卷本，第2卷，第10、11章，关于和平谈判别有兴趣。
弗莱切，《古斯塔夫·阿道夫与新教德生存之战》。
加德纳，《三十年战争》。
亨德森，《德意志简史》，第1卷，第17、18章。
布莱斯，《神圣罗马帝国》，第18、19章。
费舍尔，《宗教改革史》，第15章（从新教的一边总结宗教改革的成果）。
巴尔梅斯，《欧洲文明》；《新教和天主教的比较》。
斯波尔丁，《新教改革史》，第一、二部分（包含从天主教角度对主题的讨论）。

第八章 君权神授思想与君主专制制度

无参考文献

第九章 路易十四统治下法国的支配地位

文献选读：

拜尔译，《圣西蒙伯爵回忆录》。对路易十四和摄政时期的宫廷生活有生动而又精彩的描述。

对于这一时期法国生活的其他方面的了解可阅读《赛维涅夫人的书信》不同版本。这些令人愉悦的书信涵盖了17世纪的后半期。

罗宾逊，《欧洲历史初级读本》，第2卷，第31章。

辅助性资料：

对这一时期全面了解，最适合阅读的作品有：

《路易十四的时代》，2卷本和《法国君主君主制的衰落》，2卷本。是布斯对马丁的《法国历史》相应部分的翻译。

威克曼，《欧洲，1598—1715》，第6、7和9—15章。

基钦，《法国史》，第3卷。

哈索尔，《法国人民》，第12—14章；以及《路易十四和法国君主制的鼎盛时期》。

珀金斯，《马扎然统治下的法国》，第2卷；《摄政时期的法国》；《路易十四统治下的法国》，2卷本。

威廉姆斯，《蓬巴杜夫人》。

关于法国在美洲殖民的历史：

帕克曼，《弗兰特纳克总督和路易十四统治时期的新法兰西》。

第十章 斯图亚特王朝和英国革命

文献选读：

弥尔顿，《论国王与官吏的职权》。与费尔默的《君权论》针锋相对。

洛马斯编，卡莱尔详解，《奥利佛·克伦威尔书信演说集》。是内战和共和国时期最重要的历史作品。

作为补充资料，可以参阅：

亨德森，《英国历史的侧面》，第33—214页。

罗宾逊，《欧洲历史初级读本》，第2卷，第30章。

肯德尔《原始资料》第11—15章。

辅助性资料：

加德纳，《英国史》（1603—1642），10卷本；《大内战的历史》，4卷本；《共和和护国政体的历史》，4卷本；《奥利弗·克伦威尔》和《斯图亚特王朝前两个国王和清教徒革命》（加德纳博士是这个时期最杰出的史学家。他的作品在历史价值和权威性上都是最高的）。

麦考莱，《詹姆斯二世即位后的英国历史》；还有他关于弥尔顿和汉普登的《论文集》。

莫雷，《奥利弗·克伦威尔》。

哈里森，《奥利弗·克伦威尔》。

哈尔，《斯图亚特王朝的衰落》。

威克曼，《清教徒教会》。

特里维廉，《斯图亚特王朝统治下的英国》。

第十一章　俄罗斯的崛起与彼得大帝

文献选读：

罗宾逊，《欧洲历史初级读本》，第2卷，第301—312页。

辅助性资料：

朗波德，《俄国史》，3卷本。

斯凯勒，《俄罗斯皇帝彼得大帝》（关于沙皇彼得的最好传记作品）。

关于彼得大帝生平描述更简洁的作品，可以阅读：

莫特利，《彼得大帝》。

摩菲尔，《俄罗斯的故事》，第5—9章；《波兰的故事》，第11章（后一部是关于波兰被瓜分的作品）。

贝恩，《查理十二世》。

第十二章　普鲁士的崛起与腓特烈大帝

文献选读：

《弗雷德丽卡·索菲亚·威廉敏娜回忆录》（拜罗伊特总督夫人威廉敏娜是腓特烈大帝的妹妹）。她的回忆录是最生动有趣的自传之一。它包括对作者野蛮的父亲腓特烈·威廉一世，她一直依恋的哥哥腓特烈大帝，以及很多同时代杰出人士的描述。但是威廉敏娜的想象力和其恶作剧式的甚至有些恶意的性格使得她的写作过于夸张。因此，她对人物的刻画虽然有趣，但不应被严肃对待。

罗宾逊，《欧洲历史初级读本》，第2卷，第315—328页。

辅助性资料：

塔特尔，《普鲁士史》，4卷本（由于作者1757年去世而中断）。

马里奥特与罗伯逊，《普鲁士的演化》，第1—4章。

雷德韦，《腓特烈大帝和普鲁士的崛起》。

卡莱尔，《腓特烈二世的历史》，5卷本（卡莱尔的经典著作之一，同他的《法国革命》一样。如果从其他来源了解它的主题之后，再阅读本书，会令人拍案叫绝。此书几乎完全讲述的是腓特烈23年的战争而忽略了其统治时期23年的和平历史）。

朗曼，《腓特烈大帝和七年战争》。

布莱特，《玛利亚·特蕾莎》。

麦考莱，《腓特烈大帝论》。

第十三章　18世纪的英国

文献选读：

亨德森，《英国历史的侧面》，第214—283页。

肯达尔，《原始资料》，第16—18章，尤其第111期节录斯威夫特的"谈谈18世纪的爱尔兰"一篇。

关于奴隶贸易，阅读：

克拉克森，《英国议会取消奴隶贸易的开始、发展和完成史》。克拉克森本人就是这次伟大变革的主要推手。

罗宾逊，《欧洲历史初级读本》，第2卷，第336—356页。

辅助性资料：

这一时期最值得推荐的短篇作品：

希利，《英国的扩张》。

类似作品有：

考尔德科特，《英国殖民运动和大英帝国》，第3—5章。

莱基，《18世纪英国史》，7卷本，最全面的作品。

拉韦尔与佩恩，《大英帝国》，第4—6章。

关于这一时期海军的历史，请阅读：

马汉，《海上力量对历史的影响》，第5—14章。

传记有：

莫利，《沃波尔传》。

骚塞，《韦斯利传》。

格林，《查塔姆伯爵威廉·皮特》。

哈里森，《查塔姆伯爵》。

麦考莱，关于霍勒斯·沃波尔、查塔姆伯爵（两篇）、克莱武勋爵和黑斯廷斯的《文集》。

关于英国内阁发展方面：

布劳维尔特，《英格兰内阁政府的发展》。

詹克斯，《议会制的英格兰》。

关于循道宗的兴起：

奥弗顿，《18世纪福音派的复兴》。

关于法国和英国在美洲的殖民活动。

菲斯克，《新英格兰和新法兰西》，第7—10章。

帕克曼，《蒙卡尔姆和沃尔夫》，2卷本。

关于英国与美洲殖民地之间的冲突：

莱基，《美洲革命》。

关于英国工业和社会方面：

切尼，《英国工业社会历史概况》，第8章。

第十四章　仁慈君主约瑟夫二世皇帝统治下的奥地利

文献选读：

布莱特，《约瑟夫二世》。

考克斯，《奥地利王朝史》，第3卷，第124—131章。

哈索尔，《大国的平衡，1715—1789》，第13章。

斯蒂芬斯，《近代欧洲历史讲座大纲》，第47讲（对约瑟夫皇帝的政策和改革措施进行了有益的总结）。

塞纽博斯，《当代文明史》，第75—80页。

伯恩，《欧洲的革命时代》，第51—55页。

第十五章　法国大革命

文献选读：

扬，《法国游记》（当代关于法国大革命前夕的社会背景，尤其是农民阶级的背景描述最有价值的资料）。

伯克，《法国大革命反思录》。

《翻译与转载》，第1卷，第5期，包括（1）“国民会议废除封建制度的法令”；（2）“人权宣言”；（3）“教士公民宪法”；第4卷，第5期。“1789年陈情书”。

罗宾逊，《欧洲历史初级读本》，第2卷，第34—36章，以及第37章第一部分。

辅助性资料：

关于法国革命的起因：

泰纳，《古老的制度》。

托克维尔，《旧制度与大革命》。

巴克尔，《英国文明史》，第1卷，第12—14章（对18世纪的哲学和文学运动作出了最翔实的呈现）。

洛厄尔，《大革命前夜》（在国家议会召开前，18世纪里生活和思想各阶段的一系列学术性和启发性的研究）。

简史：

伯恩，《欧洲革命时代》，第1—16章。

斯蒂芬斯，《革命时期的欧洲，1789—1815》，第1—6章。

其他杰出的简史作品包括莫里斯、马莱特、马修和米涅等人的著作。

详史：

斯蒂芬斯，《法国大革命史》，2卷本。

泰纳，《法国大革命》，3卷本。

《剑桥近代史》，第8卷。

卡莱尔，《法国大革命》。

传记：
莫利，《卢梭》，2卷本，以及《伏尔泰》。
维勒特，《米拉波》。
拉马丁，《吉伦特派的历史》，3卷本。
塔贝尔，《罗兰夫人》。

第十六章　执政府与拿破仑帝国

文献选读：

布列纳，《拿破仑·波拿巴回忆录》。（布列纳是拿破仑的同学和密友，后来在1796—1802年担任拿破仑的私人秘书）。
塔贝尔，《拿破仑语录》（精选了拿破仑令人感兴趣的演说和信件）。

辅助性资料：

伯恩，《法国大革命时代》，第17—18章。
拿破仑的众多传记中，下列作品在权威性和专业性上值得关注：
福尼尔，《拿破仑一世》。
约翰斯顿，《拿破仑》。
罗斯，《拿破仑一世的生平》，2卷本。
斯隆，《拿破仑·波拿巴的生平》，4卷本。
朗弗雷，《拿破仑一世的历史》，4卷本（由于作者去世未完成。在朗弗雷的笔下，拿破仑成为挖苦诘责的对象）。
希利，《拿破仑一世》。
罗普斯，《拿破仑一世》。
梯也尔，《督政府和拿破仑帝国的历史》，12卷本。关于拿破仑时期详细历史最优秀的作品之一。
关于这一历史时期特殊阶段的作品有：
马汉，《海上力量对法国大革命和法兰西帝国的影响》，2卷本。
希利，《施泰因及其时代》，2卷本。
马里奥特与罗伯逊，《普鲁士的演化》，第5—7章。

第十七章　维也纳会议与梅特涅

文献选读：

《梅特涅亲王回忆录》，第2卷，第553—599页（涵盖了1815年到1829年的这段时期。是这个时代最重要的作品）。

弗雷克萨主编，《充满阴谋的和会》（由维也纳会议的重要与会者的回忆录构成）。

福特，《克吕登纳夫人的生平和书信》（这部作品讲述了俄罗斯沙皇亚历山大一世最重要的人生阶段，透漏了神圣同盟的缘起）。

辅助性资料：

从维也纳会议到第一次世界大战这100年的众多作品中，下述作品整体或部分地对这一阶段进行了简要描述：

法伊夫，《近代欧洲历史：1792—1878》（普及本）。

菲利普斯，《近代欧洲，1815—1899》。

安德鲁斯，《近代欧洲的历史发展进程》，2卷本。

塞纽博斯，《1814年以来的欧洲政治历史》。

哈森，《近代欧洲史》第12—28章。

海斯，《近代欧洲政治社会史》，第2卷。

洛维尔，《欧洲大陆的政府和政党》，2卷本。

罗斯，《欧洲民族国家的发展》，2卷本。

第十八章　二次复辟后的法国

文献选读：

福布斯，《亲历德法战争》。

罗宾逊，《欧洲历史初级读本》，第2卷，第39章，第536—542页。

安德森，《宪法和其他文件选读》。

辅助性资料：

马丁，《通俗法国史》，第2卷（最后一部分）和第3卷。

迪金森，《近代法国的革命与反动》。

勒邦与珀莱，《真实的法国》。

关于第二帝国：

福布斯，《拿破仑三世的生平》。

关于这一时期历史事件的简述：

勒本，《近代法国》，第8—16章。

亚当斯，《法兰西民族的成长》，第18章。

哈索尔，《法国人民》，第18—21章和第23章。

第十九章 从滑铁卢战役到第一次世界大战前的英国

文献选读：

李，《原始资料》，第483—541页。

肯达尔，《原始资料》，第20、21章。

科尔比，《选集》，第113—117期。

亚当斯与斯蒂芬斯，《英国宪政历史档案选》，第497—555页。这部作品中有这一时期最重要的文献。

辅助性资料：

关于议会改革：

梅，《英格兰宪政史》，2卷本。

甘米奇，《宪章运动史：1837—1854》。

麦卡锡，《改革时代》。

卡莱尔，《宪章运动》。

迪金森，《19世纪议会的发展》。

关于爱尔兰问题：

莱基，《18世纪爱尔兰史》，第5卷，第7、8章（英格兰和爱尔兰议会的合并）。多名作家创作，布莱斯序，《爱尔兰历史中的两个世纪，1691—1870》。

戴西，《英国反对地方自治的议案》。

麦卡锡，《合并后的爱尔兰》。

金，《爱尔兰问题》。

传记：

莫利，《科布登生平》，2卷本；《格莱斯顿生平》，3卷本。后一篇传记中（第1卷，第635—640页）有年轻的格莱斯顿写给父亲关于自己职业选择的精彩书信。

布兰德斯，《比肯斯菲尔德伯爵》。

关于这一时期的社会、思想和工业状况：

特雷尔，《英格兰社会》，第6卷。

切尼，《英国工业与社会历史导论》，第8—10章。

关于这一时期事件的综述：

麦卡锡，《我们的时代历史》。

第二十章　意大利的解放和统一

文献选读：

马志尼，《生平与创作》（用马志尼的话讲，那些需要将灵魂在对暴政痛恨中进行重塑的人，都需要阅读此书）。

洛卡，《一个老兵的自传，1807—1893》（一部质朴与富有吸引力的叙事作品）。

杜南特，《红十字会的起源》。

罗宾逊，《欧洲历史初级读本》，第2卷，第572—580页。

辅助性资料：

普罗宾，《意大利：从1815年拿破仑一世的垮台到1890年》。

斯蒂尔曼，《意大利的统一：1815—1895》。

前一部适合年轻读者简单浏览，后一部是值得认真研读的佳作。

塞萨雷斯科，《意大利的解放：1815—1870》以及《加富尔》。

萨耶尔，《加富尔生平》。

戴西，《维克托·伊曼纽尔》。

金，《马志尼》。

第二十一章　新德意志帝国的建立

文献选读：

《翻译和转载》第1卷，第3期，“邦联法案”和其他文件。

《俾斯麦，男子汉和政治家》（由俾斯麦本人退休后根据回忆亲自创作和口述，巴特勒编辑）。

罗宾逊，《欧洲历史初级读本》，第2卷，第543—558，564—572和580—596页。

辅助性资料：

西贝尔，《日耳曼帝国的建立》，7卷本。

安德鲁斯，《近代欧洲的历史发展过程》，第1卷，第6、9、10章；第2卷，第5—7章。

亨德森，《德国简史》，第2卷，第8—10章。

洛维，《俾斯麦与德皇威廉二世》。

海德兰姆，《俾斯麦和德意志帝国的建立》。

布施，《我们的首相》。

洛厄尔，《欧洲大陆的政府和政党》，第1卷，第5、6章；第2卷，第7—10章。

库里奇，《三国同盟的起源》。

马里奥特与罗伯逊，《普鲁士德演化》，第8—14章。

哈森，《近代欧洲史》，第19—21、24章。

第二十二章　从维也纳会议到第一次世界大战前的俄罗斯

文献选读：

霍兰德编，《欧洲在东方问题上的协同》（含有自从1826年后影响俄罗斯和奥斯曼帝国关系的所有重要条约）。

哈姆利，《克里米亚战争记》。（这是对克里米亚战争的生动描述，由一位英国军官“在克里米亚军营中创作完成”。）

辅助性资料：

朗伯德，《俄罗斯历史》，第3卷。

博利厄，《沙皇和俄罗斯人的帝国》，3卷本。
摩斐尔，《俄罗斯德故事》，第10、11章。
斯特普尼亚克（笔名），《俄罗斯农民》。
诺勃，《俄罗斯人反叛》《俄罗斯和俄罗斯人》。
塞纽博斯，《欧洲政治史》，第638—670页。

第二十三章　新工业主义

文献选读：

塞纽博斯，《近代文明史》，第425—436。
坎宁安，《经济领域的西方文明（中世纪和近代）》，第225—267页。

第二十四章　欧洲在整个19世纪和20世纪初的扩张

文献选读：

莫里斯，《殖民运动史》，2卷本。
艾兰德，《非洲殖民运动》。
布莱斯，《先进民族和落后民族的关系》。
吉本斯，《非洲新版图和亚洲新版图》。
缪尔，《欧洲的扩张》。
海斯，《近代欧洲政治社会史》，第2卷，第27—30章。
关于大英殖民帝国：
希利，《英格兰的扩张》。
考尔德科特，《英国殖民运动与大英帝国》。
布里诺特，《英国统治下的加拿大：1760—1900》。
詹克斯，《澳大利亚殖民史》。
布莱斯，《南非印象》。
拉韦尔与佩恩，《大英帝国》，第7—12章。

关于欧洲在非洲的殖民统治：
约翰斯顿，《非洲殖民运动史》。
斯坦利，《穿越非洲大陆》，2卷本，以及《刚果和自由邦的建立》。
凯尔托，《瓜分非洲》。
米尔纳，《英国在埃及的殖民统治》。
休斯，《利文斯顿》。
哈森，《近代欧洲史》，第28章。
关于俄国在亚洲的殖民统治：
凯南，《西伯利亚和流放制度》，2卷本。
斯克兰，《俄国的扩张：1815—1900》。
关于远东地区：
格里菲斯，《日本帝国》，2卷本，以及《进化的日本民族》。
浅川烟，《俄日战争》。
雷因希，《19世纪末东方形势影响下的世界政治》。

第二十五章　向世界联邦的进化

文献选读：

菲斯克，《美国的政治理想》，第3讲，“命定扩张说”。
马尔伯格，《国家联盟》。
霍尔斯，《海牙国际和平会议》（1899年海牙国际和平会议纪要）。
怀特，《第一次海牙国际和平会议》。
赫尔，《两次海牙会议》。
乔特，《两次海牙会议》。
斯科特编，《美国在第二次海牙国际和平会议上的演讲》。
布里奇曼，《世界组织和第一部世界法》。
米诺尔，《民族国家共和国》。
劳伦斯，《国际社会》。

第二十六章　第一次世界大战

文献选读：

关于战争背景和原因：

伯恩哈德，《德国与下一次战争》。

史密斯，《德国的灵魂》。

亚瑟，《泛德意志主义》。

谢拉达姆，《脱去面具的泛德意志阴谋》。

杰拉德，《我在德国的四年》。

伍兹，《战争的摇篮》。

贾斯特罗，《战争和巴格达铁路》。

西摩尔，《战争的外交背景》。

斯托厄尔，《第一次世界大战的外交》。

舒尔曼，《巴尔干战争》。

吉本斯，《欧洲新版图》。

戴维斯（合著），《第一次世界大战的根源》。

贝克，《证据》。

里奇诺维斯基与卡尔，《德国的罪恶》。

格里林，《我控诉！》（“一战”期间匿名发表）。

关于战争年份：

惠特洛克，《德国占领下的比利时》，2卷本。

摩根索，《摩根索大使传》。

巴塞特，《我们对德国的战争》。

麦克马斯特，《“一战”中的美国》。

亚瑟，《“一战”故事》（适合年轻读者）。

西蒙兹，《“一战”史》，5卷本（1920年4月，只出版了4卷）。